基金信息：

教育部人文社科研究青年基金项目资助（项目编号：23YJC630231）
陕西省教育厅科研计划项目资助（项目编号：23JT032）
国家社会科学基金重点项目资助（项目编号：21AGL028）

新 型 城 镇 化 与 可 持 续 发 展

儿童留守轨迹与心理健康

西部县域研究视角

CHILDREN'S LEFT–BEHIND TRAJECTORIES
AND THEIR MENTAL HEALTH
–A Research Perspective of Western Counties

张若晨　杜海峰◎著

社会科学文献出版社
SOCIAL SCIENCES ACADEMIC PRESS (CHINA)

　　中国具有独特的治理场景、经验和规律，国家治理体系和治理能力现
代化呼唤新的解释框架、研究范式和知识体系。目前国内公共管理的理论
和方法多数来自西方，是西方政府管理实践的总结，将其应用于中国实践
时必然存在"如何将西方理论中国化"的问题。自党的十八大以来，以
习近平同志为核心的党中央形成的一系列治国理政新理念、新思想、新战
略，为公共政策与管理研究提供了科学理论指导和行动指南。只有深刻洞
悉中国的现实社会情境，中国公共管理学科发展才能实现从"中国化"到
"中国的"创新转变，不仅为中国发展中的实际公共管理问题找到切实可行
的解决方案，同时贡献人类知识库，进而体现理论和文化自信。与此同时，
社会计算作为近年来的新兴研究领域，逐渐成为理解社会运行机制与内在逻
辑的通用语言体系。社会计算引入自然科学的方法解释复杂的社会现象，通
过更加精细化、标准化、通用化的符号和语言为中国社会发展问题"建模"，
进而推动中国特色哲学社会科学体系建设。近些年，*Nature*、*Science*、*PNAS*
等国际顶级期刊上刊登了一系列关于社会计算及其应用的研究成果，国内
权威期刊也发表了相关研究成果，如《中国社会科学》《管理世界》《系
统工程理论与实践》《软科学》等，这表明带有中国特色的计算社会科学
体系正在逐步构建。但是目前发表的研究成果内容多集中于理论和方法，
对于中国特有社会问题的解释仍较为薄弱。

　　自 2004 年以来，笔者所在的课题组以城镇化背景中的农民工问题作为
主要研究问题，将复杂性科学的研究范式引入公共管理领域，在社会系统
复杂性、社会网络分析以及复杂系统建模等研究领域进行了一系列探索性
研究。课题组依托西安交通大学公共政策与管理学院，与美国斯坦福大学

（Stanford University）、圣塔菲研究所（Santa Fe Institute）、加州大学尔湾分校（University of California，Irvine）、康奈尔大学（Cornell University）、美国西北大学（Northwestern University）、以色列巴伊兰大学（Bar-Ilan University）等研究机构建立了广泛的学术合作网络。经过 10 余年的发展，形成了由 30 余人组成的稳定研究团队。其中，国外终身教授 2 人，国内教授 4 人、副教授 3 人、讲师及助理教授 4 人，团队还包括博士研究生、硕士研究生 20 余人。研究团队先后承担 30 余项国家级、省部级重大科研项目，形成了与国家、地方各级政府合作的研究网络。基于前期工作积累，在国家社会科学基金重大项目（项目编号：22&ZD057）、国家社会科学基金重点项目（项目编号：21AGL028）、国家自然科学青年基金项目（项目编号：72104194）、教育部人文社科研究青年基金项目（项目编号：23YJC630231）、陕西省教育厅科研计划项目（项目编号：23JT032）、西安市社科规划基金课题项目（项目编号：23JY99）的联合资助下，团队自 2012 年以来深入工厂、农村基层，先后在西安市、深圳市、平顶山市、汉中市开展了多次大规模抽样调查，调查对象超过 5 万人，形成了推动"以人为核心"的新型城镇化、实现农业转移人口市民化的"大数据"。基于我国新型城镇化与乡村振兴的战略背景，结合县域地区发展以及流动家庭生计策略的社会情境，解决好农业转移人口子女的相关问题是助力西部地区农业转移人口稳步实现新型城镇化、切实提升农业转移人口及其家庭成员的获得感与幸福感的关键。本书利用社会调查数据，将家庭压力理论、生命历程埋论等埋论和方法引入公共管理问题的研究，试图对城镇化进程中的留守儿童群体的生存与发展问题进行系统探索，为公共管理问题研究提供新的方法和思路，也为中国特色哲学社会科学学科体系的建设贡献力量。

本书包含七章内容。第一章是绪论，简要介绍了本书的研究背景、概念界定、研究目标、研究框架与内容等；第二章是国内外相关研究综述，从城镇化与县域留守儿童、留守儿童问题研究与政策管理、压力源与留守儿童问题等方面展开；第三章基于家庭压力理论，加入生命历程理论的视角，形成包含儿童留守经历与状态在内的留守轨迹及其对心理健康影响的分析框架；第四章至第六章分析了县域儿童留守轨迹及其心理健康现状，分别探索了留守经历以及留守状态对儿童心理健康的影响及其作用机制；第七章是结论、建议与展望，基于前文研究得出基本结论，给出提升留守儿童心理健康水平的政策建议，并进行研究展望。

　　本书是课题组全体师生共同劳动的结晶，感谢靳小怡教授、杜巍副教授等给予的全方位支持，感谢哥伦比亚大学陆瑶教授提供的特别支持，也感谢陕西省汉中市政府相关部门在调查过程中的大力协助和积极配合。此外，特别感谢西安交通大学人口与发展研究所所长李树茁教授，他是课题组的组织者和研究方向的开启者。

　　由于笔者水平有限，书中不妥之处在所难免，恳请读者批评指正。

张若晨　杜海峰

2022 年 6 月

于西安交通大学

　　儿童的心理健康工作是健康中国建设的重要内容，儿童时期的心理问题若不能及时、妥善地解决，将对儿童今后的成长造成深远的影响。对我国留守儿童来说，与父母分离的状态与经历，尤其不利于其心理健康发展，关注与解决留守儿童的心理健康问题成为我国新时期公共服务规划的重点。在当前新型城镇化战略和乡村振兴战略同步推进的过程中，县域（包括农村）是乡村振兴的重要支点和支撑载体，而西部地区是我国实现全面建设社会主义现代化的关键。因此，促进西部县域留守儿童的心理健康发展是我国新时期儿童心理健康发展的重点攻关内容，而寻求优化方案的前提在于全面系统把握儿童留守问题新特征及其对心理健康的影响状况。目前对于留守与儿童发展的研究主要集中于单一维度的短期关系或长期关系，割裂了儿童留守问题研究的整体性与统一性，对儿童成长过程中的整体留守轨迹及其因果效应关注不足。本书结合新型城镇化和乡村振兴战略背景，基于西部地区县域当前发展阶段，把握新时期城乡社会变迁下县域家庭的生计策略，深入分析儿童留守轨迹及其对儿童心理健康的影响，进而丰富儿童留守问题的研究，对促进儿童健康成长及乡村全面振兴具有十分重要的意义。

　　本书利用西安交通大学新型城镇化与可持续发展课题组于 2021 年 2 月和 6 月在陕西省汉中市宁强县进行的县域儿童调查数据，应用序列分析方法、多元线性回归模型系统识别了西部县域儿童留守轨迹（包括留守经历与留守状态），并深入分析了留守轨迹对儿童心理健康的影响机制，提出了从家庭根源上解决儿童留守问题、健全留守儿童关爱体系、多方协力促进留守儿童心理健康发展的政策建议。

本书可以为公共管理、社会学、教育学等领域的研究者提供参考，也可以作为相关专业研究生的辅助教材。

| ABSTRACT |

Children's mental health work is an important part of the construction of Healthy China. If the psychological problems in childhood cannot be solved in a timely and proper manner, it will have a profound and adverse impact on children's future growth and development. For left-behind children in my country, the state and experience of parent-child separation from their parents are especially unfavorable to their mental health development. Paying attention to and solving the mental health problems of left-behind children has become the focus of public service planning in the new era of our country. In the current process of simultaneous promotion of the new urbanization strategy and the rural revitalization strategy, the development of counties (including rural areas) is an important fulcrum and support carrier for rural revitalization, and the western region is the key to my country's comprehensive construction of socialist modernization. Therefore, promoting the mental health development of left-behind children in western counties is the key research content of children's mental health development in the new era in my country, and the premise of seeking an optimization plan is to comprehensively and systematically grasp the new characteristics of children's left-behind problems and their impact on mental health. The current research on left-behind and child development mainly focuses on the single-dimensional short-term relationship or long-term relationship. This book combines the background of new urbanization and rural revitalization strategies, based on the current development stage of counties in the western region, grasps the livelihood strategies of county families under the urban-rural social changes in the new era, and deeply analyzes the trajectory of children left behind and its impact on children's mental health, so as to enrich the research on the problem of left-behind children, which is of great significance to promoting the healthy growth of children and the overall revitalization of the countryside.

This book uses the survey data of county-level children conducted by the New Urbanization and Sustainable Development Research Group of Xi'an Jiaotong University in Ningqiang County, Hanzhong City, Shaanxi Province in February and June 2021, and uses sequence analysis methods and multiple linear regression models to systematically identify Left-behind children in western counties (including left-behind experience and left-behind status), and in-depth analysis of the impact mechanism of left-behind trajectory on children's mental health development, proposed to solve children's left-behind problems from the root of the family, improve the left-behind children care system, and make concerted efforts policy recommendations to promote the mental health development of left-behind children.

This book can provide a reference for researchers in the fields of public management, sociology, education, etc., and can also be used as an auxiliary teaching material for graduate students of related majors.

目 录
CONTENTS

第一章　绪论 ……………………………………………………… 1

第一节　研究背景 ………………………………………………… 1

第二节　概念界定 ………………………………………………… 6

第三节　研究目标 ………………………………………………… 11

第四节　研究框架与内容 ………………………………………… 12

第五节　数据来源与研究方法 …………………………………… 16

第六节　章节安排 ………………………………………………… 18

第二章　文献综述 ………………………………………………… 20

第一节　城镇化与县域留守儿童 ………………………………… 20

第二节　留守儿童问题研究与政策管理 ………………………… 27

第三节　压力源与留守儿童问题 ………………………………… 37

第四节　留守与儿童心理健康 …………………………………… 48

第五节　研究评述与启示 ………………………………………… 62

第三章　西部县域儿童留守轨迹及其对儿童心理健康影响的
　　　　分析框架 ………………………………………………… 67

第一节　儿童留守轨迹与心理健康的概念辨析 ………………… 67

第二节　基于家庭压力理论的留守与儿童心理健康解释框架 … 72

第三节　儿童留守轨迹及其对儿童心理健康影响的概念框架 … 82

第四节　儿童留守轨迹及其对儿童心理健康影响的分析框架 … 87

第五节 西部县域儿童留守轨迹及其对儿童心理健康影响的
　　　　验证策略 …………………………………………………… 90
第六节 本章小结 ………………………………………………………… 99

第四章　儿童留守轨迹识别与心理健康现状分析 …………………… 101
第一节 研究设计 ………………………………………………………… 101
第二节 留守经历与儿童心理健康现状 ………………………………… 109
第三节 留守状态与儿童心理健康现状 ………………………………… 120
第四节 本章小结 ………………………………………………………… 132

第五章　儿童留守经历及其对儿童心理健康的影响研究 …………… 136
第一节 研究设计 ………………………………………………………… 136
第二节 留守经历对儿童心理健康的影响 ……………………………… 142
第三节 留守经历特征对儿童心理健康的影响 ………………………… 147
第四节 本章小结 ………………………………………………………… 163

第六章　儿童留守状态及其对儿童心理健康的影响研究 …………… 166
第一节 研究设计 ………………………………………………………… 166
第二节 留守状态对儿童心理健康的影响 ……………………………… 172
第三节 家庭功能对不同留守状态儿童心理健康的影响 ……………… 187
第四节 留守轨迹对儿童心理健康的影响 ……………………………… 218
第五节 本章小结 ………………………………………………………… 227

第七章　结论、建议与展望 …………………………………………… 231
第一节 主要结论 ………………………………………………………… 231
第二节 政策建议 ………………………………………………………… 236
第三节 研究展望 ………………………………………………………… 245

参考文献 …………………………………………………………………… 247

附　录 ……………………………………………………………………… 273

CONTENTS

1 **Prolegomenon** / 1

1. 1   Research Background / 1

1. 2   Definition / 6

1. 3   Research Objective / 11

1. 4   Research Framework and Content / 12

1. 5   Data Sources and Research Methods / 16

1. 6   Chapter Arrangement / 18

2 **Literature Review** / 20

2. 1   Urbanization and Left-Behind Children in Counties / 20

2. 2   Research on Left-Behind Children and Policy Administration / 27

2. 3   Stressors and Left-Behind Children / 37

2. 4   Left-Behind and Children's Mental Health / 48

2. 5   Research Review and Enlightenment / 62

3 **The Analysis Framework of Children's Left-Behind Trajectory and Its Influence on Children's Mental Health in Western Counties** / 67

3. 1   Concept Discrimination of Children's Left-Behind Trajectory and Mental Health / 67

3. 2   Interpretation Framework of Left-Behind and Children's Mental Health Based on Family Stress Theory / 72

3. 3　Conceptual Framework of Children's Left-Behind Trajectory and Its Impact on Children's Mental Health / 82

3. 4　Analysis Framework of Children's Left-Behind Trajectory and Its Impact on Children's Mental Health / 87

3. 5　Verification Strategy of Children's Left-Behind Trajectory and Its Impact on Children's Mental Health in Western Counties / 90

3. 6　Summary / 99

4　Identification of Children's Left-Behind Trajectories and Analysis of the Current Situation of Mental Health / 101

4. 1　Study Design / 101

4. 2　Left-Behind Experience and Children's Mental Health Status / 109

4. 3　Left-Behind Status and Children's Mental Health / 120

4. 4　Summary / 132

5　A Study on Children's Left-Behind Experience and Its Influence on Children's Mental Health / 136

5. 1　Research Design / 136

5. 2　The Influence of Left-Behind Experience on Children's Mental Health / 142

5. 3　The Influence of Left-Behind Experience Characteristics on Children's Mental Health / 147

5. 4　Summary / 163

6　A Study on Children's Left-Behind Status and Its Influence on Children's Mental Health / 166

6. 1　Research Design / 166

6. 2　The Influence of Left-Behind Status on Children's Mental Health / 172

6. 3　The Influence of Family Function on the Mental Health of Children in Different Left-Behind Status / 187

6. 4　The Influence of Left-Behind Trajectory on Children's Mental Health

/ 218

6. 5　Summary / 227

7　Conclusions, Recommendations and Prospects / 231

7. 1　Main Conclusions / 231

7. 2　Policy Recommendations / 236

7. 3　Research Outlook / 245

References / 247

Appendix / 273

第一节　研究背景

一　现实背景

城镇化作为现代化的重要标志，是伴随着工业化发展，非农产业向城镇不断聚集、农村人口向城镇转移、城镇生产生活方式向农村扩散的自然历史进程和社会发展客观趋势，是国家实现现代化的必由之路。[①] 第七次全国人口普查数据显示，我国人口城镇化水平已达到 63.89%。人口流动始终是我国城镇化进程中城镇化水平提高与城市人口增长的关键因素。截至 2020 年末，我国流动人口达到 3.76 亿人，其中乡—城流动人口达 2.49 亿人，占总流动人口的 66.22%（国务院第七次全国人口普查领导小组办公室，2021），乡—城流动人口依旧是人口流动的主力。大规模乡—城人口流动推动着社会的变迁，同时也引发了诸多社会问题。在我国城镇化早期阶段，中西部地区农村人口孤身前往东部沿海发达城市务工，但在城乡二元户籍制度及一系列经济、教育等现实状况的限制下，进城务工人员子女被迫留在农村老家，产生了庞大的"农村留守儿童"群体。父母外出务工带来的家庭结构受损和家庭功能弱化，造成留守儿童身陷不利情境，对其

---

① 《中共中央　国务院印发〈国家新型城镇化规划（2014—2020 年）〉》，中国政府网，https：//www.gov.cn/gongbao/content/2014/content_2644805.htm。

发展产生了不同影响，引起了政府和社会各界的广泛关注。根据第六次全国人口普查数据估算，约有 6102 万 18 岁以下的儿童（占我国所有儿童的 22%，占农村儿童的 38%）被父母一方或双方留下（段成荣等，2013）。

在我国，心理健康问题是儿童最主要的疾病负担之一。现代社会环境变化迅速，儿童面临的压力日益增加。《中国国民心理健康发展报告（2019～2020）》数据显示，我国近 25% 的儿童表现出轻度或严重抑郁（傅小兰、张侃，2021）。焦虑、抑郁等障碍是一种常见的较为严重的精神类疾病，据世界卫生组织（WHO）调查研究，抑郁症将在 2030 年成为第一大疾病负担来源（World Health Organization，2012）。目前，我国至少有 3000 万 17 岁以下的儿童面临情绪、行为问题（联合国儿童基金会驻华办事处，2021）。父母的关爱陪伴与教育教养是儿童心理健康发展最重要的因素，但对留守儿童而言，亲子分离使其无法像普通儿童一样与父母一同生活。因此，留守儿童产生心理问题的风险更高，其心理健康发展更加值得关注。近年来，国家对留守儿童心理健康问题越发重视，国务院发布的《中国儿童发展纲要（2021—2030 年）》中明确强调，要"加强儿童心理健康服务……关注和满足孤儿……留守儿童的心理发展需要"以及"加强留守儿童关爱保护……加强对留守儿童心理、情感、行为和安全自护的指导服务"。儿童心理健康是其健康成长的基础，也是其生命历程中处理各类事件的重要保障。儿童时期的心理问题若不能及时、妥善地解决，将对儿童今后的身心造成深远影响。特别是与其他儿童相比，留守儿童的家庭环境特殊性使其在成长过程中更易产生各种心理问题，留守经历带来的心理问题与其成年后身心健康、学业获得、社会经济地位紧密相关。

党的十九届五中、六中全会把我国城镇化"以人为核心"的内涵进一步引向深入，要求强化基本公共服务保障，加快农业转移人口市民化，以及推进以县城为重要载体的城镇化建设。当前，我国区域发展不平衡不充分问题不仅体现在城乡发展差异上，还体现在东部与中西部地区发展差异上。特别是我国西部地区，城乡居民收入仍落后于全国平均水平，城镇与乡村发展水平指数均为三地区最低（梁梦宇，2021）。"东强西弱"格局未发生根本性改变，西部地区仍是我国全面迈向现代化、加快城镇化发展的短板。西部地区"以人为核心"新型城镇化的关键问题之一，在于推进家庭的基本公共服务均等化，抚幼则是基本公共服务的重点内容。西部地区是典型的人口流出地，儿童留守问题尤为突出。2022年5月，中共中央办公厅、国务院办公厅印发的《关于推进以县城为重要载体的城镇化建设的意见》中要求，"增强县城综合承载能力，提升县城发展质量，更好满足农民到县城就业安家需求和县城居民生产生活需要，为实施扩大内需战略、协同推进新型城镇化和乡村振兴提供有力支撑"。当前，县域（包括农村）特别是西部地区县域发展成为我国全面建设社会主义现代化国家的关键。县域儿童的健康成长不仅是当代儿童发展的关键，更是整个县域地区未来发展、推进县域城镇化的基础。然而，父母流动造成的家庭结构变化成为当前县域儿童成长过程中的重要压力来源，对其心理健康发展提出了巨大挑战。国家对留守儿童的关爱与保护开始强调与强化县、乡级政府属地责任。

随着乡村振兴、城乡融合、县域发展等一系列国家发展战略在西部地区持续发挥效能，流动人口家庭生计策略已悄然发生变化，儿童留守也呈现出新特征。第一，农村儿童留守地点上移，留守范围扩大至县域地区。一方面，"撤点并校"等一系列政策，使得优质教育资源进一步向城镇集中。许多农村儿童为获得更好的教育而就近在当地县城就读，父母一方在县城陪读，另一方外出务工的现象愈加常见。另一方面，县域城镇化仍属于初期发展阶段。尽管"合村并居"使得许多地区居民的户口从农村转为城镇，但县域的人口吸纳能力薄弱，就业岗位偏少、公共服务水平较低、设施建设相对滞后的问题较为突出（朱战辉，2021）。县域现实发展情况导致相当一部分儿童（包括农村户口和城镇户口）虽进入或原本就在县城学习与生活，但其父母仍在外市/县务工。部分儿童虽变成城镇儿童，但其自身属性并没有发生本质变化。若忽略当前县域地区中的留守儿童，仅将儿童留守问题研究局限于农村地区，可能会对当前儿童留守问题把握不足。因此，针对西部地区儿童留守地点上移的新现象，以往对留守儿童的研究范围应扩大至整个县域范围。这也是当前城乡融合、县域发展阶段的显著矛盾和亟待解决的问题之一。第二，儿童留守状态与形式复杂多元。新型城镇化阶段的突出特征是"就地就近城镇化"模式，此模式是我国实现城镇化发展的重要路径。第六次全国人口普查数据显示，省内人口流动规模不断上升，流动人口中有近 2/3 为省内流动（段成荣等，2013）。特别是在"引导约 1 亿人在中西部地区就近城镇化"的政策机遇下，加之西部地区二线城市的快速发展，西部地区外出务工人员从东部回流的比例进一步提高。对于留守儿童而言，父母省内就近流动意味着与父母分离的空间与地理距离缩短，无论是见面频率还是心理距离都有所改变。因此，儿童留守形式不再仅仅是以往单一的远距离、长时间的留守，而是与近距离、短时间的留守形式并存。第三，儿童留守经历反复多变。现阶段流动人口流动性进一步增强的趋势明显，"循环流动""回流"等情况日益增加。外出务工人员的流动状态不稳定，常在乡城之间"候鸟式"流动，不可避免地影响着其子女的生命历程。儿童面临父母的反复离开和返回，经历的留守状态往往不止一次。与此同时，儿童自身状态同样不稳定。近年来，回流儿童的比例也在增加，许多儿童从"流动"转向"留守"状态。据统计，父母双方均外出的家庭中，在儿童 3 岁之前第一次外出所占比例最高，约为 43%（胥大伟，2020）。近三成的农村留守儿童曾经历过流动（吕绍清，2007）。以上儿童留守的新特征加剧了儿童留守问题的复杂性。对新时期儿童留守问题的研究，不仅需要关注儿童当前留守状态的新特质，还需要对儿童前期留守经历进行系统性思考。

总的来说，在新型城镇化、乡村振兴、大力发展县域经济的现实背景下，一方面，研究县域地区范围内儿童的留守问题更符合我国社会人口发展的现实情况，是对当前以县域为重要载体的城镇化建设以及打开城镇化发展新局面的有效回应，也是全面建设社会主义现代化国家过程中的重要工作。另一方面，全面了解县域地区儿童的留守过程与发展现状，将留守儿童群体的局部特征研究延伸到群体的整体发展，有助于将儿童留守问题的研究与宏观社会背景进一步衔接，以形成整体性和历史性的研究视野（叶敬忠，2019）。因此，本书聚焦西部县域留守儿童的心理健康问题，深入探索留守儿童的健康成长与心理发展问题，不仅为留守儿童健康成长、全面发展提供实地数据与资料支撑，为促进儿童发展提供实证研究基础，还对提高西部地区公共服务水平、实现西部地区人才工作高质量发展、推进西部地区城镇化具有重要的现实意义，关系到我国乡村振兴顺利实现、经济发展和社会稳定的重大内容，是健康中国、平安中国的重要社会基石。

二 理论背景

有关父母流动对儿童发展影响的研究越来越多，但却忽略了儿童"留守"的动态性和异质性，传统单一、静态的儿童留守研究框架已难以满足对新时期县域儿童留守问题表征的诠释。父母流动是一个长期的、变化的过程，它不仅使儿童暴露在非完整的家庭结构中（即父母不在身边），还会使儿童暴露在家庭不稳定中（即家庭结构的反复变化，如父母反复离开和返回）（Huang，2014）。一方面，儿童经历了家庭结构的转变，并且可能是不同的家庭结构，比如缺少母亲一方、父亲一方或者父母双方的不完整家庭结构。另一方面，儿童面临父母的反复离开和返回，即多次亲子分离。我国当前儿童留守的异质性与动态性要求研究者进行研究时进一步拓展其概念和范围，不仅要将留守作为一个静态的家庭结构，更应将其作为一个在童年过程中展开的动态家庭过程。同时，对此需要一些特殊的理论和经验方法。

西方研究家庭结构、家庭不稳定与儿童发展的经典理论包括家庭压力理论、家庭功能理论等，但以上理论在西方社会主要针对家庭离异与家庭重组等相关研究（Fomby and Cherlin，2007；Osborne and McLanahan，2007；Kelly and Wildsmith，2004）。家庭压力理论认为，非完整的家庭结构和反复的家庭结构过渡（即家庭不稳定）会给儿童的生活带来压力，减少家庭的物质和非物质资源，从而对儿童产生不利影响（McCubbin et al.，1980；Masarik and Conger，2017.）。同时，无论是长期暴露在非完整的家庭结构中产生的压力，还是家庭结构反复变化产生的累积压力，均会对家庭功能的运作产生不同程度的影响。相比之下，在中国，父母流动是家庭结构被破坏的一个常见原因。本书将家庭压力理论、家庭功能理论扩展到父母流动的背景下，同时进一步结合依恋理论和生命历程理论进行分析。留守的本质是亲子分离，而依恋理论适用于研究亲子分离对儿童造成的影响，生命历程理论则适用于研究儿童整个童年生命周期内的留守问题。从以上理论出发，系统考察儿童留守的整体轨迹（包括留守经历和留守状态），有助于从个体生命历程角度揭示社会和家庭结构重大变迁与儿童发展间的交互作用。

当前学界不仅对儿童"留守"这一重要压力来源的理论研究不断深入，对留守与儿童心理健康关系的研究也越发丰富。但是，仍缺乏较为系统和全面的理论框架来研究新时代背景下西部县域儿童的留守问题及其对儿童心理健康的影响。因此，有必要从当前我国的社会情境、家庭流动策略和儿童留守新特征出发，将西方经典理论与我国现实情境相结合，系统建立适用于我国现阶段儿童留守问题及其对儿童心理健康发展影响的多元分析框架。一方面，本书试图构建更科学、更符合当前中国现实情境的儿童整体留守轨迹及其对儿童心理健康影响的理论分析框架，以期为深入剖析儿童留守的动态性、长期性与异质性，以及其影响儿童心理健康发展的机制奠定基础，完善和丰富我国儿童留守问题相关的实证研究，进而提出具有针对性的、结合实际的留守儿童关爱体系建设与改革的相关建议。另一方面，本书为国外理论的本土化应用提供有力的数据支撑，进　步丰富已有文献的理论实践，补充全球移民浪潮的相关研究类型，并完善家庭结构不完整、亲子分离研究在儿童留守问题上的应用。

第二节　概念界定

一　县域儿童

自秦实行郡县制以来，"县"一直是我国行政区划的基础一级，是我国行政区划中最稳定、最有效的实体。它是由城镇、集镇以及乡村组成的行政区域单位，按区划类型属于县级行政区。县管辖乡级行政区，为乡、镇上一级行政区划单位。而"县域"则是指与"县"相对应的区域，当前学界提及的县域，通常不仅是指行政界线下的地域范围，还包含此空间内丰富的经济、社会、文化等多方面的内涵。特别是在新型城镇化战略和乡村振兴战略背景下，县域成为连接城市与农村之间的重要桥梁。随着以县城为中心节点，周边城镇规模网络的形成以及区域一体化的县域城镇化发展，人口城镇化的流动趋势也从"乡—城"变为"乡—县—城"，县域是城乡关系变化的焦点所在（宋国恺、陈欣蕾，2021）。以县域为基本单元考察新型城镇化、乡村振兴进程中的一系列衍生问题，可深刻把握当前县域发展阶段中的主要矛盾所在。因此，本书对新时期儿童留守问题的研究主要集中在县域地区，其中县域是指我国县级行政区的地域范围（包括建制镇、农村），县域儿童则是指当前居住生活在县域范围内的 18 周岁及以下的儿童。

二 留守压力源

压力（Stress）本是物理学的相关概念，最早被引入医学领域，定义为"当个体受到来自外界的刺激时会出现适应性反应，以满足身体恢复正常状况的需求"（Selye，1936），也被称为应激。当前，更多的研究者认为压力是一个复杂、综合的过程，将压力定义为由个体感知到压力源并产生压力反应的过程（Smith and Carlson，1997）。其中，压力源是压力产生的来源，是能被个体感知并引发相对反应的刺激性事件（Smith and Carlson，1997）。儿童在成长过程中面临各种压力源。与成年人相比，压力源不仅会影响儿童以后的健康与发展，还会影响儿童成长过程本身。家庭是儿童成长最重要的外部环境，甚至是儿童早期接触的唯一环境。家庭方面的压力源对儿童尤为特殊，西方学界较多地将家庭结构变动（如父母离异、父母同居、家庭重组等）作为儿童压力源展开研究（Osborne and McLanahan，2007；Kelly and Wildsmith，2004）。而在我国，儿童家庭结构变动的压力源则更多地来自父母外出务工造成的亲子分离。因此，本书中的儿童留守压力源是指父母外出务工导致亲子分离，进而被儿童感知并引发其相对心理反应的事件。

三 留守轨迹

本书留守轨迹这一概念包含留守经历和留守状态，三者之间的关系如图 1-1 所示。

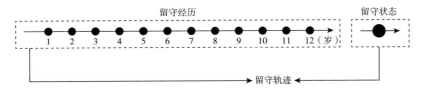

图 1-1 留守轨迹示意

1. 留守轨迹

随着新型城镇化不断推进，人口流动愈加频繁。儿童留守的身份并非一成不变，而是处于或潜在地处于留守、非留守身份之间的转换之中，进而形成动态的身份经历。在此背景下，针对留守人口的新特征与新现象，儿童留守问题需要更深层与全面的诠释。生命历程理论强调，个体生命历程嵌入历史时间和其经历的一系列生命事件，是这些时间以及生命事件的差异性塑造了个体不同的生命轨迹（王道阳等，2009）。针对儿童留守问题，应全面考察儿童现有生命历程中的整体留守情况。无论是儿童当前的留守状态，还是前期的留守经历，都应被进一步整合，纳入留守构成儿童压力源的问题研究，并将儿童留守概念拓展为儿童已有生命历程中的纵向留守轨迹。基于此，本书将留守轨迹界定为儿童生命历程中由过去到现在所经历的一系列的留守生命事件所形成的轨迹链条。本书的留守轨迹同时包含儿童前期留守经历和当前留守状态两个层次的内涵。

2. 留守状态

以往研究对"留守儿童"的定义相似，均是以调查节点为准，依据父母外出务工情况与时间、儿童年龄界定儿童是否留守。但正如谭深指出的，儿童留守的身份不是一成不变的，留守只是在儿童某一段时间的状态（谭深，2011）。因此，本书认为用"留守状态"来指代"当前处于留守的儿童"更为准确，同时更符合生命历程理论所指的当前生命状态点的要义。本书采用目前大多数研究中的几个关键界定依据，即"父母一方或双方外出务工""外出务工时长在半年以上""年龄在18周岁及以下"（任运昌，2017），同时结合本书的关注重点——县域地区儿童，将儿童留守状态界定为："在调查节点当年，18周岁及以下的县域范围内儿童因父母一方或双方外出（县外）务工半年以上，未与父母共同生活。"需要说明的是，本书对儿童留守状态的考察，同时纳入两个视角。一是单/双亲视角。父母外出角色的不同对儿童心理发展的影响差异巨大。母亲是儿童的主要照料者，儿童对母亲外出的感受可能相比其父亲外出更为强烈，而父母双方同时外出则最为严重（邵美玲、张权，2021）。故将儿童单/双亲视角下的留守状态进一步划分为非留守、与母留守、与父留守、双留守四种留守状态。二是留守距离视角。"异地城镇化"与"就地就近城镇化"模式并存是新型城镇化发展的重要特征，人口流动距离的改变暗含着亲子分离形式的进一步复杂化。父母省外流动与省内流动不仅代表着儿童与父母分离的地理空间距离不同，同时意味着亲子间的心理空间距离不同，进而导致父母返乡频率、亲子沟通方式、儿童主观感受均有所差异。故将儿童留守距离视角下的留守状态进一步划分为非留守、省内单留守、省内双留守、省外单留守、省外双留守状态。

3. 留守经历

就留守儿童而言，"留守"这一生命事件成为其与其他儿童不同的重要经历。同时，不同儿童从出生以来，可能经历过不止一次"留守"，并且可能每个儿童发生"留守"事件的时间不同，不同次数、不同形式、不同年龄的留守经历，构成儿童不同的生命轨迹前期雏形，并对其今后的生命历程产生影响。本书所探讨的儿童留守经历是指由儿童早期（1~12岁）每一岁（年）是否发生"留守"生命事件，构成的儿童不同的留守经历。因此，将儿童的留守经历定义为："1~12岁，18周岁及以下的县域范围内儿童因父母一方或双方外出务工半年以上，未与父母共同生活。"本书之所以选取1~12岁为儿童留守经历的考察范围，出于两个原因。一是由于样本同时包含初中与高中学段学生，选取儿童从出生到上初中前的每一年（即1~12岁）经历为研究范围，可以将所有研究对象的留守经历完整纳入统计。二是1~12岁是儿童自我意识形成、身心发展的重要时期，此后儿童的心理健康表现，均是以此段时期的发展为基础（张卫、林崇德，2002）。据世界卫生组织（2020年）估计，个体近50%的心理问题出现在其小学阶段，但很可能并未被察觉（黄潇潇等，2022）。需要说明的是，本书对儿童1~12岁的留守经历具体通过离散型年龄视角和连续型年龄视角两个视角进行考察。其中，离散型年龄视角根据儿童发展阶段特征，将儿童的1~12岁进一步划分为幼儿期（1~2岁）、学前期（3~5岁）、小学期（6~12岁）。但离散型年龄视角存在的不足是每个年龄段内部的儿童留守情况可能会被隐藏与忽略，难以捕捉儿童每一年的留守信息，导致儿童完整详尽的留守经历未被呈现出来。因此，本书同时使用连续型年龄视角，考察儿童1~12岁中每一岁的留守经历，形成由儿童每一岁构成的连续留守经历序列。

四　心理健康

心理健康是个体心理上的一种完全状态，具体可以分为积极心理与消极心理（李娜、庄玉昆，2022）。但目前，针对儿童心理健康发展的研究，多以专业心理测量量表对儿童可能存在的心理健康问题进行测量（王新波等，2021）。同时，儿童心理健康问题通常被分为内化问题（Internalizing Problem）与外化问题（Externalizing Problem）（Achenbach and Edelbrock，1991）。其中，外化问题是发生在儿童外部的、违反社会规范、与他人产生冲突等攻击性行为；内化问题是发生在儿童个体内部的、不易被外人发现的消极情绪。相比外化问题，儿童内化问题通常更为隐蔽持久（Muhtadie et al.，2013）。特别是留守儿童，父母在外务工导致其内化问题更不易被外人察觉，被发现时往往已到较为严重的程度。因此，本书针对儿童留守问题的研究主题，对儿童心理健康问题的研究侧重于对儿童内化问题的探讨，将其定义为儿童的消极情绪以及不利于其健康成长的消极状态。

五　家庭功能

家庭功能"非常复杂，可以通过各种方式进行评估"（Epstein，1983），因此学界在研究不同问题时，对家庭功能的定义与测量也不尽相同。西方有学者认为家庭功能是满足儿童在生理、心理和情感等方面的需求，以为其发展提供良好的家庭环境（de Oliveira et al.，2014）。随着现代化的推进，家庭功能变得越发简化与外化，生育和情感功能成为家庭最核心的两项功能（Ogburn，1938）。费孝通（1998）主要从生殖及抚育功能、经济功能和赡养功能三个方面对家庭功能进行分析。吴帆和李建民（2012）则认为，家庭功能是家庭保障儿童在身心、学业、生活、发展等方面需求的作用和能力。可见，家庭功能的内涵总是涉及家庭的优势和弱点，体现着家庭的健康和能力。就留守儿童而言，以往对其家庭功能的探讨集中在"经济"和"情感"方面（吴培材，2020）。一方面，父母外出务工可以改善留守家庭经济条件，对家庭及儿童发展具有益处；另一方面，外出带来的亲子分离会产生诸多负面影响。本书主题为儿童留守问题及其心理健康发展，因此本书将家庭功能定义为满足儿童身心健康发展需求的家庭资源与能力，同时将其具体分为家庭经济功能和家庭情感功能。

第三节 研究目标

本书旨在将与压力、家庭、儿童发展有关的经典理论结合应用到我国儿童留守问题及其心理健康发展的研究中，针对我国新型城镇化和西部县域发展情况以及流动人口家庭与留守儿童群体现实情况，对相关经典理论进行本土化修正。同时，引入生命历程理论以全面观察儿童留守的整体性和连续性过程，从而构建西部县域儿童留守轨迹及其对儿童心理健康影响的理论分析框架。基于改进后的框架，系统研究留守作为压力源对儿童心理健康的影响，深入探究留守经历长期性与不稳定性特征的影响机制，同时考察不同留守状态的儿童的家庭功能状况及其对儿童心理健康影响的差异性，以期更好地理解与阐释社会发展、制度变迁、家庭流动策略演变对儿童发展的影响，并为留守儿童关爱体系建设、干预工作提供政策建议。本书具体研究围绕以下目标展开。

第一，提出针对西部县域儿童留守轨迹及其对儿童心理健康影响的分析框架。对包括家庭压力理论和家庭功能理论等在内的家庭与儿童发展经典理论进行归纳总结，同时融合生命历程理论，基于新型城镇化、乡村振兴的现实社会情境和县域发展阶段及儿童的群体特征，将经典理论进行本土化修正后，构建出适用于我国新时代背景下西部县域儿童留守问题及其对儿童心理健康影响的理论分析框架。

第二，识别和分析儿童留守轨迹特征与心理健康现状。首先，从离散型年龄视角和连续型年龄视角，识别与比较不同年龄阶段和整体前期留守经历儿童的群体特征，并进一步分析不同留守经历儿童的心理健康状况及其性别差异；其次，从单/双亲视角、留守距离视角，逐步识别儿童当前留守状态，深入分析不同留守状态儿童的群体特征，并进一步分析不同留守状态儿童的心理健康状况及其性别差异；最后，结合留守经历和留守状态，全面把握儿童留守轨迹呈现出的新特征。

第三，揭示前期留守经历对儿童心理健康的影响。首先，揭示不同留守经历（即压力源事件）对儿童心理健康的影响，识别出前期不利的留守经历及其内在影响机理；其次，深入探究留守经历对儿童心理健康的影响机制，分别验证不同留守经历特征对儿童心理健康的影响，并进一步区分留守经历特征影响的差异性。

第四，明晰当前留守状态对儿童心理健康的影响。首先，分析不同留守状态（即压力源事件）对儿童心理健康的影响，识别出相对弱势的留守状态儿童群体。其次，进一步深入分析不同留守状态儿童的家庭功能现状，并考察不同家庭功能对儿童心理健康影响的差异性，判断和总结出当前留守状态对儿童心理健康的影响机制。最后，与留守经历结合，进而分析留守轨迹对儿童心理健康的影响，并比较留守经历与留守状态对儿童心理健康影响程度的差异。同时，在前期留守经历视角下对当前留守状态的影响予以分析，发掘前期留守经历与当前留守状态间的关系。

第五，提出留守儿童关爱保护的相关政策建议。在完成上述研究目标基础上，本书将根据理论和所得的实证研究结论，构建有效预防与减少留守儿童心理健康问题的干预机制。在公共管理层面上，探讨社会政策、社会工作、家庭学校方面可行的关爱体系建设和相关政策建议，提高留守儿童及其家庭的发展能力，特别是为县域城镇化发展的深入推进提供有益参考。

第四节　研究框架与内容

一　研究框架

结合新型城镇化、乡村振兴以及县域发展现实情境和留守儿童新特征，根据本书提出的研究目标，构建西部县域儿童留守轨迹及其对儿童心理健康影响的分析框架。选取我国西部地区典型县域作为调查地，采用此地的专项调查数据，对分析框架进行验证，从而系统研究西部县域儿童留守轨迹及其对儿童心理健康的影响，深入探究留守经历影响的内在机理以及不同留守状态儿童家庭功能的作用差异。本书的整体研究框架如图1-2所示，基于研究背景，根据研究问题与目标，具体研究内容如下。

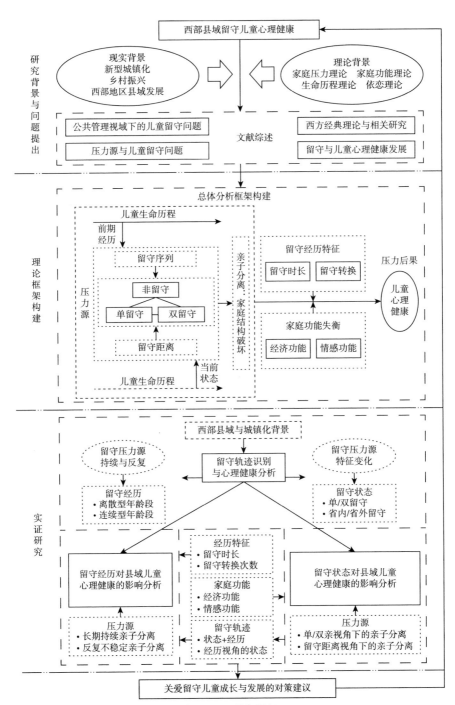

图 1-2 研究框架

第一，基于问题—理论—研究的逻辑链条，对与本书研究主题相关的、成熟的理论和研究进行总结、归纳、评述。首先，梳理并归纳我国留守儿童问题的研究与政策管理，具体包括我国留守儿童群体问题、留守儿童问题影响因素以及留守儿童相关政策管理，进而为构建针对西部县域儿童留守轨迹及其对儿童心理健康影响的整体研究框架奠定基础；其次，对儿童的压力源特别是留守作为儿童压力源的相关研究进行整理，总结国外相关研究现状，并提炼可供本书参考的理论；最后，综述我国留守儿童心理健康的实证研究现状以及相关理论应用，发现已有研究不足和未来研究空间。

第二，在明确本书研究空间的基础上，结合新型城镇化、乡村振兴以及县域发展现实情况和县域流动人口家庭及留守儿童的群体特征，提出西部县域儿童留守轨迹及其对儿童心理健康影响的分析框架。首先，对以家庭压力理论为代表的家庭与儿童发展相关经典理论进行辨析，总结出适用于留守儿童心理健康分析的一般性解释框架。其次，基于中国当前特殊社会情境，包括新型城镇化发展情境、地区发展阶段情境、县域流动家庭生计策略情境等，提出新时代背景下对留守儿童问题研究需要全面考察其整体性、动态性。将一般性解释框架进一步拓展，留守作为儿童心理健康发展的压力源事件，不仅包含静态截面下的家庭结构不完整，还呈现家庭结构反复变化与不稳定的动态过程。最后，引入生命历程理论以实现对儿童留守的全面和动态研究。将儿童留守经历与留守状态纳入统一框架进行考察，在上述拓展的理论框架上进一步进行修正，最终提出新时代背景下西部县域儿童留守轨迹及其对儿童心理健康影响的分析框架。

第三，识别西部县域儿童留守经历与留守状态，剖析不同留守经历和不同留守状态儿童的群体特征和心理健康现状。实证分析中，首先，识别儿童留守经历，以离散型年龄段（幼儿期、学前期、小学期）留守经历为基础，进一步识别连续型年龄段（1~12岁）的儿童留守经历，并从个体、家庭、学校等方面描述不同留守经历儿童群体特征，分析不同留守经历儿童心理健康现状的性别差异。其次，识别儿童留守状态，从单/双亲视角以及留守距离视角分别识别儿童留守状态，并对不同留守状态儿童特征进行描述，同时分析比较不同留守状态下的儿童心理健康现状及其性别差异。最后，结合前期留守经历和留守状态，考察儿童留守轨迹相关特征。

第四，留守经历对儿童心理健康的影响分析。在本书构建的西部县域儿童留守轨迹及其对儿童心理健康影响的分析框架指导下，考察儿童留守经历作为压力源对儿童心理健康的影响，分析前期更不利于儿童心理发展的留守经历。进一步详细检验不同留守经历特征对儿童心理健康的影响及其作用差异，以深入探索其内在的影响机理。

第五，留守状态对儿童心理健康的影响分析。在本书构建的西部县域儿童留守轨迹及其对儿童心理健康影响的分析框架指导下，考察儿童当前留守状态作为压力源事件对儿童心理健康的影响，以及不同留守状态儿童家庭功能的差异性作用，对已有框架进行实证分析。首先，探究不同留守状态对儿童心理健康的影响，明确相对更不利的儿童留守状态。其次，分析不同留守状态儿童的家庭功能（经济功能、情感功能），以及不同家庭功能对儿童心理健康的作用差异。最后，将留守经历与留守状态进一步结合，探究留守轨迹对儿童心理健康的影响。一方面，检验留守经历与留守状态对儿童心理健康影响的共同作用与各自作用程度差异。另一方面，考察在每类留守经历中，不同留守状态对儿童心理健康的影响，明确留守经历与留守状态间的关系。

第六，对儿童留守轨迹（包括留守经历和留守状态）的现状以及其对儿童心理健康影响的相关发现进行归纳总结，得出主要结论，并根据已有结论提出关爱留守儿童的相关政策建议，并指明未来研究方向与空间。

二　技术路线

根据本书研究思路得出儿童留守轨迹及其对儿童心理健康影响研究的技术路线，如图 1-3 所示。第一，基于对研究背景（包括现实背景、理论背景）的综合分析，确定本书研究目标。第二，根据此研究目标，有针对性地、系统性地进行国内外文献的综述工作，总结归纳现有研究、提出研究不足，并指出研究空间。第三，根据研究空间，首先对经典理论进行结合应用，并对其适用性进行分析，形成一般性解释框架；其次，结合现实背景和留守儿童新特征，对一般性解释框架进行拓展和本土化修正，并在上述拓展的框架上进一步细化，引入相关理论视角，最终构建出儿童留守轨迹及其对儿童心理健康影响的完整概念框架；最后，对概念框架各要素进行细分，构建西部县域儿童留守轨迹及其对儿童心理健康影响的总体分析框架。第四，基于分析框架，应用抽样调查数据，通过现状分析和影响机制分析对留守轨迹及其对儿童心理健康的影响进行实证分析。第五，对研究发现的规律进行总结，得出结论，并给出政策建议。

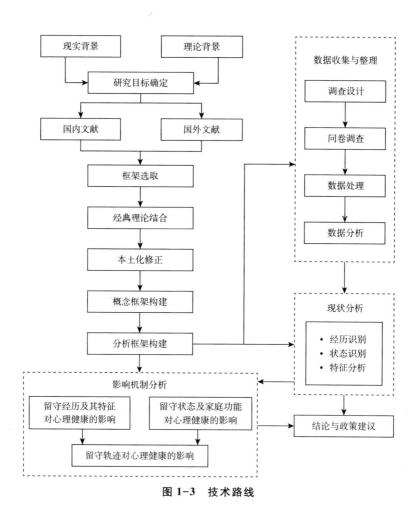

图 1-3　技术路线

第五节　数据来源与研究方法

一　数据来源

本书实证分析部分的数据来自"西部地区儿童生存与发展追踪调查"，

该调查由西安交通大学公共政策与管理学院新型城镇化与可持续发展课题组设计与实施，在陕西省汉中市宁强县展开，逐年进行，整个调查周期预计 5 年。该追踪调查以 2021~2022 学年为基线，以 7~12 年级同期群为调查起点，以发放电子问卷为主要调查手段，对抽样学校班主任、学生及学生家长进行整群调查。本书数据来自 2021 年 2 月和 6 月进行的两次网络问卷调查，为上述追踪调查的基线调查。调查内容涵盖儿童个人状况、家庭环境、学校状况、教育发展、身心健康，旨在揭示县域儿童的生存现状与发展需求，探究在城镇化快速发展的背景下，家庭、学校、社区场域以及城镇化发展对儿童发展的影响，并进一步探究我国城镇化发展、乡村振兴对儿童个人生命历程产生作用的过程。

在正式调查前，该调查进行了多次试点调查，并确认了先前的研究发现，即中学生能够提供有关他们的心理健康和家庭环境的相对准确的报告。宁强县共 23 所中学，其中普通中学 21 所，职业中学 2 所，全部学校均接受调查。其中，2 月的调查受疫情影响，问卷调查为每所被抽样学校学生的家庭作业，6 月的调查则由学生在学校机房统一作答完成，两次调查的最终总样本为 9537 人。基于学校的设计，再加上在线调查平台，产生了超过 98% 的答复率。

二 研究方法

本书主要结合公共管理学、社会学、人口学、管理学以及统计学的研究方法，基于理论和实证研究的结论，来探讨现存的社会问题所引发的对社会政策的诉求。通过对新型城镇化和县域地区发展情景的分析，构建儿童留守轨迹及其对儿童心理健康影响的分析框架，利用描述统计和高级统计方法识别和分析儿童留守经历和留守状态及其对儿童心理健康的影响。就具体分析方法而言，采用序列分析（Sequence Analysis）方法识别儿童留守经历，并用交叉表描述不同留守经历儿童群体特征及其心理健康现状；采用卡方检验、t 检验和 F 检验的交叉表分析描述不同留守状态儿童群体特征及其心理健康现状。在留守经历和留守状态对儿童心理健康的影响研究中，利用多元线性回归模型进行分析，并采用倾向得分匹配法（Propensity Score Matching，PSM）进行稳健性检验。同时，构建多元线性回归模型对不同留守经历特征、不同留守状态下的家庭功能、不同留守轨迹对儿童心理健康的影响进行分析。

第六节　章节安排

本书根据研究框架共分为七章，其中第三章至第六章构成本书的核心内容。

第一章为绪论，是对本书内容的整体设计，介绍研究背景，进行概念界定，明确研究目标，确定研究思路，说明数据来源与研究方法。

第二章对学界已有的国内外研究和相关经典理论进行评述。综述儿童压力源、留守作为儿童压力源的相关研究，以及留守压力源与儿童不良心理后果之间关系的相关研究，同时回顾与梳理适用于本书儿童留守问题研究的关键理论。对已有研究的贡献及不足进行总结和评述，根据本书研究目标，进一步提出研究空间。

第三章构建儿童留守轨迹及其对儿童心理健康影响的分析框架。结合选取的理论，基于我国当前的社会情境对其进行本土化修正，拓展儿童的留守概念，完成对概念的操作化设计，最终提出针对西部县域儿童留守轨迹对其心理健康影响的系统分析框架。

第四章是对儿童留守轨迹进行识别，包括儿童留守经历和留守状态两个方面，分别从离散型年龄段视角、连续型年龄段视角和单/双亲视角、留守距离视角展开分析，最终识别出儿童前期不同留守经历和当前不同留守状态，描述不同留守经历和留守状态儿童的群体特征，并分别对其心理健康现状进行分析；同时，结合留守经历与留守状态，归纳当前县域家庭的流动特征与趋势。

第五章是留守经历对儿童心理健康影响的研究。基于第三章设计的总体分析框架，结合现实背景与相关理论进一步细化框架，使用2021年陕西省汉中市宁强县的儿童专项调查中的回溯性问题数据，通过检验留守经历对儿童心理健康的影响，分析家庭结构破坏与家庭结构不稳定的影响差异；再进一步深入检验留守时长、留守转换次数等留守经历特征对儿童心理健康的影响机制，同时通过区分不同年龄段等验证影响机理的作用差异。

　　第六章是留守状态对儿童心理健康影响的研究，同时结合第五章留守经历相关分析，进行留守轨迹对儿童心理健康影响的研究。基于第三章设计的总体分析框架，结合现实背景与相关理论进一步细化框架，利用 2021 年陕西省汉中市宁强县的儿童专项调查数据，首先，分析留守状态对儿童心理健康的影响，发现相对弱势的留守状态类别；其次，进一步深入分析不同留守状态下儿童家庭功能的现状以及功能作用发挥的差异性；最后，在以上基础上，综合分析留守轨迹对儿童心理健康的影响，一方面比较留守经历与留守状态影响的差异，另一方面比较留守经历视角下不同留守状态的影响差异，为提升儿童心理健康水平的政策制定奠定基础。

　　第七章为主要结论、政策建议和研究展望。总结本书主要结论，并基于本书的实证结论，结合目前关爱留守儿童的政策现状，提出有针对性的政策建议，最后指出本书的研究局限和未来的研究方向。

第二章
文献综述

第二章主要综述了与研究目标相关的一系列研究进展，并从中总结和提炼了符合本书的包括城镇化理论、生命历程理论、家庭压力理论、家庭功能理论与依恋理论在内的相关理论，同时进一步阐释了本书的研究空间，为后文建立分析框架和进行实证分析提供理论基础和经验对比。

第一节　城镇化与县域留守儿童

留守儿童问题是我国城镇化发展背景下城乡发展不平衡、社会保障不完善与公共服务不均等的深刻反映，是现阶段我国社会管理中长期存在、不容回避的复杂社会问题，也是政府公共管理需要应对的重大挑战。维护公共利益、科学治理公共事务是公共管理的目的，解决留守儿童的相关问题需要政府主导、社会各界及家庭协作。本小节回顾城镇化相关经典理论，分析我国城镇化发展历程、留守儿童出现原因与规模，以更好地把握研究的宏观背景，为进一步在公共管理视域下进行儿童留守问题的研究奠定基础。

一　城镇化理论

留守儿童的出现伴随城镇化进程的推进。本小节从城镇化理论出发，为探讨城镇化背景下的留守儿童问题提供理论基础。以刘易斯二元经济结构理论为代表的相关理论，是研究城镇化动力及城乡间人口迁移的重要理论。二元经济结构是每个发展中国家都必然经历的经济结构，二元经济结构理论论证了城市的工业部门与农村的农业部门在经济和结构上的差异。经济学家刘易斯早期提出二元经济模型（Dual Sector Model）阐释发展中国家的经济发展。该模型认为发展中国家存在二元经济结构，拥有传统农业和现代工业两个部门（Lewis，1954）。其中，传统农业部门存在大量剩余劳动力，边际生产率几乎为零，具有劳动生产效率低、经济收入低的特点；现代工业部门则需要大量劳动力，边际生产率大于零，具有劳动生产效率与收入较高的特点。两部门之间的收入差异，使得剩余劳动力开始从农村不断流向城镇，即人口城镇化的演进过程。直至劳动力流动达到城乡平衡状态，城乡间差别消失，二元体制逐渐转变为一元体制，国家才实现现代化。

此后，拉尼斯（Ranis）和费（Fei）在刘易斯模型基础上进一步修正，认为传统农业部门会在发展过程中提高生产效率，除农业部门剩余劳动力以外，农业剩余产品也将转移到现代工业部门（Ranis and Fei，1961）。具体可分为四个阶段：第一阶段，劳动力集中在传统农业部门，此时劳动力的供给是无限的；第二阶段，农业部门的剩余劳动力向现代工业部门转移，农业部门劳动力开始不断减少；第三阶段，传统农业部门商业化特征出现，开始与工业部门争夺劳动力；第四阶段，农业部门最终完成现代化，两部门对劳动力的吸引均由其边际生产率决定。此模型强调了农业部门与工业部门两部门均衡发展的思想，主张在现代工业发展过程中也不可忽视农业部门。除拉尼斯和费等人的修正二元结构模型外，而后出现的乔根森模型、托达罗"预期收入"模型同样为发展中国家城镇化动力机制分析等提供重要参考。其中，乔根森模型强调，农业剩余劳动力并不是劳动生产率低于实际收入或者为零，农业剩余是农业劳动力转移的基本条件，农业剩余规模对工业部门的发展起着决定性作用（Jorgenson，1961）。而托达罗"预期收入"模型提出，农业劳动力向城市转移的关键在于预期收入，即预期城乡收入差异越大，则有越多的劳动力流入城市，城市失业状况就会越严重。其模型的政策启示是，发展中国家应控制工业部门扩张和解决城市失业问题，重视和加强农业部门发展（Harris and Todaro，1970）。

同时，城镇化的演进过程呈现出一定的规律，主要包含历时性和空间性两个方面。在历时性方面，城镇化发展具有阶段性特征，相关研究的代表理论是由美国学者诺瑟姆提出的"S"形城镇化生长曲线，即逻辑斯蒂曲线。诺瑟姆通过分析各个国家城镇化的发展特征，得出所有国家城镇化演进均经历了如正弦波的上升过程（Northam，1975）。具体而言，此曲线表示城镇化演进可分为三个主要阶段（见图2-1）：第一阶段为城镇化初期阶段，此阶段的城市人口占总人口比重在30%以下；第二阶段为城镇化加速阶段，此阶段的城市人口占总人口比重为30%~70%；第三阶段为城镇化后期阶段，此阶段城市人口占总人口比重已超过70%。此外，弗里德曼将城镇化发展分为城镇化Ⅰ和城镇化Ⅱ两种类型（Friedmann，1968）。其中，城镇化Ⅰ指人口与非农业活动在城市地域集中，非城市景观推进转化为城市景观，即物化（实体化）的过程；城镇化Ⅱ则指城市文化、价值观和生活方式在农村地域扩散，是精神化（抽象化）的过程。

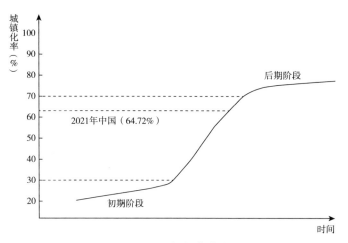

图2-1 逻辑斯蒂曲线

在空间性方面，城镇化发展呈现不同区域发展不平衡的特征，相关研究的代表理论有增长极理论、区域发展不平衡理论等。增长极概念最早由法国学者佩鲁提出，增长极是主导产业或创新产业在经济空间中集聚的经济单元，它如磁场般，能够产生扩散和吸引效应（Perroux，1950）。增长极的积极作用表现为区位经济、规模经济和外部经济。赫希曼基于佩鲁的增长极理论进一步拓展，将增长极理论真正放置在区域之中，即城市区域等地理单元中。增长极的发展会对发达城市地区和周边落后地区产生极化效应（Polarized Effect）与涓滴效应（Trickling Down Effect），其中涓滴效应是指发达地区会促进其周边地区，比如城市边缘地区、周边农村地区等的发展，推动其周边地区的城镇化（Hirschman，1958）。而缪达尔在其著作《经济理论与不发达地区》（*Economic Theory and Underdeveloped Regions*）中提出区域发展不平衡理论，系统阐述了社会经济发展过程中，资源优势较高的区位会优先发展成为发达地区并形成地理极化效应，同时会带动其周边不发达地区发展，但发达地区与不发达地区之间仍存在"循环累积因果"效应（Myrdal，1957）。进一步地，威廉通过截面和序列分析，结合多个国家的数据资料，提出"倒 U 形"区域不平衡理论，即社会经济发展时，内部区域之间会存在较大差距并呈现"倒 U 形"的发展轨迹。内部区域之间的差距在社会经济发展初期不断扩大，到达顶峰后，区域间的差距会随着经济发展在中后期逐渐缩小（Williamson，1965）。

综上所述，西方相关经典理论为研究我国城镇化发展以及此背景下一系列衍生问题提供了丰富的理论基础。一方面，二元经济结构理论注重解释工业化和城镇化发展的动力机制和特点，为分析我国城镇化发展道路提供重要理论依据。城镇化和工业化分属国家结构变革和经济发展，是国家发展过程中相辅相成、相互影响的两个方面。二者之间的关系演进是探究我国农村劳动力转移动力的重要基础，有助于深刻理解我国劳动力转移的基本特征与一般规律，同时掌握城市地区与农村地区之间的协调发展情况。另一方面，城镇化演进的相关经典理论使我们能够更好地理解与探索我国城镇化发展过程中的一系列现象和问题。首先，有关城镇化发展阶段的相关理论强调了城镇化发展会经历不同阶段，且每个阶段的主要特征等均不相同，为研究我国城镇化进程所处的具体阶段，应注重哪些特征提供了重要参考依据。事实上，我国的城镇化发展也同样遵循"S"形曲线，从农业人口以"职业"转移为特征的初期阶段，到以"身份"和"地域"转移为主要特征的加速阶段，最后进入以"人"为主的城镇化后期阶段（毛哲山，2016）。与此同时，我国不仅农业剩余劳动力在城市地域集中，农村地区许多小城镇也开始从乡村文化向城市文化转型。其次，区域发展相关理论揭示了国家范围内，区域之间、城乡之间发展不平衡的特点与原因。在我国，主要表现之一是东部与西部地区之间发展不均衡。构建与培育增长极能够拉动西部地区经济发展，缩小其与东部地区发展差距，提高西部地区城镇化发展水平，增长极理论成为指导我国西部地区经济发展的重要理论。此外，城镇之间也存在发展不平衡的问题。比如有学者认为，不同城镇往往处于农业产业链的不同环节，对城镇经济发展刺激程度大小不一，农业劳动力的分工安排和居住分布也不尽相同。处在农业种植环节，农民会因农收安排，周期性在农业生产和外出务工之间来回奔波；而处在农业加工环节，农民在本地居住的时间相对较长；处在农业贸易环节，农民则更多地选择居住在城镇中心如当地县城（姜松，2014）。以上理论指导本书更好地探索我国进入新型城镇化发展阶段后已展现或潜在具有的一系列家庭结构新特征，同时为理解不同区域和不同发展模式城镇化下农业转移人口的家庭策略安排提供理论依据。

二 我国城镇化发展历程

为更好地理解儿童"留守"的概念，本小节从我国城镇化的发展历程出发，探讨留守儿童的产生过程。国家向现代化社会转变的重要标志是实现城镇化（或城市化）和工业化。城镇化是指人口、经济活动及生活方式等由农村向城镇转变的复杂演变过程。城镇化与工业化在国家现代化发展进程中密不可分，起着相辅相成的作用。一方面，工业化是城镇化的内驱动力，工业化发展过程中，产生了对劳动力的需求，使得农村劳动力向城镇第二、三产业转移。另一方面，城镇化是工业化的表现形式，城镇化发展代表着工业化发展。通常情况下，城镇化与工业化是同步发展的，但在我国城镇化发展具有明显的"滞后型城镇化"特征（初向华，2015）。

我国城镇化发展历程可以具体分为五个阶段（见表2-1）。第一阶段，1949~1957年，是我国城镇化的初始阶段。新中国成立初期的首要任务是经济复苏，虽颁布了相关户籍制度，但仅为人口统计和人口登记管理使用。农村与城市之间人口自由流动，城乡间呈流动无阻碍、活跃的良性状态。第二阶段，1958~1977年，起伏徘徊阶段。我国城镇人口出现频繁波动，为限制过量农村劳动力进入城市，户籍管理制度以及相关限制政策相继出台，将户籍划分为"农业户口"和"非农业户口"，"农业户口"人口自由流动被管制。此阶段中后期，受经济和政治因素影响，表现出城市人口向农村转移的"反城市化"现象。第三阶段，1978~1998年，稳步发展阶段。以家庭为单位实行的联产承包责任制，降低了传统农业对劳动力的需求，促进了农村经济的发展。乡镇企业蓬勃发展，吸收大量农村劳动力。"离土不离乡"成为此阶段城镇化发展过程中特有的现象。同时，在社会主义市场经济体制的影响下，许多非国有部门（如合资企业和其他私营企业）急需低价劳动力，大量农村剩余劳动力为获得更高的经济收入而纷纷进城务工。加之国家对户籍的限制有所放宽，农村人口转移的可能性加大。可以说我国城镇化真正开始稳步发展是在此阶段。第四阶段，1999~2012 年，加速发展阶段。1999 年，我国城镇化率首次突破 30%。依据世界城镇化发展理论与实践，国家城镇化率水平超过 30%，标志着国家城镇化进入中期以及加速发展的阶段。2001 年，中国加入世贸组织，全球化成为城镇化的另一动力。此时，劳动力异地转移趋势明显，政府以服务取向保障劳动力异地流动。此外，振兴东北地区老工业基地战略、西部大开发战略等区域性战略进一步增加了用工需求。第五阶段，2013 年至今，新型城镇化阶段。此阶段我国真正进入实质性"以人为核心"的新型城镇化发展阶段，新型城镇化首要任务是农业转移人口市民化，以"质量"导向为重点。公民权利意识的进一步增强和新城乡关系的发展需求，使新型城镇化的发展为解决和改善民生问题提供了新机遇。

表 2-1　我国城镇化发展阶段

城镇化阶段	时间	城镇化率	相关政策制度	时代背景
初始阶段	1949~1957 年	10.6%~15.6%	《宪法》《全国人口调查登记办法》	新中国成立初期
起伏徘徊阶段	1958~1977 年	16.2%~18.3%	《户口登记条例》、《关于制止农村人口盲目外流的指示》、人民公社制度	"大跃进""文化大革命"
稳步发展阶段	1978~1998 年	18.9%~29.3%	家庭联产承包责任制、《关于农民进入集镇落户问题的通知》、《土地管理法》、居住证制度	改革开放、市场经济体制改革
加速发展阶段	1999~2012 年	30.9%~52.6%	《关于加强土地管理促进小城镇健康发展的通知》《关于解决农民工问题的若干意见》	加入世贸组织、全球化
新型城镇化阶段	2013 年至今	53.7%~64.72%	《国家新型城镇化规划（2014—2020 年）》《关于进一步推进户籍制度改革的意见》	以人为核心的新型城镇化战略、乡村振兴

三 留守儿童出现原因与规模

当前学界和政府关注的"留守儿童"现象出现在我国城镇化发展的第三阶段。20 世纪 70 年代末期，随着改革开放和人口流动政策的放宽，大批农村劳动力向城市转移。至 1989 年底，外出的农村劳动力总数较之前的 200 万人增长至 3000 万人，我国农村劳动力外出务工迎来小高潮。民工潮早期，外出的农村劳动力以单人外出形式为主，子女与配偶均未一起流动，留守儿童群体实际上此时已经产生。至 1993 年，民工潮迎来不可抵挡的趋势，进城务工的农村劳动力超过 6200 万人，农村劳动力外出务工也展示出新的流动特征，以夫妻双方共同外出形式居多，留守儿童群体规模进一步扩大，群体问题不断凸显，开始引发政府和社会的关注。2004 年 5 月，教育部所属的基础教育司召开"中国农村留守儿童问题研究"座谈会，标志着留守儿童群体问题正式成为政府工作的重要对象，同时推动了学界和社会对留守儿童相关问题的研究和关注。

留守儿童群体出现的根本原因在于我国二元分割的城乡户籍制度（谭深，2011）。不同于西方国家的城镇化进程，我国农村人口进入城市后，不仅要实现地域上和职业上的转移，同时要实现农业户口向城市户口的身份转换。因此，我国农村人口城镇化分为两个阶段，第一阶段是从农村进入城市工作，第二阶段是从农业户口转变为城市户口。许多进城务工人员目前只完成了第一阶段的转移，而完成第二阶段的"市民化"困难重重（刘传江，2006）。也正是由于第二阶段无法完成，进城务工人员虽可以居住在城市、在城市工作，但却无法享有与城镇居民相同的包括教育、医疗、工作、养老方面在内的一系列福利与基本公共服务，特别是进城务工人员子女进入城市学校就读受阻，导致较大一部分进城务工人员不得不与子女分离，将子女留在农村生活。事实上，我国的城镇化是"半城镇化"，而留守儿童则是"拆分型家庭模式"下的产物，与最早俄国工业化时期的"拆分型劳动力再生产模式"相似，农村剩余劳动力的个人再生产部分在城镇，家庭抚幼养老的部分在农村，家庭被迫拆分，亲子被迫分离（谭深，2011）。

关于留守儿童规模，因留守儿童统计口径不尽一致，同时城镇化不断发展，留守儿童数量在每阶段都不精确，但总体来看，群体规模越发庞大。最初，有学者根据 2000 年第五次全国人口普查数据推算，农村留守儿童的数量约为 1981 万人（段成荣、周福林，2005）。到 2005 年，根据全国 1% 人口抽样调查（国家统计局）数据推算，农村留守儿童数量达到 5861 万人（段成荣、杨舸，2008）。到 2013 年，全国妇联课题组根据 2010 年第六次全国人口普查数据推算，18 周岁以下的农村留守儿童数量已增长至 6102 万人，占我国农村儿童的 37.7%，占儿童总人口的 21.88%（全国妇联课题组，2013）。2016 年，民政部在全国开展农村留守儿童全面摸底排查工作，最终统计农村留守儿童为 902 万人，其中超过 90% 分布在中西部省份。① 2018 年，民政部最新统计全国农村留守儿童数量为 697 万余人。② 留守儿童数量的大幅下降，不仅是因为统计口径与依据有所变化，同时也是因为政府政策不断完善，农民工返乡就业比例进一步提高等。尽管如此，儿童留守的问题依然严峻，其不仅体现在这一群体规模的庞大上，更体现在这一群体所表征的社会问题上。特别需要注意的是，儿童留守地点已在"城乡融合""县域发展""撤点并校"等宏观背景下发生上移，以往研究的农村留守儿童群体生活与学习的区域已从乡村地区扩大至县域地区。"三农"及其衍生问题作为当前县域治理中重要的组成部分（单松、潘敏，2016），在县域范围内同时包含农村儿童与县城儿童的留守问题（刘腾龙，2021）。

第二节　留守儿童问题研究与政策管理

一　留守儿童群体问题

目前学界对留守儿童群体问题的研究主要集中在留守儿童的教育发展、生活交往、身心健康三个方面，得出的结论均具有两种倾向，"消极倾向"与"积极倾向"。同时，已有研究对留守儿童群体问题的描述通过与其他儿童群体对比得出，其他儿童群体包括农村普通儿童、流动儿童以及城市儿童等。

---

① 《民政部公布排查结果 902 万留守儿童近九成无父母监护》，新华网，http://www.xinhuanet.com/politics/2016-11/10/c_1119883271.htm。

② 《图表：2018 年农村留守儿童数据》，民政部官网，https://www.mca.gov.cn/n1288/n1291/n1332/c1662004999979993614/content.html。

第一，教育发展方面，部分学者认为留守儿童的学业状况并未与非留守儿童有太大差异，甚至留守儿童群体的教育机会相对更多一些（杨菊华、段成荣，2008；隋海梅、宋映泉，2014）。但大多数研究发现，留守儿童的学业发展或多或少呈现出劣势，具体表现在学业表现（学习成绩较差）、学习态度（积极性不高、缺乏学习热情与动力）、学习行为习惯（学习时长短、自觉性较低）、学业机会（辍学情况频发）等多个方面（隋海梅、宋映泉，2014；李云森，2013）。同时，以上方面在留守儿童群体内部具有异质性。首先，处于不同学段的留守儿童教育劣势情况不同。相比小学阶段，留守儿童在初中阶段的班级成绩排名有严重下滑的趋势，与非留守儿童之间的成绩差距越来越大（蒋承、李笑秋，2014）。留守儿童教育机会逐渐减少，高中阶段留守儿童辍学率较高（姜姝等，2020）。其次，不同留守类型的儿童的教育机会具有显著差异。与父留守儿童教育机会少于其余留守类型儿童，更易出现迟到、旷课等不良学习行为，往往在初中阶段就选择辍学而外出打工（许琪，2018）。然而，与母留守的儿童学业发展与普通农村儿童并无差异（王瑶等，2019）。最后，不同性别的留守儿童学业表现也有差异（曹述蓉，2006）。男孩留守时学业表现较女孩更差，学习态度更为消极，教育期望也较低，而留守女孩考大学的自我期望更高。

第二，生活交往方面，学界主要针对留守儿童的家庭生活和人际交往所表现出的社会问题进行描述。首先，留守儿童家庭生活最大的改变即亲子分离，父母角色缺位导致家庭教育、亲子关系等出现问题。一方面，父母外出务工虽一定程度上增加了家庭对儿童教育的经济投入，但非物质方面投入不足，家庭日常教育缺失。在家庭教育中，家长应积极参与儿童各方面生活，对儿童学业与成长产生促进作用。然而，研究发现留守儿童家庭教育存在辅导功课时间较短、日常监督学习较少、隔代教养方式落后等情况（刘红升、靳小怡，2017）。梅红等将农村留守儿童父母参与情况分为父母情感卷入、行为卷入、认知卷入三个方面。研究发现，与非留守儿童相比，留守儿童父母这三方面的卷入程度均显著更低，特别是父亲在儿童家庭教育中缺位明显（梅红等，2019）。同时，留守儿童感受到的父母教养方式发生改变，母亲采取消极教养方式的概率增加（刘红升、靳小怡，2018）。但值得注意的是，留守儿童父母教养方式较少存在过度溺爱或放任，对子女也一直持有较高的教育期望（陈晶晶、任玉洁，2021）。另一方面，亲子依恋中断，导致亲子关系疏离。父母与儿童之间的依恋关系最为重要，父母外出务工不在家导致儿童日常的情感陪伴缺失，不利于亲子关系发展，特别是母亲是儿童首要的情感依恋对象，母亲外出的儿童与父母的亲密程度显著下降（Hu et al.，2014）。儿童与身处异地的父母保持沟通往往需要借助电话或网络，不仅难以保证沟通频率和时效性，同时沟通内容也较少涉及儿童情感需求，导致亲子关系进一步疏离（姚嘉等，2016；Ye and Lu，2011）。此外，有学者强调，依恋关系一旦中断，再次建立联结具有延迟效应。留守儿童与返乡回流父母重新建立联结需要时间（张婷皮美、石智雷，2021）。其次，留守儿童家庭生活质量较差（李佳樾等，2014）。具体表现在儿童日常活动空间主要集中在家庭范围内，比如看电视等活动时间占比较大（赵雪雁等，2018）。同时，留守儿童的日常照料者（通常是隔代照料）由于年龄较大、身体状况不佳等，需要儿童参与或分担更多的家务劳动，也存在"反向监护"的情况（吕绍清，2006），造成儿童过重的生活负担与生活压力。最后，与学校中"重要他人"的社会关系与交往存在问题。随着年龄增长，儿童的社会化场域重心转向学校，儿童社会网络与社会联系在学校逐渐建立。学校的老师和同伴成为除家长外，儿童成长中的"重要他人"（Roeser et al.，2000）。师生关系、同伴关系为儿童成长提供重要情感支持。尽管留守儿童较流动儿童而言，无须适应迁入地新的学校环境，但大多数研究结果表明，留守儿童师生关系、同伴关系仍比非留守儿童差（姚计海、毛亚庆，2008）。具体表现为师生互动较少，同伴关系中冲突与拒绝较多，同伴接纳程度较低（张连云，2011）。此外，寄宿学校的农村留守儿童反而呈现较低的心理弹性水平，其中小学生和男生的寄宿留守儿童类似问题更为突出（刘红升、靳小怡，2018）。

第三，身心健康方面，学者们对留守儿童身体健康状况（身体健康指数、卫生医疗、营养不足、生病）、心理健康状况（积极心理、消极心理、问题行为）、人身安全问题等进行描述性分析。具体地，留守儿童存在的身体健康问题主要包括生长迟缓以及由此引发的肥胖、膳食结构不合理和营养不足、龋齿和缺铁性贫血、半年内多次身体不舒服或生病（周晨等，2020）。其中，被父母双方或母亲留守的儿童患病，特别是患慢性疾病的情况更多，长此以往会对儿童生命质量产生消极影响（李强、臧文斌，2011）。同时，已有文献对不同年龄段留守儿童的身体健康状况展开研究，陈在余利用三期中国健康与营养调查（CHNS）数据分析发现，学龄前（0~5岁）留守儿童的健康水平与他人无异，但6岁及以上留守儿童健康水平显著低于其他儿童（陈在余，2009）。德·布劳和慕则发现，小学阶段（6~12岁）的留守儿童体重低于正常水平，幼儿园阶段（3~6岁）的留守儿童体重超重（de Brauw and Mu，2011）。留守儿童不仅患病概率增加，还存在较高的就诊率，卫生医疗服务常常代替正常家庭照料（宋月萍、张耀光，2009）。但也有研究指出，长期来看，留守儿童与普通儿童的身体健康程度并无显著差异，长期与母留守儿童的身体健康较其他留守儿童更好（李钟帅、苏群，2014）。除身体健康外，心理健康同样是儿童健康成长的关键。已有研究从消极心理和积极心理两个方面描述留守儿童心理健康状况，所得结论不一，具体分析本书在后面章节详述。留守儿童的问题行为近年来引发学界关注，问题行为指个体所表现出的异常、妨碍个体社会适应的非正常行为（陈秋珠、向璐瑶，2021）。已有研究对留守儿童问题行为的测量通常采用 Achenbach 儿童行为量表（Child Behavior Check List，CBCL）、长处与困难问卷（Strengths and Difficulties Questionnaire，SDQ）、Rutter 儿童行为问卷（Child Behavior Questionnaire，CBQ）、范兴华等编制的留守儿童问题行为问卷等（陈秋珠、向璐瑶，2021；朱婷婷等，2019）。儿童时期是行为塑造的关键阶段，留守儿童由于缺少来自父母对其行为方式的指导和监管，相比非留守儿童，呈现出更多的问题行为，包括违纪行为（抽烟酗酒）、攻击性行为（抢劫打架）、自残行为等，特别是进入小学阶段后留守儿童问题行为逐渐显现（Qu et al.，2018），若得不到及时纠正，将会进一步恶化为犯罪等行为。

二 留守儿童问题影响因素

除描述留守儿童群体问题外，已有研究试图对留守儿童群体产生问题（或未产生问题）的背后机理进行分析，所得出的影响因素可分为宏观层面因素和微观层面因素。宏观层面因素主要是指国家政策制度和社会经济发展。我国长期以来的城乡二元户籍制度是留守儿童群体及其一系列问题产生的根本原因已成共识。留守儿童群体问题被称作我国城镇化进程、"三农"问题的副产品（夏海鹰等，2019）。户籍制度以及户籍制度带来的一系列限制导致农村儿童不能跟随父母一同流动进入城市，影响儿童本该完整的生活（蔡昉，2001）。从 2001 年我国放开小城镇落户限制到 2019年中共中央办公厅、国务院办公厅印发《关于促进劳动力和人才社会性流动体制机制改革的意见》，提出"两个全面"，取消中、小城市落户限制与放宽大城市落户条件，我国逐渐全面放开城市户籍管制，但留守儿童问题的解决不是一蹴而就的。我国农村人口转移存在时间长期性和空间广泛性的特点，这决定了儿童留守问题的持久性（潘璐、叶敬忠，2009），特别是当前教育等一系列资源都仍与户口紧密挂钩。此外，也有学者认为乡村地区本身的发展也是留守儿童群体相关问题产生的根源。正如许传新强调的，当前农村人口流动的生存发展方式与乡村教育管理体制相矛盾，成为留守儿童产生教育问题的主要原因（许传新，2007）。农村基础教育的办学体制、资源投入等存在问题，使留守儿童在边缘化以及薄弱的教育体系中受到更大影响（谭深，2011）。

微观层面上，与留守儿童联系最紧密的三个生态系统有家庭系统、学校系统，社区（乡镇）系统。首先，家庭系统对留守儿童产生的影响最为深远，往往起着决定性作用。已有研究分别对家庭系统中的父母、日常照料者、同胞等角色进行探讨。第一，"父母"影响因素中包括父母外出务工的经济收入、父母教育方式、父母缺位程度、亲子关系与互动等。父母外出务工增加了家庭经济收入，会对儿童学业获得与身心发展起积极作用。刘红升和靳小怡发现，父母教养方式会影响留守儿童心理弹性（刘红升、靳小怡，2018）。外出务工的父母以积极的教养方式表达对儿童的关爱，可以提升儿童的积极认知和对家庭支持的感知度等，但若父母教育方式不当、教育理念落后、教育观念淡薄，则会对留守儿童产生不利影响，使其缺乏感恩意识。据统计，47.5%的留守儿童父母不认识自己子女的班主任，与其几乎没有交流，而流动儿童在这方面的比例仅有 18.4%。[①] 外

---

① 《〈2019 年中国留守儿童心灵状况白皮书〉：13.7% 的儿童遭受四大暴力》，腾讯网，https://new.qq.com/rain/a/20200115A0PXDM00。

出务工导致父母与儿童日常互动不足，此时亲子沟通质量对留守儿童更加重要，亲子沟通质量较高，会显著减少农村留守儿童行为问题和抑郁心理的出现（王玉龙等，2021）。第二，"日常照料者"（隔代照料者和其他亲戚）影响因素具体包括照料者受教育程度、身心状况、教养方式等（杨丽、陈卫星，2014）。一方面，留守儿童祖辈往往受教育程度较低，在儿童学习方面卷入程度极低，进而对儿童学习产生消极作用。另一方面，祖辈年龄较大，身体状况开始变差，加上需额外独自承担照料儿童的责任，身心压力较大。同时祖辈多采取过度保护和溺爱的教养方式，对儿童的监护呈现"弱化"和"软化"的特点，会对儿童心理和行为产生不同程度的影响。第三，"同胞"因素。研究发现同胞是否同住、同胞之间的关系会对留守儿童产生影响。王东宇和王丽芬研究发现，两种同胞情形会影响留守儿童的幸福感，一种是没有同胞相比有同胞的留守儿童少了一类情感支持，从而引发留守儿童孤独感增加；另一种是有同胞但与父母流动在外，会增加留守儿童的心理不平衡感（王东宇、王丽芬，2005）。

其次，学校系统作为儿童第二发展场域，影响留守儿童的主要因素包括教师、同学、班级环境以及寄宿生活等。除家人外，教师是儿童最重要的引导者，但乡村教师的教育目标单一，对留守儿童有所忽视，缺乏教育关怀，从而影响留守儿童学习能力、学校适应等方面的提升（李靖辉，2014）。同伴关系是儿童重要的社会关系，对留守儿童行为和心理有两方面影响。若同伴关系为拒绝关系，则会显著增加留守儿童的学业违纪、攻击行为与孤独情感等问题；相反，若同伴关系为接纳关系，则会显著减少留守儿童的以上问题，对留守儿童的亲情缺失起到补偿性作用，有效调节留守儿童问题行为的出现（宋淑娟、张影，2009；金灿灿等，2012）。侯珂等指出，班级的结构组成会对留守儿童产生对比效应。班级组成中普通农村儿童比例较高，会显著降低班级内留守儿童的自尊水平（侯珂等，2015）。寄宿是农村学校的普遍现象，寄宿学校水平的高低对留守儿童的社会情感能力发展有显著的影响。部分寄宿学校教学资源匮乏、课余活动单一，会对留守儿童产生消极作用（王树涛、毛亚庆，2015）。

最后，整个乡村环境同样会影响留守儿童发展。我国近年来颁布关于帮助留守儿童的政策，在村委设立"儿童主任"，具体负责留守儿童和困境儿童关爱服务工作。但吴霓的研究发现，"儿童主任"政策实施效果不佳，相关工作仍旧缺乏（吴霓，2021）。也有学者强调整个乡村社会文明发展对留守儿童的影响，社会转型期间我国乡村面临文化秩序危机，乡村文化衰落对留守儿童产生消极影响（江立华，2011）。

可以看出，无论是家庭、学校还是社区生态系统中的因素，都具有两个特点：一是各因素往往不是单独对留守儿童产生作用，而是相互作用、交叉重叠共同对留守儿童群体产生影响，留守儿童产生问题的机理错综复杂；二是每个因素都具有两面性，可能成为留守儿童产生问题的危险因素，也可能对留守儿童产生积极作用。

三 留守儿童政策与管理

留守儿童群体作为我国城镇化进程中出现的特殊群体，引发社会各界关注。学者们除分析问题和探究机制以外，针对留守儿童服务实践的研究也逐渐丰富。这些研究主要以政策梳理、实践评价、政策建议为内容展开，研究成果对政府政策制定、社会实践管理有很强的借鉴意义。在各方共同努力下具有中国特色的留守儿童关爱与保护体系正在不断构建完善。

1. 留守儿童问题的政策梳理

政策是构建留守儿童关爱与保护体系的根本，是统领、指导整个体系运作的基础。因此，已有研究对国家近年来出台的一系列关于留守儿童的政策进行了梳理与解读，以把握政策内涵和方向。有学者分析了留守儿童首次被列入政府文件后十年以来的政策文本，发现：一是组织形式从各部委分别解决不同留守儿童问题，转变为由民政部牵头管理，相关部门以及群团组织一同参与；二是各类非专项文件中有关"留守儿童"的内容占比逐年增加，特别是在国务院发布的相关文件中其占比也在不断提高，可见国家对留守儿童问题的重视（江立华，2011）。同时，有学者将留守儿童政策演进划分为四个阶段（陆红芬、吴佳璐，2018），第一阶段为1996~2003年的潜在期，此时期政策主要关注流动儿童群体，且仅包含在农民工衍生政策中。第二阶段为2004~2009年的发生期，留守儿童正式进入国家政策中，但政策内容更强调宏观性，缺乏系统性和条理性。第三阶段为2010~2015年的发展期，此阶段进一步明确留守儿童保护原则和关爱重点，并且开始强调留守儿童的权益。第四阶段为 2016 年之后的深化期，正式将留守儿童作为单独的政策主体对待，政策具体性、可操作性、针对性进一步增强。留守儿童相关政策梳理见表 2-2。

表 2-2　留守儿童相关政策梳理

年份	具体政策文件
2004	教育部召开"中国农村留守儿童问题研究"座谈会，农村留守儿童问题被纳入国家解决农民工问题的政策范围
2006	《教育部关于教育系统贯彻落实〈国务院关于解决农民工问题的若干意见〉的实施意见》中要求，建立农村留守儿童教育和监护体系 全国妇联发布的《关于大力开展关爱农村留守儿童行动的意见》提出，要将农村留守儿童教育纳入家庭教育"十一五"规划
2007	中共中央组织部等七部门发布《关于贯彻落实中央指示精神积极开展关爱农村留守流动儿童工作的通知》，要求做好农村留守儿童的户籍管理工作，加强农村留守儿童的户籍管理与权益保护，完善农村留守儿童的救助保障机制等 全国妇联等 13 部门联合发布《关于开展"共享蓝天"全国关爱农村留守流动儿童大行动的通知》，力求通过四大行动解决农村留守儿童面临的问题
2010	中共中央、国务院印发《国家中长期教育改革和发展规划纲要（2010—2020 年）》
2011	国务院印发《中国儿童发展纲要（2011—2020 年）》，强调建立健全农村留守儿童关爱服务体系和机制。全国妇联等四部门联合发布《关于开展全国农村留守流动儿童关爱服务体系试点工作的通知》，对以上纲要文件进行具体落实
2013	教育部等五部门颁布的《关于加强义务教育阶段农村留守儿童关爱和教育工作的意见》
2014	《国务院关于进一步做好为农民工服务工作的意见》中提出，要建立健全农村留守儿童关爱服务体系，实施"共享蓝天"行动，保障农村留守儿童的入园、住宿和精神文化生活等
2016	《国务院关于加强农村留守儿童关爱保护工作的意见》明确要求，进一步加强农村留守儿童的关爱保护工作，并对关爱主体、关爱体制和机制做明确规定
2018	民政部发布《关于开展全国农村留守儿童关爱保护和困境儿童保障示范活动的通知》，通过在全国建立一批示范区的方式进一步关怀农村留守儿童
2019	民政部等十部门联合印发《关于进一步健全农村留守儿童和困境儿童关爱服务体系的意见》，对 2016 年出台的《国务院关于加强农村留守儿童关爱保护工作的意见》和《国务院关于加强困境儿童保障工作的意见》进行了细化，为做好农村留守儿童和困境儿童关爱服务工作提供了制度保障

年份	具体政策文件
2021	国务院印发《中国儿童发展纲要（2021—2030年）》，提出自党的十八大以来农村留守儿童、困境儿童等弱势群体得到更多关爱和保护，并给出了2021~2030年留守儿童、困境儿童关爱保护工作的目标和措施

2. 留守儿童关爱与保护体系建设与评价

除梳理解读相关政策外，已有研究针对留守儿童关爱与保护体系进行分析与评价。结果发现，整个体系不断健全，出现许多成功经验，同时呈现出鲜明特点。一是留守儿童的相关政策呈现出全面化、系统化与科学化三个特点。具体表现在留守儿童的政策内容涵盖儿童发展的各个方面，政策设计已包含家庭、学校、社区、各社会组织、各政府部门的全面参与；满足留守儿童物质需要的同时，也重点关注其精神需求（陆红芬、吴佳璐，2018；邢慧斌等，2019）。二是整个体系环节较为完整，形成群体数量排查、群体问题预防、及时发现问题、后续干预管理为主要环节的留守儿童帮扶体系（董才生、马志强，2017）。三是地区、学校和各慈善公益组织等发挥重要作用。各地特别是试点县分别针对当地情况出台相关配套政策，进一步形成因地制宜的关爱服务体系。农村学校"自下而上"主动探索"家校合作""重点关注""校中建家"等关爱留守儿童的有效模式（戚务念，2017）。每个模式的侧重点各有不同，"家校合作"模式强调家长参与，如家访、家长会等；"重点关注"模式强调建立留守儿童的校内工作机制；"校中建家"模式则强调学校寄宿功能的进一步完善。各个模式均在一定程度上解决了留守儿童的问题。同时，各公益组织积极开展形式多样的留守儿童帮扶项目，如中国青少年发展基金会、中国儿童少年基金会、中国红十字基金会分别主办开展"希望社区""关爱留守儿童特别行动""鲁冰花"等项目（石兰月，2016）。

研究同时指出留守儿童关爱与保护体系目前仍存在诸多问题。一是留守儿童相关政策设计偏向"问题回应"，对留守儿童的"日常性""个性化"需求难以满足（董才生、马志强，2017）。虽然目前解决留守儿童一系列权益问题的政策已在不断完善，但权利保护措施的有效落实和及时跟进仍较为薄弱。事实上，留守儿童的需求贯穿其日常生活，难以定期或短期内简单解决。杨潇等指出，现有社会各界关爱服务内容部分来源于供给方的猜测判断，较少关注服务对象的个性化问题，关爱服务流于姿态化、形式化（杨潇等，2018）。二是政策实施有效性较低（吴帆、王琳，2016）。一方面，相关政策呼吁度与宣传度高，但实际执行力不足，后续实施效果的监控与追责机制仍需完善；另一方面，政策相关条文呈现较强指导性，强制性不足，造成政策执行过程中产生偏差。三是体系构建过程中对"家庭"在留守儿童关爱与保护体系中的主体地位强化与支持不足（乔东平等，2019）。现有体系已将"家庭"放在关键位置，强调家庭功能的重要性，但对"家庭"的实际辅助支持，如协助建立亲子情感沟通等仍然不足，支持范围覆盖面较小。

针对如何更好地完善我国当前留守儿童关爱与保护体系，已有研究从各角度提出建议。一是制定家庭政策。家庭政策是当前亟须补充的政策，政策制定应该偏向家庭本身的改善，如亲子假，增加亲子见面频率；低龄留守儿童家庭适当补贴或减免税政策（乔东平等，2019）。另外，有学者认为，可以建立"家庭整合型"福利政策，通过当地政府购买服务等方式支持家庭成员或类家庭成员监护，吸引部分父母返乡成为自己子女与相邻家庭户留守子女的照料者（董才生、马志强，2017）。二是加强专业化建设。国家已明确要求设立相关困境儿童的督导员或监察员，但目前关爱留守儿童的队伍建设中专业人才短缺，兼职人员比例较大。因此建议加强基层地区关爱留守儿童队伍中的人才培养，向基层输送更多专业人才，提高整个关爱队伍的服务能力。三是利用好现代技术。如建立"互联网"时代下的留守儿童关爱与保护体系，与当前公共服务体系深度融合，加快留守儿童关爱服务资源整合与创新（刘香娥等，2021）。应用大数据的先进理念与技术资源，建立留守儿童大数据平台，精准确定影响不同儿童的不同因素，同时以家庭为单位提出独立对策（周镇忠等，2019）。此建议是希望通过社会数据计算来建立相应的留守儿童管理与干预体系。朱旭东和薄艳玲在此方面的研究更为全面和创新，从儿童健康、认知能力与非认知能力的全方位发展出发，构建支持留守儿童全面发展的综合服务体系，包括：立法建制以保障服务供给，利用各院校智库资源，探索多学科支持路径和多方合作模式，完善教育支持、情感关怀等机制（朱旭东、薄艳玲，2020）。

第三节 压力源与留守儿童问题

儿童成长过程中面临诸多不同的压力源，可能会对儿童发展造成不利的、不同程度的、持久的影响。因此，了解与明确儿童面临的压力源及其在儿童生命历程中的影响具有重要意义。家庭作为儿童成长的首要环境，对儿童发展起着关键性作用，由家庭环境变动引发的压力源对儿童造成的影响巨大。与父母离异等造成的家庭结构变动不同，父母外出务工导致的亲子分离家庭结构（留守）可能是我国儿童特别是县域（包括农村）儿童面临的更为严峻的压力源。本小节回顾儿童成长轨迹中面临的各种压力源以及压力源相关的重点理论，同时综述留守作为儿童压力源的相关研究：一方面，总结西方移民儿童留守的相关研究，以期得到值得借鉴的经验结论；另一方面，梳理国内儿童留守问题的研究脉络，以得出留守作为儿童压力源的下一步研究空间。

一 压力源与家庭压力理论

1. 儿童的压力源

压力（Stress）本是物理学的相关概念，最早被引入医学领域，定义为"当个体受到来自外界的刺激时会出现适应性反应，以满足身体恢复正常状况的需求"（Selye，1936），也被称为应激。此后，学界特别是社会学、心理学方面学者从不同角度对"压力"展开相关研究，并产生诸多相关经典理论。在社会学研究中，压力指的是来自外部的（如社会、环境等）使个体感到紧张需要调整自我的事件或刺激，强调压力的客观性。某种程度而言，此研究范式下，压力即为压力源，重点关注个体的生活事件压力。霍姆斯与拉赫对此进行了深入研究，提出生活变化适应模式，发现个体所经历的生活事件可以预测其身心疾病，无论是正性还是负性事件，都可能引发个体的不良反应（Holmes and Rahe，1967）。在心理学研究中，压力被认为是人与环境相互作用的产物，即当个体认为刺激源已超过自身的应对能力与应对资源时，就会产生压力。其中，美国心理学家提出的压力认知交互理论最具代表性，详述了个体认知在压力反应中的重要性，人与压力情境事实上是相互作用与影响的（Lazarus and Folkman，1984）。

此过程中，个体的评价和应对十分关键。当前，更多的研究认为压力是一个复杂的过程，并将上述定义进行系统的概括。本书也认同此观点，将压力综合定义为个体感知到压力源并产生压力反应的过程（Smith and Carlson，1997）。其中，压力源是压力产生的来源，是能被个体感知并引发相对反应的刺激性事件（王道阳等，2009）。无论何种研究取向，对压力的研究均以压力源为出发点。已有文献对压力源进行了广泛的研究，但不同研究侧重的压力源有所不同，对压力源的分类十分多样。其中较有代表性的：一是根据压力源本身性质，将压力源分为躯体性、社会性、文化性与心理性四类（林崇德等，2003）；二是根据压力源对个体产生的影响程度，将压力源分为生活事件（life events）、长期紧张（chronic strains）、日常烦恼（daily hassles）（Thoits，1995），也有学者将压力源分为生活事件和突发事件，二者的区别在于突发事件（如自然灾害、恐怖袭击等）中个体可以短期内抽离而使压力得以缓解，而生活事件（如长期贫困、婚姻问题等）则相对持久且难以消除（朱敬先，2002）。

儿童在成长过程中面临各种可能的压力源。与成年人相比，压力源不仅会影响儿童以后的健康与发展，还会影响儿童成长过程本身。因此，儿童压力源成为压力研究的重点之一。儿童压力源来自不同的环境，不仅来自儿童外部的重要环境，如家庭、学校、社区等，还来自儿童内部的个体环境，即儿童对压力源的认知与评价。有学者提出，儿童的压力源可以定义为儿童认为某个或多个事件（情况）超过了其应对能力，从而引发个体产生反应。相比基于压力源频率、持续时间或严重程度对儿童压力源进行分类，按照儿童生活事件进行划分可能更为合适，尤其是在研究特定压力源与特定的压力结果的过程中，因为二者的特异性关联可能会与压力的附加效应相混淆（McMahon et al.，2003）。孔帕将儿童压力源分为急性与慢性两种。其中，急性压力源包括重大生活事件，比如父母分居离异、搬到新地方、与父母分离等；不寻常事件，比如飓风、地震等自然灾害的爆发；一些日常的、普通的事件，比如日常与父母争吵、被老师批评等，即使是升学、进入新学校等被认为是积极性质的日常事件也可能使儿童产生压力。慢性压力源则主要包含持续发生的事件，比如贫困、被忽视或歧视、被虐待或遭受暴力，以及某些慢性疾病或残疾等（Compas，1987）。同时，已有研究认为对不同年龄阶段儿童压力源的研究侧重点应有所不同。比如儿童在青春期前期身心都处于一个自我认同与发展的敏感阶段，具有失去关系或威胁的压力事件对其的影响可能更加剧烈（Smith and Carlson，1997）。而在这一时期，家庭是儿童最重要的外部环境，甚至是儿童早期接触的唯一环境。因此，家庭方面的压力源对儿童尤为特殊，学界特别是西方学界较多地将家庭结构变动（如父母离异、父母同居、家庭重组等）作为儿童压力源展开研究（Osborne and McLanahan，2007；Kelly and Wildsmith，2004）。而在我国儿童家庭结构变动的压力源则更多地来自父母外出务工造成的亲子分离。

2. 家庭压力理论

家庭压力理论最早诞生于 20 世纪 40 年代，二战的爆发为家庭压力的研究带来进展，而后成为西方学界将家庭结构变动作为儿童压力源进行研究时的代表性理论。鲁本（Reuben）最早针对因战争导致的家庭分离和重逢而产生的家庭压力进行系统研究，并提出家庭压力模型（ABC—X 模型），被后人称为"家庭压力理论之父"（Hobbs，1950）。在家庭压力模型中，A 是指突发的危机或事件，一般足够给家庭带来变化，即压力源事件；B 是指家庭应对压力源事件的资源；C 是指家庭对该压力源事件的定义或认知；X 是指产生的家庭压力结果或危机。ABC—X 模型表示，压力源事件（A）改变了家庭系统的稳定状态，家庭成员为使家庭系统回归平衡状态，会调动现有资源（B）来应对，同时会对此压力源事件进行定义和评估（C），以上三个因素相互作用后决定了压力结果（X）。压力源事件可分为多种类别，突发的或长期的，常态的或非常态的，意志的或非意志的。往往压力源事件会改变家庭系统的结构，如离婚、生育、失业等。在家庭压力理论研究中，心理学研究侧重家庭成员对压力源事件的主观认知，社会学研究则侧重家庭以及家庭成员在面对压力源时所拥有的应对资源，家庭经济收入、家庭成员受教育程度和个人压力因应特质、社会支持等均是家庭应对压力的重要资源。家庭压力理论的意义在于区分影响压力结果的关键变量，强调关注家庭压力结果应分析发生何种压力源事件、如何运用家庭资源解决、如何认知压力源等。后来学者们不断修订和发展该模型，形成了更为复杂多样的模型（如双重 ABC—X 模型、FSM 模型等），但 ABC—X 模型始终是现有复杂模型概念构架或概念定义的重要基础（Otto，1975）。

随着社会经济发展，金融危机、政治变革、公共卫生等一系列突如其来的公共危机频发，压力理论研究被放置在更宏观的社会文化背景下（Boss，1992）。同时，压力的形成不是静态离散的，而是动态积累的过程（McCubbin et al.，1980）。特别是在当前全球变革的社会背景下，家庭系统往往会经历持续存在或反复发生的家庭压力事件，家庭成员会经历长时间的压力累积或是在短时间内经历多次生活转变，从而会对其身心健康造成不利影响（Pearlin et al.，1981）。因此，家庭压力理论被广泛应用在社会变迁过程中和家庭现代化转型背景中。在我国，在城镇化进程和乡村振兴战略不断推进的时代背景下，人口流动是当前时期的重要家庭事件，成为家庭特别是农村家庭压力的重要来源。针对流动家庭及其家庭成员，已有研究发现，农村居民流动进入城市后，会受到流入地社会文化排斥以及社会阶层分化的影响，引发经济压力、社会融入压力等；而留在流出地的其他家庭成员，会受到夫妻分离、亲子分离等影响，引发情感需求为主的一系列压力（李晓凤等，2021）。比如国内学者对留守儿童的生活压力及其心理健康状况进行研究，结果发现，留守儿童较非留守儿童生活压力与孤独感较高，幸福感较低；同时生活压力对留守儿童孤独感具有正向作用，对幸福感则具有负向作用（范兴华等，2017）。此外，家庭压力理论不仅是研究压力过程及其影响机制的分析框架，还是干预家庭实务的理论依据。有学者以 ABC—X 模型为指导框架，为新生代农民工工作压力提供多维整合的干预应用（李晓凤等，2020），这一研究为干预留守儿童问题等提供借鉴思路。

二　西方儿童留守的压力源研究

西方国家较高的社会经济发展水平吸引了大批来自发展中国家的劳动力迁移至此。早期西方学界对这些跨国移民进行的研究，主要集中在移民对目的地国的影响以及移民自身的融入发展等问题上，并提出相关政策建议。而后研究者发现，此类跨国移民具有一个共同特点，其子女大多被留在移民来源国，儿童与父母一方或双方在地理空间上长期分离，这种家庭被称作跨国移民家庭（Transnational Family）（Olwig，1999），此类家庭建立了一种"儿童成长的家庭网络全球化趋势"。学者们由此开始对跨国移民家庭中儿童的相关问题展开研究，主要关注父母移民事件（作为压力源）对其子女发展会产生怎样的影响。

目前，跨国移民家庭已在世界范围内普遍存在。其中，墨西哥、印度尼西亚、泰国、越南、菲律宾等东南亚国家和刚果、塞内加尔等非洲国家是跨国移民的主要来源地。据统计，这些国家的儿童中有近1/4家庭中的父母至少一方在国外（Mazzucato and Schans，2011）。已有研究针对不同来源地的跨国移民家庭以及儿童受到的不同方面影响进行探讨，表2-3将不同研究进行了大致总结。由以上研究可知，父母移民作为儿童重要的生命事件，是否成为对儿童造成影响（包括影响方向与影响大小）的压力源，不仅取决于影响的方面，还取决于父母和儿童的特征（Suárez-Orozco et al.，2002；Parreñas，2005；Dreby，2007）。比如，儿童在教育、生活质量方面可能从移民父母的汇款中受益，同时可能因与父母长期分离而在心理、行为方面受到影响，且此过程是具有性别差异的。母亲跨国移民时，儿童更有可能在经济方面受益，这是因为相比父亲，母亲会将更大比例的工作收入汇向家庭。但这并不代表母亲跨国移民是对儿童来说的最佳选择，因为母亲跨国移民对儿童日常生活与身心发展影响较父亲更大（Abrego，2009）。

表 2-3　不同国家移民家庭儿童的研究主题

主要研究内容	父亲迁移	母亲迁移	父母均迁移
来源地	非洲、东亚（中国、蒙古国）、拉丁美洲、南亚（印度、孟加拉国、尼泊尔、巴基斯坦、斯里兰卡）、东南亚（柬埔寨、印度尼西亚、缅甸、泰国、越南）、独立国家联合体	东亚（中国、蒙古国）、南亚（印度、孟加拉国、斯里兰卡）、东南亚（柬埔寨、印度尼西亚、马来西亚、缅甸、菲律宾、泰国、越南）	东亚（中国、蒙古国）、南亚（印度、孟加拉国、斯里兰卡、巴基斯坦）、东南亚（柬埔寨、印度尼西亚、马来西亚、缅甸、菲律宾、泰国、越南）、拉丁美洲、南非
研究主题	儿童心理发展、儿童教育、儿童虐待与忽视、儿童社会化发展	儿童健康福利	儿童心理发展、儿童教育、儿童健康福利、儿童虐待与忽视、儿童社会化发展、祖辈关系

具体地，当前有关父母跨国移民对儿童影响的研究注意到以下三个重要方面。第一，跨国移民对儿童的影响在不同来源地国家情境中存在区别。有研究对比了刚果、加纳、塞内加尔三个国家儿童与移民父母的团聚情况，结果发现，同样是父母跨国移民至欧洲 10 年后，在塞内加尔，能与父母再次团聚的儿童仅占 33%，而在刚果和加纳，儿童与父母团聚的比例均超过 60%。可以看出，塞内加尔的儿童所经历的留守时间更长，可能面临比其他国家儿童更严重的亲子分离（Mazzucato et al.，2018）。再者，不同来源地国家的经济水平和社会公共服务差异，也会导致父母跨国移民对儿童影响不同。陆比较墨西哥和印度尼西亚的儿童发现，在印度尼西亚，儿童父母移民会显著提升儿童最终的教育获得，而在墨西哥，父母移民则并未显著提升儿童的教育获得。可能的原因是，印度尼西亚的经济发展与教育资源有限，父母额外的经济汇款可以为儿童提供必要的教育资源，一定程度上抵消了父母与子女分离的不良影响。相比而言，墨西哥经济发展和教育条件较好，汇款的经济效应无法抵消亲子分离的情感代价（Lu，2014）。第二，父母跨国移民对儿童的影响与父母国内移民对儿童的影响不同。研究发现，一方面，与父母国内移民相比，跨国移民通常意味着亲子分离的时间更长，父母与儿童之间的沟通更少，最终无论是父母返回原籍国还是儿童迁移至目的地，亲子团聚历时也会比预期要长（Zentgraf and Chinchilla，2012）。与此相反，父母国内移民呈现短期循环状态，亲子分离持续时间则相对较短。另一方面，由于国家间工资的差异以及汇率的存在，跨国移民往往被认为家庭会获得更多的经济汇款。然而，坎德尔研究发现，经济汇款与改善家庭福利之间存在一定的时间滞后。在父母跨国移民的初期，国内家庭收到的经济汇款是极少的，常常面临经济困难的状况。因为跨国移民相比国内移民需要更长的适应期，对于一些非法的跨国移民而言更是如此（Kandel，2003）。同时，父母移民的整个时期内，汇款情况是波动的，许多家庭往往是不定期地收到汇款（Amuedo-Dorantes and Pozo，2010）。因此，跨国移民整体为家庭带来的经济效应或许并非更高，起码是不稳定的。第三，跨国移民对儿童的影响与其他类型家庭变化对儿童的影响存在区别。相比儿童遭遇父母离异或父母死亡通常伴随家庭经济水平的下降（Garfinkel and McLanahan，1986），儿童父母跨国移民时，其家庭总的经济收入和生活水平通常会提升。以对儿童教育的影响为例，来自移民父母的汇款可能会改善儿童的教育情况，因为家庭可以将更多的资源分配给教育，比如支付学校费用和购买学习用具等，同时可以减少儿童照料者的压力和对儿童的劳动需求（Brown and Poirine，2005）。再如，与父母离异的情况不同，儿童与因为移民而外出的父母之间的联系频率明显更高，情感关系更好（Nobles，2011）。

三 国内儿童留守经历与状态的压力源研究

留守儿童问题是嵌入我国城镇化进程的时代背景，并随着历史变迁与时代征程不断变化的。有学者将以往留守儿童的研究路径分为三个阶段（许怀雪、秦玉友，2020），此划分可以很好地阐释留守作为儿童压力源的研究发展沿革。

第一阶段，"问题化"阶段。早期对儿童留守问题的研究倾向于以"规模庞大"的"社会问题"儿童群体为出发点，在此基础上对留守儿童进行群体特征识别。此阶段，研究样本量小、研究方法笼统，导致研究结果过于片面化，整个留守儿童群体被当成具有"严重问题"的群体（谭深，2011）。

第二阶段，"问题解构"阶段。学界开始纠偏前一阶段对儿童留守问题研究表面化和夸大化的情况，不断丰富研究视角，留守儿童问题研究变得更加科学全面，以探究哪些问题并不属于留守儿童群体。此阶段研究发现，一方面，留守作为儿童压力来源可能影响其各个方面，同时儿童的留守压力源会引发一系列衍生压力或提高其他压力源的强度，比如学习压力、人际关系压力（亲子关系压力、师生关系压力、同伴关系压力）、负性生活事件等（周丽兰等，2022）。另一方面，留守作为压力源并未对儿童造成影响甚至有积极作用，如留守儿童学业表现并非一直较差，张显宏通过3年的长期追踪数据分析发现，留守儿童学习总平均成绩与非留守儿童并无显著差异（张显宏，2009）。除认知能力外，非认知能力发展（如创造性认知和思维）两个群体间差异也不显著（张孝义，2010）。同时，留守儿童表现出更强的自理能力以及关爱、体谅、助人等积极品质（刘霞等，2007）。

第三阶段，"再问题化"阶段。大量研究利用横向"比较"视角，与其他儿童群体进行对比分析，以得出儿童留守的真正问题所在。本书在梳理相关文献时发现，此阶段的研究具有两个重要特征。一是不仅关注留守对儿童造成的短期影响，还尤为关注留守对儿童产生的长期效应，即留守这一压力源对儿童的影响被拓展到儿童后期甚至成年后，研究结果涉及儿童后期的学业发展、身心健康、人格发展、就业和社会适应等方面（谢勇、赵晓倩，2022；张春阳、徐慰，2022）。比如，有留守经历的儿童今后整体教育获得程度更低，高中阶段辍学概率增加，大学阶段的学业表现相对较差，整体认知能力显著低于没有留守经历的人群。留守经历对儿童心理与行为的影响尤为突出，留守经历对儿童心理发展不利，其出现情绪和行为问题的概率更高；留守经历使儿童心理健康发展处于劣势，直至成年后，其仍会出现一系列心理问题（如抑郁、消极情绪、自尊心较低），社会交往时表现出焦虑、退让、内敛等心理特征。二是留守儿童群体内部的异质性特征受到学界关注，即"比较"的研究视角进一步细化。在短期影响研究中主要的视角包含以下几个，①留守类型，具体可分为双亲留守儿童、与父留守儿童、与母留守儿童。研究发现，母亲外出务工对儿童的影响尤其严重，母亲在家庭系统的传统分工中的照料和养育等功能强于父亲。因此，当母亲外出儿童被留守时，会显著降低日常照料程度，对儿童生活学习、身心发展均产生严重的影响。相反，仅父亲外出时，儿童受到的影响可能较小。一方面，父亲外出务工带来家庭经济方面的改善；另一方面，母亲在家照料儿童，能在一定程度上弥补父亲角色缺失给儿童带来的影响（秦敏、朱晓，2019）。②监护类型，具体可分为单亲监护、隔代监护、自我监护等。单亲监护中，由母亲监护的儿童情况更好。除单亲监护，隔代监护是留守儿童家庭最普遍的照料模式，但已有研究表明，隔代监护的留守儿童消极问题突出，表现出学业、生活技能、社会化、心理行为等方面的问题，特别是儿童进入初中阶段后，以上问题更加凸显（张小屏，2018）。③留守儿童性别和年龄。受"重男轻女"传统观念影响，农村家庭有较强的性别偏好，导致女孩被留守的概率更高（李小琴、王晓星，2020）。但也有研究认为，男孩较女孩的自律性更差，更易受不良环境影响，因此父母会优先选择将男孩带在身边，以加强对男孩的看管。此外，留守儿童出现的问题也因性别产生差异，男孩在学业、行为方面产生问题的概率更高，女孩则在身体健康、心理等方面产生问题的概率更高（魏昶等，2014）。年龄视角下，有研究将农村留守儿童分为0~5岁、6~14岁、15~17岁三个年龄段，每个年龄段的留守儿童突出特征不一。如0~5岁留守儿童面临母乳喂养不足、学前教育机会少等问题；6~14岁留守儿童则面临缺乏青春期家庭教育和行为安全教育；15~17岁留守儿童面临高中学业的获得与完成、社会保障等问题（谭深，2011）。有关长期效应的研究除以上异质性视角外，多以回溯性视角进行，比如首次发生留守年龄、留守时长等视角，对儿童后期各方面发展进行比较。研究发现首次留守年龄越小，对儿童的影响越大（姚远、张顺，2018）。但也有研究指出，相比在小学阶段有留守经历，初中阶段的留守经历对儿童心理健康的影响更大。陆等进一步研究发现，女孩首次留守发生在3~9岁时，更易产生抑郁等心理问题，若其首次留守发生在10~15岁则容易产生问题行为（Lu et al.，2019）。留守时长方面，研究发现留守时长为3年及以下，留守儿童的学业成绩并未受到影响甚至好于非留守儿童；但若留守时长超过3年，留守儿童学业成绩则表现出劣势，成绩较非留守儿童更低（梁在、李文利，2021）。也有研究表明，仅有一段留守经历的儿童成年后精神状态高危的风险反而比有两段及以上留守经历的儿童更高（王亚军等，2021）。总的来讲，儿童留守研究的第二、第三阶段研究内容逐渐丰富，针对留守压力源带来的短期影响和长期效应、留守儿童的内部异质性进行机理探讨，形成了一系列研究成果。而且，第二和第三阶段的研究路径有所交叠，呈螺旋式深入研究。

四 生命历程理论下的压力源

通过以上文献梳理发现，当前针对儿童留守压力源的研究同时涉及短期和长期影响。可见，留守压力源是贯穿于儿童整个生命历程之中的。生命历程理论可以服务于儿童留守压力源的动态研究，为其提供研究视角。本小节进一步详细阐述生命历程理论，为更好地理解由家庭流动带来的儿童留守压力源提供契机。生命历程理论为在生命时间视角下研究儿童留守及其心理健康问题提供了分析框架。

生命历程是指"人一生中随时间推移变化而出现的，受社会变迁与社会文化等影响的年龄级角色和生命事件序列"（李强，1999）。生命历程理论认为，个体生命历程是由历史变迁下的社会结构与个体角色共同形塑的，社会变迁会给个体带来持久且深远的影响，从而改变个体的行为与生命轨迹。生命历程理论作为一种跨学科的理论范式，是当前社会问题研究的重要切入面向。

生命历程理论最早萌芽于20世纪初，主要是美国芝加哥学派针对当时的移民问题，受生活史、生命周期理论等研究启发，在关注个体层面的同时，指出运用纵贯研究方法研究移民者的生活轨迹与生活历史，关注群体中不同个体在不同环境中生活的时间长短及生活经验，同时跟踪这个群体的未来生活，获得他们生活中的种种经历的连续记录（Thomas and Znaniecki，1996）。而后，在20世纪60年代，受当时社会发展、对社会年龄的理解的影响，加之社会调查与理论研究日益紧密联系的趋势，生命历程理论逐渐发展形成两种分析视角——同龄群体历史视角（The Cohort-Historical Perspective）、社会文化视角（Sociocultural Perspective）（李强等，1999）。无论是何种分析视角，生命历程理论始终强调历史和宏观社会文化对同龄群体的影响。

美国社会学家格伦·埃尔德在《大萧条时期的孩子们：生活经历中的社会变革》中对生命历程理论做出系统阐述（Elder，2018），具体而言，包括四个核心原理。第一，历史时空中的生活（Life in Historical Time and Place）。该原理强调社会个体的生活轨迹嵌入了特定的历史时期和空间地域，同时其生命历程被这些时期和空间塑造。第二，行动主体能动性（Human Agency）。该原理强调社会个体并非完全机械、被动地由社会环境与社会结构决定其生命历程，个体本身仍有自主能动性、自主选择性，以改变自己的生命历程。第三，相互依存与联系的生命（Linked Lives）。生命是相互依存与相互联系的，社会个体生活在复杂的社会网络中，受不同网络文化影响，获取不同社会网络资源，依靠各类社会支持，承担一定的社会义务。因此，个体生命历程会受到自己生活的社会网络（如家庭、学校、社会、国家等）中其他成员重大生命事件的影响。例如，父母离异不仅会影响父母二人本身，还会影响儿童的生命历程，改变其未来生活的计划，以及接受教育、成家立业等未来生活轨迹。第四，生命的时机（Timing）。该原理强调社会特殊事件以及个人生活事件的发生，对社会个体生命历程会产生影响。影响来源于两个方面：一方面，重大事件的具体内容和事件性质；另一方面，重大事件何时发生，即事件具体发生在个体哪一生命阶段，例如父母流动发生在儿童幼年还是儿童即将成年时，对儿童生命成长轨迹的影响必然不同。

流动作为一个重要的生活事件，赋予了个体与家庭全新的地位和角色。同时，流动行为与迁入、迁出地的社会经济、政治文化、资源环境紧密相关，且不断随着时间的推移而行进，这使得生命历程理论成为研究人口流动问题的重要范式，已有研究可以归为以下两个方面：流动策略与流动效应、流动个人与流动家庭。第一，流动策略与流动效应。流动策略的重要影响因素有政治、经济等宏观因素，以及个体特征、年龄、家庭等微观因素（Kulu，2008）。针对亚洲流动人群的研究发现，引发流动的主要原因包括改善社会经济地位、家庭成员团聚以及远离政治迫害（Takeuchi et al.，2007）。此外，流动策略的结果往往不同，主要是由于流动过程中多重事件和转折变换的叠加累积，导致流动人口队列中不同生命历程的优势（劣势）累积形成差异，从而带来流动风险的不同。第二，流动个人与流动家庭。对于流动个人而言，就业与社会融合是人口流动后的重要经历，随着流动人口在迁入地生活时间增加，迁入地劳动力市场和社会网络的排斥往往会减少，这个过程体现了生命历程中个体的自主能动性（Ruhs and Anderson，2010）。但流动人口性别会影响生命历程的建构过程，女性流动人口可能受到更多的制约，在其生命历程中缺乏个人能力的体现（Heyse，2011）。同时，学者将生命历程观点应用于流动人口健康研究，发现处在不同生命阶段的流动人口，影响其身心健康的风险因素有所不同。例如，流动人口童年时期面临的风险，会导致其后期的健康受到损害（Spallek et al.，2011）。对于流动家庭而言，生育、教育子女是影响个体及其他家庭成员生命历程事件序列的重要因素。在迁移行为发生前，夫妻双方一旦开始生育或育儿，就会影响女性生命历程中迁移事件的发生顺序，双方共同迁移的可能性降低，男性独自迁移的可能性增加（Cerrutti and Massey，2001）。此外，若儿童一起随流动父母在迁入地生活，其流动行为发生在儿童哪个年龄阶段与儿童教育获得相关性较大（Portes and

MacLeod，1996）。总而言之，人口流动是一个动态且复杂的社会过程，人口流动策略不仅与社会文化、政治经济等宏观环境相关，还与个人及其家庭的形成、过渡等重大事件息息相关，它与生命历程有着密不可分的关系。尽管当前学界采用生命历程理论研究儿童留守问题的相关文献并不丰富，但生命历程理论已然构成重要的研究透镜，使我们能够分析、详细描述已有和新的流动家庭和儿童留守主题。

第四节 留守与儿童心理健康

留守作为儿童重要的压力源之一，会使其出现一系列发展问题。已有研究对留守压力与儿童不良心理后果之间的联系进行了广泛的验证，结果发现，留守导致儿童处于亲子分离的不完整家庭结构中是其出现心理问题的根本所在。西方学界最早开启了家庭结构对儿童心理影响的一系列研究，这些研究对探究我国儿童在留守特殊家庭结构中受到的影响有所启示。首先，本小节综述有关留守儿童心理健康现状的相关研究，以期得到当前对留守压力与儿童心理后果的研究的不足与研究空间。其次，从两方面归纳留守对儿童心理健康的影响研究，一方面，总结西方有关家庭结构对儿童心理健康影响的研究，得到可本土化和可借鉴的相关理论与实证经验；另一方面，详述国内留守影响儿童心理健康的研究。最后，梳理现有对留守儿童心理健康发展的一系列干预实验与研究，为本书后续政策建议的提出建立基础。

一 留守儿童心理健康现状

有关留守儿童心理健康发展的研究范畴一般包括心理情绪和行为表现。部分文献侧重儿童心理方面的研究，而将行为表现部分划分为留守儿童问题行为的研究（赵苗苗等，2012）。本书针对留守儿童的心理健康研究也认同此归纳方式，对留守儿童心理健康的考量侧重于心理情绪方面。具体地，留守儿童心理研究可分为积极心理与消极心理两个方面的研究（李娜、庄玉昆，2022）。

积极心理多指个体愉悦的、积极的情绪，而针对留守儿童积极心理的研究大多对儿童自尊（自尊量表，Self-Esteem Scale，SES）、生活满意度（生活满意度量表，Satisfaction with Life Scale，SWLS）、幸福感（青少年主观幸福感量表、牛津幸福感问卷、幸福感指数量表）等进行测量（高永金等，2020；范兴华、范志宇，2020）。结果发现，留守儿童部分积极心理水平低于非留守儿童，如环境、同伴、生活满意度方面显著较低，但与农村留守儿童相比，城乡流动儿童具有更高的积极情绪体验、总体幸福感和生活满意度（胡芳等，2011）。对留守儿童积极心理进行的研究多基于一个基本假设，即儿童特殊的留守经历与家庭环境会激发其在逆境中成长，使其形成坚韧的积极人格。因此，抗逆力成为一个重要测量指标。儿童抗逆力（又称心理弹性、恢复力、心理韧性）测量采用的量表包括自我韧性量表、中国青少年抗逆力量表（Resilience Scale for Chinese Adolescents，RSCA）、中学生社会适应能力量表、中国儿童希望量表（Children's Hope Scale，CHS），且研究结果仍存在分歧（薛威峰、马艺丹，2021）。一部分研究认为留守儿童整体抗逆力较普通儿童更低（李国强等，2018）；也有学者发现留守儿童抗逆力处于中等水平，与普通儿童几乎没有差异（刘红升等，2019）。

针对消极心理的考量内容包括抑郁、焦虑、自卑、愤怒、敏感、孤独感、恐惧感等。大多数研究同样采用儿童发展相关量表和专业心理量表进行测量，具体包括 Piers-Harris 儿童自我意识量表、艾森克人格问卷（儿童版）、90 项症状清单（Symptom Checklist 90，SCL-90）、中国中学生心理健康量表、心理健康测验量表。在一些具体指标上，抑郁指标测量一般采用儿童抑郁量表、流调中心儿童抑郁量表（Center for Epidemiological Studies Depression Scale Children，CES-DC）和儿童抑郁情绪自评量表；焦虑指标测量一般采用儿童社交焦虑量表、儿童焦虑性情绪障碍筛查表；自卑指标测量一般采用自卑心理诊断量表；愤怒和敏感指标测量多采用综合心理量表，如 SCL-90 心理健康测量量表；孤独感指标测量则多采用儿童孤独量表；恐惧感多指社交恐惧，采用综合心理量表或是儿童社交焦虑量表测量。

根据以上量表的统计研究，学者们所得出的结论不尽一致。一部分研究认为，与非留守儿童相比，留守儿童消极心理更为严重。比如，留守儿童抑郁、焦虑、孤独水平更高（范志宇、吴岩，2020；韩晓明、李雪平，2013；李梦龙等，2019）。另一部分研究则认为，留守儿童和非留守儿童在消极心理方面并没有显著差异（侯珂等，2015；赵如婧、周皓，2018；郭申阳等，2019）。但进一步研究发现，留守儿童消极心理与普通儿童有无差异的结论不是绝对的，其内部异质性可能是结论产生差异的原因之一。对此，学者们从地区、留守时长、监护类型、性别等视角对留守儿童心理进行研究。结果发现，与中部、东部地区留守儿童心理健康状况相比，西部地区留守儿童的心理健康状况普遍更差（徐志坚等，2016）。西部地区内部则呈现留守儿童心理问题从相对富裕地区到贫困地区减少趋势，西部相对富裕的农村地区留守儿童在学习和社交方面的心理问题更多（郭宇鹏等，2015）。随着父母外出务工时间增加，儿童留守的时间变长，其心理健康水平也逐渐下降（王亚军等，2021）。张婷皮美和石智雷（2021）研究发现，父母外出务工超过半年，留守儿童自我孤独感概率上升10.19%，但在儿童社交心理方面则未显现时间累积效应。也有学者得出相反结论，不同留守类型与不同留守时长均对儿童安全感无显著影响（安莉娟、冯江平，2015）。监护类型视角下，单亲监护是除双亲监护外所有监护类型中对留守儿童心理发展而言的最佳选择，特别是在母亲监护下，留守儿童的心理健康出现问题的概率最低。而隔代监护、其他亲属监护、同辈/无人监护的儿童均存在较多问题，比如隔代监护下留守儿童敏感、焦虑等消极特征更为显著（高亚兵，2009）。此外，留守儿童心理问题性别差异显著，女孩抑郁、焦虑、恐惧等消极心理得分显著高于男孩，男孩在自主认知与敌对情绪上的得分则显著高于女孩（刘佰桥，2011）。

二 留守儿童心理健康影响研究

1. 家庭结构对儿童心理健康的影响

随着社会发展，家庭结构呈现出越来越多的形式与状态。有学者指出，进入21世纪以来美国家庭中北美标准家庭（SNAF：由初婚的异性夫妇和其子女组成的传统家庭结构）所占比例在40多年间下降了一半，由以往40%的比例下降至20%，特殊结构的家庭比例上升，包括离异家庭、同居家庭、再婚家庭、收养家庭、同性家庭等（Vespa et al.，2013）。这些非传统家庭结构对儿童是否造成影响、在哪些方面造成影响、影响的程度与机制成为西方学界研究的重点。以离异家庭为例，西方学者对此家庭结构对儿童心理的影响进行了大量研究。研究结果大多认为，离异家庭对儿童心理产生了消极影响，但对影响程度的高低看法不一。一方面，离异会造成家庭资源改变，产生收入下降等经济压力以及父母心理变化、家庭冲突等情感压力（Ross and Mirowsky，1999）。儿童会经历除父母离异本身之外更多的负性事件，负性事件会进一步增加儿童压力，导致抑郁心理和消极行为等问题频发（D'Onofrio and Emery，2019）。同时这种消极影响是深远持久的，沃勒斯坦和刘易斯对 60 组离异家庭进行长达 20 多年的追踪访谈，齐尔利用美国国家儿童调查（The National Survey of Children）的追踪数据进行分析，均发现离异家庭儿童不仅会在童年时期产生孤独感、恐惧感等消极心理，相比正常家庭儿童，成年后也会出现更多的心理问题（Wallerstein and Lewis，1954；Zill et al.，1993）。另一方面，也有学者认为，以上研究结果夸大了离异对儿童心理的影响，离异对儿童心理影响较小（Amato and Keith，1991）。离异家庭结构对儿童产生的影响具有差异性与时效性。差异性主要体现在性别方面，离异家庭男孩会有更多外向性表现的心理障碍，离异家庭女孩的消极心理则会潜在持续更长时间（Huurre et al.，2006）。时效性体现在随着时间推移，离异对儿童的消极影响逐渐变小直至消失。通常在离异发生 2 年左右时，儿童感受的压力上升至高峰，2 年之后压力影响则会呈下降趋势（Aseltine，1996）。此外，还有部分学者认为，离异家庭对儿童心理发展并无显著影响，甚至一定程度上表现出积极影响。虽然离异家庭与正常家庭环境不同，但并未发现离异家庭儿童患心理疾病等的概率显著高于正常家庭。进一步研究发现，离异家庭儿童的家庭社会经济地位若与普通儿童家庭相同，会表现出更强的情感调节力、自尊心以及独立性（Bernard and Nesbitt，1982）。

除静态视角下的家庭结构外，学者们开始关注家庭结构的反复动态变化。家庭结构的这种变化通常发生在儿童父母组成或解散关系时，被称为家庭过渡（Family Transition）（Lee and McLanahan，2015），比如父母离异、父母与新伴侣同居、离异父母再婚等。这种情况在西方国家尤其明显，数据显示美国家庭复杂程度正在进一步上升，美国只有 56% 的儿童从出生到 12 岁之前一直成长在同一个已婚或同居父母的家庭（Brown and Wright，2017）。有很大比例的美国儿童在整个童年时期会经历不止一次的家庭结构转变，因为父母会多次进出恋爱关系。有研究指出，单亲父母在离婚后的 5 年内，会有至少一次再次与别人结成伴侣的经历，也就意味着儿童会经历新的亲子关系（Beck et al.，2010）。反复改变伴侣导致的家庭不稳定，已被发现比特殊家庭结构类型对儿童产生的不利影响更大（Brown，2006；Ryan and Claessens，2013）。有关家庭过渡如何影响儿童的心理发展，西方学者提出两个假设（Fomby and Cherlin，2007）。一是选择假设，冯比和切林提出家庭结构多次转变和儿童消极的心理之间的因果关系可能是父母自身特征和先行行为带来的。二是不稳定假设，这种假设基于家庭压力模型，强调儿童心理变化是每一次家庭结构变化后产生的压力导致的。尽管不是所有变化都是负面的，但由于父母或继父继母进出家庭都带来角色和习惯的改变，父母资源、家庭情感、家庭教养都会随之波动，每次变化后再次达到平衡（即不产生压力）会变得越来越难（Coleman et al.，2000）。针对以上两个假设，研究者发现即使在控制一系列选择偏差后，家庭不稳定仍会对儿童心理造成影响，只是影响较控制前有所下降（Hadfield et al.，2018），特别是对低收入水平、低社会地位等家庭的儿童影响会更大（Brown et al.，2016）。

家庭过渡的影响不仅体现在转变次数上，还体现在转变类型上，即儿童经历的家庭结构变化的次数与家庭结构变化的类型。研究发现，每增加一次家庭过渡都会造成压力累积，进一步增加对儿童心理的负面影响。吴和汤姆森提出，家庭结构变化的频率与强度可能比家庭结构变化的类型对儿童发展更具影响（Wu and Thomson，2001）。然而，有学者提出家庭结构的变化类型同样重要，比如单亲家庭过渡进入婚姻家庭可能会对儿童有益，因为儿童可能会获得更多的父母资源（包括金钱和时间），但也可能新进入角色的父/母会难以与儿童建立良好的亲子关系，从而对儿童不利（Fomby and Cherlin，2007）。这一点与前期静态研究下的解释机制相似，即家庭资源的改变对儿童心理会产生不同影响。尽管不同类型和不同频次的家庭过渡的相对影响程度未有定论，但以上研究表明，针对家庭结构与儿童心理的研究需要综合静态与动态视角，同时关注家庭过渡的类型、频次等多个方面。

　　此外，西方国家存在许多出于经济、教育或安全等目的进行跨国迁移的移民，其中部分移民的子女跟随移民父母一同迁移，还有很大一部分移民的子女与父母分离留在原籍国。父母跨国移民对儿童心理健康影响的研究十分强调不同国家的差异。通过对不同地区、不同国家的研究发现，父母跨国移民对儿童心理健康的影响并不一致，同时影响的程度受到儿童的家庭照料安排、移民父母性别、心理资源、学校环境等众多因素影响。一方面，部分文献发现父母跨国迁移会对儿童心理健康产生负向影响。印度尼西亚、越南等国家的儿童父母跨国移民会显著降低其幸福感，使其心理健康状况变差（Umami and Turnip，2019）。个人心理资源被证实可以有效缓解儿童与父母分离的负面作用，但研究进一步发现父母跨国移民同时会带来儿童抗逆力的下降，这意味着儿童更容易产生消极心理（Jordan and Graham，2012）。在罗马尼亚和立陶宛，相比普通儿童，父母跨国移民的儿童表现出更多的抑郁和焦虑情况，罗马尼亚留守儿童患抑郁症的概率更是高达44.3%（Botezat and Pfeiffer，2020）。另一方面，已有研究发现父母跨国迁移对儿童心理健康并未造成消极影响，甚至有积极作用。在泰国，父母跨国迁移的儿童并未表现出与其他儿童相异的心理健康状况。父亲跨国迁移是泰国最常见的移民类型，大部分儿童受益于父亲移民，抗逆力高的留守儿童比例达到40.8%，相比普通儿童30.5%的比例更高（Jampaklay and Vapattanawong，2013）。在摩尔多瓦和格鲁吉亚，研究者利用全国代表性数据进行分析，发现父母跨国移民的儿童的心理健康状况与普通儿童无异，其综合幸福指数甚至更高（格鲁吉亚留守儿童和普通儿童的综合幸福指数分别为90.9%和82.1%）（Gassmann et al.，2018），在加纳类似研究也得出相似结论（Cebotari et al.，2018）。同时，许多研究对不同国家之间的跨国移民家庭儿童进行横向比较，进一步证实国家文化和家庭规范的差异会导致儿童心理健康状况产生差异。部分研究通过长处与困难问卷（SDQ）同时评估安哥拉、加纳、印度尼西亚、立陶宛、尼日利亚、斯里兰卡和泰国父母移民的儿童的心理健康状况，发现以上国家的移民儿童均存在较普通儿童更差的心理健康状况，但差异大小并不相同（Mazzucato and Cebotari，2017）。同时，格雷厄姆和乔丹对印度尼西亚、泰国、越南、菲律宾的移民家庭儿童进行研究，发现除菲律宾外，其他三个国家的儿童心理健康状况均受到一定程度的消极影响，特别是印度尼西亚和泰国儿童受父亲移民的影响较大（Graham and Jordan，2011）。此外，有研究发现非洲地区文化中，儿童寄养是一种被社会所接受的规范，父母无论是否移民，儿童都有可能由其父母以外的照料者照看。而在东南亚和美洲地区则相反，核心家庭是最常见的家庭安排形式。因此，儿童的心理健康状况不同（Mazzucato and Cebotari，2017）。

此外，个人与家庭特征在不同国家背景下的调节作用也不同。比如良好的家庭生活条件对格鲁吉亚和加纳的父母移民的儿童的幸福感等心理健康状况产生积极作用，但对摩尔多瓦、尼日利亚和安哥拉的同群体儿童则无显著作用。再如，照料稳定性和照料者对移民子女具有重要作用。留在家中的照料者若能提供良好的照料可以对儿童心理健康产生积极作用，相反，不稳定的家庭环境，比如频繁更换照料者则会危害儿童心理（Gassmann et al.，2018；Mazzucato and Cebotari，2017）。总体而言，不同的研究结果显示了跨国移民在国家特征以及家庭特征上的复杂性及其对儿童心理健康和幸福的影响。

2. 依恋理论

在以上家庭结构对儿童心理健康影响的研究中，依恋理论构成微观机制解释的重要理论，认为亲子依恋的断裂或不稳定的依恋链条是家庭结构破坏负向影响心理健康的直接因素。早期行为理论认为，"依恋"只是儿童和养育者间的哺育关系的结果，儿童因为养育者的喂养而产生依恋。与行为理论对依恋的认识不同，英国心理学家鲍尔比提出依恋理论，他将"依恋"描述为人与人之间持久的心理联系，它产生于儿童与养育者（主要指母亲）的互动中，是此过程中建立的一种特殊情感联结（Bowlby，1969）。鲍尔比发现，当儿童与养育者分离时，其他养育者继续喂养并不能减少他们与主要养育者分离的焦虑。事实上，婴儿从出生几个月到两岁时会与主要养育者建立依恋关系，逐渐将主要养育者当作可以依赖信任、可以进行一系列活动的"安全基地"（Security Base），这种依恋关系最终会随着儿童成长被融入儿童此后的人生中，影响和塑造着儿童的情感、认知、信念、行为等各方面。而后心理学家安斯沃斯在鲍尔比的依恋理论基础上进行拓展，她进行的陌生情境测验（Strange Situation Procedure，SSP）揭示了依恋行为与个体异质性的深刻关系（Ainsworth et al.，1981）。研究人员先让 12~18 个月婴儿与其母亲分开独处，然后观察婴儿与母亲再次团聚的反应。根据婴儿的反应，安斯沃斯划分出三种依恋形式：安全（Secure）依恋、逃避（Avoidant）-不安全依恋、反抗（Resistant）-不安全依恋。后来，又有学者在此基础上增加了第四种依恋形式，即混乱（Disorganized）-不安全依恋（Main and Solomon，1986）。以上研究反映了不同个体的不同依恋形式，极大地推动了儿童依恋关系、依恋影响因素及其心理机制的研究。

依恋理论同时强调，儿童的依恋对象通常不止一个，儿童会与多个对象建立情感联结，被称作多重依恋（Multiple Attachment）（Bowlby，1969）。多重依恋可以使儿童面临威胁时，从不同依恋对象上获得情感支持。但是，不同依恋对象并不是平等的，而是具有层级关系，其中只有一个依恋对象是主要的（通常是母亲），其余对象则都是次要的（Howes，1999）。有研究表明，母子依恋对父子依恋和祖孙依恋的形成影响深远。比如，儿童出生 12 个月前未获得母亲照料，一岁后与祖辈之间则难以建立较好的祖孙依恋关系（Steele et al.，1996）。

亲子依恋关系的形成是自然选择的过程，儿童对主要养育者会形成明确的追随行为，以获得由此带来的安全感和保护。因此，亲子依恋关系的中断，即儿童生命早期未能形成安全的依恋关系，会对儿童后期乃至整个人生产生负面影响。研究发现，儿童出生的 24 个月至 36 个月，是与父母建立依恋关系的关键时期，若与父母过早分离，对儿童会产生持续的消极影响（林美珍，1990）。早期经历父母去世或离婚的儿童，大多数会表现出焦虑、自卑、抑郁等心理（Brumariu and kerns，2010）。此外，对经历依恋关系中断的儿童，再次给予他人照料，以试图缓解因依恋关系中断对儿童心理造成的影响，但结果发现，他人照料并不能完全消除此影响；即使再次给予照料的是母亲，儿童也会表现出不同程度的难以适应。相反，在儿童时期建立了安全依恋关系的儿童，随着年龄的增长，往往会表现出更高的社会化水平、更强的自尊心和独立性，同时伴随较少的抑郁和焦虑（Weinfield et al.，2004）。总而言之，早期亲子分离是影响儿童心理发展的重要因素，特别是在当前社会发展下，亲子分离的形式越来越多元，充分把握依恋理论对研究和理解留守儿童问题具有重要意义。

3. 留守儿童心理健康的影响因素

对影响因素和作用机制的讨论是当前留守儿童心理健康研究的重要组成部分。一方面，学者们试图厘清留守儿童心理健康状况受影响的过程，以得到留守儿童真实的心理情况；另一方面，了解影响机制可以更好地为留守儿童干预管理提供理论依据。已有研究将留守儿童心理健康的影响因素分为保护性因素和危险性因素，即某些因素保护留守儿童心理，另一些因素则会加剧留守儿童心理问题的产生。这些因素或直接影响儿童心理发展，或通过调节、中介等方式作用于儿童心理。具体来讲，影响留守儿童心理健康的保护性与危险性因素包括物质资本、非物质（无形）资本与个体特征。

首先，物质资本因素方面主要是儿童家庭经济状况以及所在地区经济发展水平。已有研究发现，留守儿童家庭经济的状况与其心理健康状况呈正相关关系，即较好的家庭经济状况可以对留守儿童心理健康起保护作用（赵景欣等，2010）。父母外出务工可以显著提高家庭经济收入，从而改善家庭生活，为儿童提供更好的家庭物质环境。与家庭经济作用相反，地区经济发展水平较高却可能成为留守儿童心理健康水平下降的原因。有学者抽取陕西省三个县为调查点进行研究，其中一个为国家级贫困县，另外两个为经济水平相对较高的县，结果发现，贫困县的留守儿童心理健康水平反而高于经济水平较高县的留守儿童（郭宇鹏等，2015）。这可能是留守儿童受到较多的经济支持带来的物质满足与精神匮乏反差导致，也可能是受不同地域的人文环境、地理环境等因素影响。

其次，非物质资本因素主要包括人际关系与支持（亲子关系、婚姻关系、同伴关系、师生关系、社会支持等）、教育与教养情况（父母教育与教养、监护人教育与教养、学校教育等）、家庭务工安排策略（父母务工时长、父母务工角色、父母返乡等）等（申继亮等，2015）。

第一，人际关系与支持中，亲子关系是影响留守儿童心理发展的首要因素。保持良好的亲子沟通对留守儿童心理健康有益（周春芳等，2021）；相反，缺乏亲子沟通，如父母与子女联系频率较低、沟通内容较少关心子女感受等则会对儿童心理健康产生不利影响（茅海燕等，2014）。同时，不同的亲子关系对儿童心理的影响不同，父子关系对儿童自卑、冲动的心理倾向有显著影响；母子关系则对儿童孤独的心理倾向以及出现躯体症状有显著影响（刘琴等，2011）。另外，外出务工对儿童父母婚姻关系本身会造成影响，从而进一步成为危害留守儿童心理发展的因素（王雪、刘平青，2014）。除父母外，同伴、老师的支持程度、交往关系同样是影响留守儿童心理的重要因素（赵景欣等，2008）。相关研究均强调，拥有良好的同伴关系和师生关系在一定程度上可以弥补留守儿童的亲情缺失。如年龄较小的留守儿童对老师关爱支持的依赖类似于对父母的情感依赖，从而可以使其孤独感出现的概率显著降低。而随着儿童年龄增长，同伴的陪伴支持显得更加重要。但也有学者指出，留守儿童受到来自所在社区、学校等社会各界的支持，但一些支持行为会无意中伤害儿童的自尊与自信，造成儿童自我认同偏差等问题，对留守儿童心理产生不利影响（邓纯考，2013）。

第二，儿童教育与教养方面，父母和日常照料者对儿童的教养方式是学者们考察的重点。科学、积极的教养方式可以对留守儿童心理发展起到有效保护作用，父母通过关爱、鼓励的教养方式传递给儿童积极的态度，可降低父母外出务工给子女带来的消极影响。但若忽视儿童感受或是过度保护儿童，则会加剧儿童心理问题的产生（刘红升、靳小怡，2018）。大多数研究表明，因农村父母和老人受教育程度普遍较低，同时留在家里承担照料责任压力较大，留守儿童家庭通常存在教育方式不当、教育知识不足等问题，从而对留守儿童心理发展产生不良影响。除家庭教育外，学校教育是预防与疏导留守儿童心理问题的另一条有效途径。但部分学校对心理健康教育不够重视，心理辅导缺失，反而造成留守儿童心理问题进一步加剧（段成荣等，2017）。同时，寄宿学校往往可以加深儿童与老师的交流、与同伴的感情。留守儿童中有相当一部分平时寄宿学校，但目前研究大多得出寄宿对留守儿童心理健康产生消极影响的结论，留守儿童可能存在被孤立、排挤或者自身难以融入群体等问题（吴要武、侯海波，2017）。此外，有学者发现留守儿童所在班级整体心理环境对其心理健康水平有重要影响，提升班级心理环境能够有效提高班里留守儿童的心理健康水平（谢其利，2020）。

第三，不同的家庭务工策略安排是影响留守儿童心理的重要因素。比如，大多数研究发现，父亲外出务工，母亲留在家照料是对留守儿童心理在内的一系列发展的最优策略，因为母亲角色能更好地保护儿童心理。再如，不同留守时长对儿童心理影响不同（胡昆等，2010）。留守时长一旦超过半年，儿童就开始逐渐出现不良心理反应；留守时长达到一年，儿童心理问题达到高峰。随着留守时间变长，儿童的心理问题可能会累积，变得越发复杂。也有研究开始关注，父母返乡回流后是否能及时对儿童心理产生保护作用，结果表明父母回流后，留守儿童心理健康水平并无显著提高。可能的解释是，一方面，儿童心理一旦产生问题很难扭转；另一方面，父母回流后对儿童心理健康水平的提高存在一定延时效应（刘红艳等，2017）。

最后，个体特征方面主要包括人口学特征（如性别、年龄、年级等）（邝宏达，2019）、人格特质（如个人性格、自尊水平、个体认知、个人信念等）等因素（赵景欣等，2013）。除天然的性别和年龄差异导致留守儿童群体内部出现较强异质性以外，已有研究还强调留守儿童自身性格、特质对其心理发展的影响。若留守儿童本身较为乐观，对留守事件有积极的认知与评价，则会对其心理发展起到保护作用。相反，儿童以悲观、消极的心态对待留守现状，可能会进一步诱发其心理问题的产生。同时，许多留守儿童还会担忧自己家庭经济情况以及在外务工的父母身体状况等，也会使其产生相应的心理压力。总体而言，已有对留守儿童心理健康影响因素的研究，范围较广，并强调留守儿童心理健康结果不是短期内形成的，是多方面因素相互作用后产生的结果。换句话说，是儿童受到一系列外界因素影响后，加上自身心理资本进行调节后的最终呈现。

4. 家庭功能理论

在以上研究的微观机制解释中，家庭功能理论成为主流理论，家庭功能理论为留守破坏儿童家庭功能的平衡与作用发挥提供了理论依据，解释了家庭压力如何影响家庭功能进而影响家庭成员心理健康的过程。"家庭功能"这一概念自 20 世纪 70 年代被学者们提出以来，受到社会学、心理学、教育学等各个学科的关注。因此，对家庭功能的定义和解释也是多样的，学者们致力于全面总结家庭在人类生存与发展中的作用，但尚未统一（Schwab et al.，2006）。如有学者将家庭功能总结为：繁殖或收养新的成员、家庭成员间的抚养照料、子女社会化、对家庭成员的行为监督与控制、生产和消费商品和服务的经济职能、激励个人参与社会（Zimmerman and Frampton，1935）。邓伟志和徐新则将家庭功能归为八个方面：性生活、生育、抚育赡养、经济、情感交流、休闲娱乐、宗教、政治功能（邓伟志、徐新，2011）。但总体而言，现有家庭功能的概念均反映着家庭作为一个整体系统的深层特征，家庭功能是评价家庭是否对家庭内部成员发挥了其应有作用的标准（Belsky，1981）。

目前，有关家庭功能的理论主要可以分为两类，第一类是以家庭结果为导向，主要通过家庭客观特征定义家庭功能，以家庭功能发挥的最终效果将家庭划分为不同类型，代表理论有奥尔森环状理论、贝尔福家庭系统理论（Olson，2000；Beavers and Hampson，2000）。其中，奥尔森环状理论强调，家庭功能由家庭亲密度、家庭适应性和家庭沟通定义。根据家庭亲密度和适应性等，家庭功能被划分为平衡型、中间型、极端型。相比非平衡型的家庭，平衡型家庭功能发挥更好，家庭沟通也更好。平衡型家庭的亲密度和适应性之间的关系属于线性关系，而非平衡型家庭上述二者之间的关系则属于非线性关系，即亲密度和适应性过高或过低均不利于家庭功能的发挥。贝尔福家庭系统理论则是以家庭能力（包括家庭的关系结构、有效信息、反应灵活度）和家庭风格（家庭成员交往风格和质量）两个正交维度来定义家庭功能。首先，在家庭能力维度上可将家庭功能分为严重功能障碍型、边缘型、中等型、合格型和最佳型；其次，除合格型和最佳型以外，进一步将以上其他三类"不健康"家庭功能类型，分别在家庭风格维度上分为离心型、向心型以及混合型。第二类是以家庭过程为导向，主要通过家庭完成的基本任务来定义家庭功能，更加注重功能的实现过程，代表理论有爱泼斯坦等的 McMaster 家庭功能理论和史金纳等的家庭过程理论（Epstein et al.，1978；Slinner et al.，2000）。其中，McMaster 家庭功能理论认为家庭的主要功能是为家庭成员生理健康、心理健康以及社会化发展提供必要的环境条件。而家庭功能发挥质量则主要表现在以下六个方面：解决问题（Problem Solving）、沟通（Communication）、家庭角色（Family Role）、情感反应能力（Affective Response）、情感卷入

（Affective Involvement）和行为控制（Behavior Control）。而家庭过程理论，有关家庭功能的评价则更加全面，此理论认为家庭的首要目标是完成各类任务，家庭成员在共同完成任务的过程中维持与增强家庭整体性。具体功能发挥评价从"家庭系统整体、相互关系、个体"三个方面的七个维度（任务完成、角色、沟通、参与、情感表达、价值观和控制）展开；多个维度有机联系以最终评价家庭功能的发挥效果。

总的来说，强调家庭功能发挥的最终结果，对家庭类型进行划分的结果取向理论，更有助于判断家庭的整体功能状态；而考察家庭完成任务的过程与能力的过程取向理论则有助于探究家庭运行过程以及实施相应干预。但无论是哪一类取向的理论均强调一点，家庭功能发挥越好，家庭成员所需的心理发展环境就越稳定，家庭成员的心理健康状况就越好；反之，若家庭功能无法发挥或发挥不足，不能很好地满足成员的相应需求，则容易使成员心理健康状况变差，产生抑郁等心理问题（Miller et al.，2000）。两种取向的理论也存在局限，重点关注家庭中的非物质功能方面，并未包括家庭功能的全部内容（张毛宁、冯海英，2015）。

同时，涉及家庭功能的探讨往往与家庭结构紧密相关，对家庭功能的考察离不开对家庭结构的分析。结构功能主义视角强调家庭作为一个社会结构系统，其每个家庭成员都承担着特有功能。代表学者莫顿认为，家庭具有赡养、角色模范、经济提供等可以被认识与察觉的"显功能"和未被认识和察觉的"潜功能"；并且强调区分正功能和负功能，指出家庭功能是为人所观察到的后果，有正负功能之分，在对家庭功能进行分析时，应对功能作用与性质进行界定（Merton，1996）。当家庭结构发生变动时，对家庭功能的探索应以多维动态的图景进行，因为家庭结构决定着家庭功能的发挥，不同结构的家庭的功能不同。随着我国现代化进程的不断加快，尽管现代家庭的规模日益缩小，家庭结构与关系也趋于简单，但人口流动性进一步增强，家庭结构并不稳定，越来越多流动与留守家庭出现。对儿童而言，家庭是其成长与发展的最基本与最重要的环境，家庭功能的正常运作则为其身心健康发展提供保障与支持，家庭功能的发挥状况与儿童心理紧密相关，具有心理问题（如抑郁等）的儿童往往处于家庭功能较差的环境中（Tamplin and Gooyer，2001）。家庭功能的相关理论为研究留守儿童在家庭结构变化下的心理问题提供了整合的机制链条，使本书不像以往研究只关注家庭环境中的某一方面因素。

三　留守儿童心理健康干预研究

近年来，除对留守儿童心理健康现状及其影响因素进行多维度、多方面的研究外，学界也开始探索如何有效干预留守儿童心理发展问题，以提升留守儿童心理健康水平。梳理相关文献后发现，当前对留守儿童心理健康的干预主要有个体与家庭治疗干预、学校团体干预以及社区社会工作介入三种。

首先，在个体与家庭治疗干预方面，魏贤玉等对100名农村留守小学生进行以个体辅导为主、集中教育为辅的干预（魏贤玉等，2013）。具体包括开展人际交往和思想品德相关讲座与课程、组织儿童前往父母工作地点探望父母、提高与父母的沟通频率等一系列活动，整个干预实验共历时一年。回访时，通过对比干预期前后儿童自己填写的症状自评量表（SCL-90）、教师填写的Conners儿童行为问卷调查表后发现，儿童接受干预后，心理健康状况显著改善，具体表现在生活满意度提高（生活条件、学校教育、家庭教育），而消极心理包括抑郁焦虑、人际关系敌对、恐惧偏执等方面得分有所下降。陈晨等的研究则通过高校志愿者群体对留守儿童及其家庭进行关爱帮扶。结果发现，高校志愿者可以较为全面地对留守儿童实行帮扶，不仅能够有效改善留守儿童心理健康问题，同时可以对儿童学习、生活、人际交往给予不同程度的帮助（陈晨等，2016）。

其次，在学校团体干预方面，白勤等以学校为主体，社会其他部门共同参与，通过"访谈—干预实验—观察"的步骤对留守儿童进行"4+1"的培养干预实验。结果发现，干预前后测量的留守儿童心理健康状况存在显著差异（白勤等，2012）。黄斌欢则通过将社会情境引入儿童课堂的方式对留守儿童进行相关课程干预，结果发现此干预可正向影响儿童的学业表现与学习态度（黄斌欢，2018）。除此之外，已有干预手段还包括在学校开展丰富的课外活动，配备专业心理辅导教师和设立心理咨询室，为留守儿童建立心理健康档案；进一步加强与家庭和学校的沟通，共同保障儿童心理健康发展；加强寄宿学校的建设；等等（朱俊芳，2006）。

最后，社区社会工作介入是以社会公益团体、基层政府部门为主导对留守儿童实行有效关爱或干预。张孝义开展了"留守儿童之家"的社会干预项目，最终提出政府应统筹协调，为留守儿童提供学习、交流、娱乐、运动等方面的社会支持，以有效减少留守儿童心理问题，帮助其更好地适应留守生活（张孝义，2012）。刘燕将农村留守儿童心理健康和品德行为方面出现的问题，统一归为留守儿童心灵危机，针对此危机提出"校-校"合作机制。此机制由相应机构及配套制度组成，机构主要包括当地的专业工作小组，以及高校的志愿团队（刘燕，2012）。干预结果发现，此机制可有效化解儿童心理危机，提高其应对心理危机的能力。侯洋等通过"情绪管理"团体咨询对留守儿童心理健康进行干预实验，结果发现，经过11次咨询后留守儿童的情绪控制能力与积极心理水平有所上升（侯洋等，2009）。社会工作介入方面的干预还包括：利用传统媒体和新媒体宣传，形成社会关爱网络（周全德、齐建英，2006）；培育农村社区的公益组织（李根寿、廖运生，2005）。此外，有学者提倡在优势视角下进行社会工作介入，视留守儿童为一个能动者，将社工角色转变为使能者（樊有镇、杨梦婷，2020）。

第五节　研究评述与启示

第一，解决城镇化进程中人口大规模流动引发的留守儿童问题，是我国全面实施乡村振兴战略和快速推进新型城镇化的关键所在。在当前西部县域发展进程的现实背景中，人口就地就近流动和远距离异地流动的现实特征作为客观情境应在儿童留守问题研究中全面考虑。同时，当前对留守儿童群体的研究，事实上应为"儿童的留守问题"研究，对"留守"应重点与全面把握儿童留守问题新特征，这是促进儿童全面发展和国家社会发展、文明进步的前提。

从最早留守儿童群体作为农村外出务工人员的附属问题进入社会、学界的视野，到其单独作为"问题"群体进行研究，再到当前以多视角特别是开始以积极视角对其进行研究，国家逐渐全面关注其发展。留守儿童已成为全面促进我国儿童发展的关键部分，对其的发展规划和关爱与保护体系建设已上升至国家政策层面。更好地解决儿童的留守问题，促进其全面发展的前提在于深刻揭示当前县域发展和新型城镇化进程中留守儿童呈现的新特征和新问题。我国城镇化与其他国家城镇化的发展规律相比，既有相似之处，也有独特之处。因此，应以城镇化理论作为宏观背景的理论基础，以更好地理解我国城镇化的发展阶段。现阶段就地就近城镇化发展模式兴起，与以往异地城镇化成为并存的两种城镇化模式，使得留守儿童群体内部异质性进一步增强。传统异地城镇化背景下，父母远距离流动至东南沿海地区，与子女距离远、分离时间长、团聚时间短；然而就地就近城镇化模式下，外出务工人员可以选择近距离流动，与子女的距离有所缩短，见面频率有所提高。此外，县域地区是我国当前城镇化发展的重要地理单元，区域发展处于上升阶段，上升阶段意味着县域地区有发展也有局限，发展在于更多的农村儿童转移至县域中心范围就学生活，局限在于县域地区社会经济发展水平仍较低。因此，不同城镇化模式下儿童的留守经历与特征可能存在较大差异，仅考察农村留守儿童可能已无法全面揭示当前时代背景下的留守儿童问题，以农村为中心扩大至整个县域范围更能准确考察与把握当前流动家庭及儿童留守的真实状况。

第二，儿童成长过程中面临各种压力源，来自家庭环境的压力源如家庭结构变动对儿童的影响尤为强烈。西方有关移民子女的研究对我国留守儿童的研究具有重要借鉴意义，但其理论研究体系与解释框架构建均基于西方国家的社会制度、家庭文化背景，与我国留守儿童问题研究存在差别，用之解释我国流动人口家庭结构与留守儿童发展问题需进行本土化修正。

西方国家在政治体制、经济制度、社会发展等各方面与我国情况均有所不同，西方本身并不存在留守儿童这一概念，目前国外研究中出现的留守儿童的研究也大多是对我国留守儿童的探讨，与我国留守儿童研究类似的是西方学者对跨国移民家庭儿童的相关研究。这些研究发现，不同国家的儿童受父母迁移的影响不完全相同。部分儿童会因父母迁移而产生一系列问题，而部分儿童则未受到影响，甚至表现更好。已有研究着重强调儿童所在国家的社会背景与文化情境，不同国家的家庭理念与家庭规范既有共同之处，也有不同之处。因此，对流动人口子女的研究只有充分考虑国家宏观背景层面，才能真正理解父母迁移对儿童发展产生影响的作用机制。此外，部分研究对跨国移民和国内移民进行了比较，研究说明了迁移的地理邻近性的重要性。地理距离近不仅能使移民带来的经济效益更加稳定，还能减少可能付出的情感成本。

第三，留守是流动人口子女成长过程中的重要压力源之一，已有研究对留守对儿童的短期与长期影响分别进行了阐释，但难免割裂了留守问题研究的整体性与统一性。特别是现代家庭动态性和不稳定性特征明显，留守儿童呈现出当前留守状态多样化、以往留守经历复杂化的特征，应进一步拓展儿童留守的内涵，将儿童留守的历程轨迹统一，以得到更为整体、全面的儿童留守问题研究范式。

我国儿童的留守现象及其影响在城乡社会发展中持续存在且在未来一段时间内将继续存在，已有研究对儿童的留守问题已进入较为深入的阶段，不仅考察了留守对儿童当前的影响，还追溯了过往留守经历对儿童后期特别是成年以后的影响，研究结果推动了一系列留守儿童关爱保护政策改革的进程。但不足的是，首先，对儿童留守状态的考察未纳入当前城镇化的发展阶段特征以及地区发展差异的现实背景，事实上，务工家庭现代化路径比以往更加复杂多元、动态多变（刘丽娟，2020），随之而来的是儿童当前留守状态存在较大差异。其次，对儿童留守经历的考察缺乏较为完整的留守经历链条，仍存在局部性和片面性，造成留守对儿童发展影响的长期性与持久性未得到充分研究。同时，对留守经历的影响考察多在儿童成年后，儿童发展尤其是心理发展结果在成年时期可能已然较为固定，若考察儿童青春期的心理发展结果，不仅可以探索留守经历的影响，还可以对儿童的发展起到积极作用。最后，随着研究的深入和现实背景的变化，留守作为儿童压力源的研究需进一步拓展，研究路径需进一步深化。固定单一地考察儿童的留守压力源难以呈现儿童留守的整体经历与过程。当前留守状态的儿童可能之前从未经历过留守，也可能一直处于留守状态中，忽略儿童现有生命历程中的整个留守过程，可能会导致留守相关影响效应的结论有所偏误。因此，儿童留守问题的研究路径应随着时代进程，进入整体问题解构阶段，其特征是全面与动态地看待儿童的留守问题，并在此基础上深刻分析其作用机制。无论是儿童当前的留守状态，还是其前期的留守经历，都应被进一步整合，纳入儿童留守问题的研究，并将儿童留守概念进一步拓展为儿童已有生命历程中的纵向留守轨迹，以发掘以往研究结论不一致的原因，更好地厘清当前儿童留守的真实特征。

第四，分析家庭结构破坏带来的压力源对儿童心理发展的影响，有助于理解留守导致的不完整家庭结构对儿童心理健康的影响。但留守下的亲子分离与其他家庭结构被破坏对儿童心理健康的影响仍有不同之处，目前研究对留守导致的家庭结构不完整和不稳定在儿童心理发展中的作用的探索有限，应同时对留守导致的家庭结构的不完整性和不稳定性进行探讨，以全面系统研究留守压力源与儿童心理发展结果的关系。

儿童留守的本质是亲子分离问题，可以被概念化为一种不完整的特殊家庭结构。西方学界最早开启了家庭结构对儿童心理发展影响的一系列研究，并形成了成熟的理论体系，不同家庭结构对儿童的影响方向与影响程度均不相同。但在西方研究中，父母离异与家庭重组是家庭结构相关理论研究的主题，其对以上主题通过家庭压力理论、家庭功能理论、依恋理论等相关理论形成的解释框架进行研究；并进一步以动态、纵向长期的视角考察家庭结构反复变化、家庭不稳定性对儿童的影响。以上研究为我国儿童的留守研究提供了理论参考和实证经验，但我国留守儿童特有的不完整家庭结构与其不尽一致。首先，父母离异与父母外出务工均带来完整家庭结构的缺损。家庭结构破坏带来的亲子分离成为儿童的压力源，引发一系列问题，但二者的家庭结构缺损程度和根本原因不同，应区别对待。其次，西方对家庭结构的不稳定性探讨已较为成熟，但对流动人口的家庭结构的不稳定性考察较少，家庭不稳定性还没有被系统地纳入留守儿童的研究中。事实上，儿童的留守经历比以往更加多样化，家庭结构不稳定是当前留守影响儿童心理发展的另一重要机制，在未来研究中需进一步探索。再次，压力源事件最终是否对家庭成员造成不利影响，与家庭资源、家庭功能发挥紧密相关，离异或重组、跨国移民和我国流动人口外出务工给家庭不同方面功能带来的影响并不相同，离异往往造成家庭经济功能下降，而外出务工通常则是提升家庭经济功能，不同家庭功能的发挥对儿童的影响仍存在研究空缺。最后，我国自身有独特的传统文化和家庭理念，与其他国家的家庭安排规范不同，亲子相处与亲子依恋建立也不完全一致，加之父母离异与父母流动导致的亲子关系断裂本就具有本质性区别，决定了对我国儿童留守导致的亲子分离家庭结构相关研究，不能简单地套用已有研究，需要同时对留守儿童家庭结构的不完整性和不稳定性进行系统阐述，并对儿童家庭功能的作用发挥进行关注，以深入探究留守对儿童心理健康发展的影响。

第五，已有研究对留守与儿童心理发展之间的关系做出了多方面解读，但研究未成体系，所得研究结论也不一致。由于儿童留守问题的内部异质性突出，针对新时期西部地区县域儿童留守问题，应系统建立适合其留守特征的儿童心理健康发展解释框架。

一方面，目前研究儿童留守影响其心理健康发展的文献涵盖了各方面的影响因素，对二者间的中介效应、调节效应均有所涉及，所得结论庞杂。这可能是由于对儿童留守的内部异质性关注不足，对留守的考察过于单一，仅简单划分留守儿童与非留守儿童。可能在非留守儿童中存在具有留守经历的儿童，而留守儿童中又存在持续经历留守的儿童与刚开始经历留守的儿童，进一步细化儿童当前留守状态和前期留守经历有助于得出更为准确的留守对儿童心理健康发展的影响。另一方面，在留守与儿童心理健康发展研究中仍是家庭因素占主导地位，同时研究开始从单一探索某种家庭因素逐渐转变为对家庭功能的探讨，集中在留守（亲子分离）带来的家庭结构效应上。这主要通过两种抵消机制来运作——亲子感情变差和经济资源增加，但二者作用程度尚未明确。因此，在儿童留守及其心理健康发展的问题研究中，对儿童留守的异质性以及家庭功能效应进行研究十分必要。针对新时期西部地区县域儿童留守现象，应充分考虑儿童留守的内部异质性，同时深刻讨论两个效应的特点（比如家庭经济效应相比情感效应而言，对儿童心理的影响可能更为短暂），从而得到更为明确的结论。

西部县域儿童留守轨迹及其对儿童心理健康影响的分析框架

本章研究目的在于通过对新型城镇化和县域经济发展背景下流动人口家庭结构和儿童留守的新特征进行研判，拓展家庭压力理论视域下留守压力源对儿童心理健康影响的一般性解释框架；同时引入生命历程理论视角，拓展儿童留守的概念维度，形成包含儿童留守经历与状态在内的留守轨迹及其对儿童心理健康影响的理论框架；最后，构建出可操作性强的系统分析框架。

第一节　儿童留守轨迹与心理健康的概念辨析

一　儿童留守轨迹

儿童留守问题的研究已有近 20 年，相关研究随着历史进程不断发展，随着时间推移动态行进。儿童留守的本质在于"拆分型家庭模式"下带来的亲子分离（谭深，2011），与父母去世的永久性亲子分离不同，留守儿童的亲子分离会随父母外出情况而不断发生变动。基于此，有学者指出儿童留守问题的研究应从"留守状态"转向"留守经历"（叶敬忠，2019）。随着新型城镇化和乡村振兴战略的不断推进，人口流动往来越发频繁。当前处于留守状态的儿童，前期留守经历（有/无）可能并不相同，当前不处于留守状态的儿童，也可能存在或不存在前期留守经历。换句话说，儿童留守的身份并不是一成不变的，几乎所有留守儿童都处于或潜在地处于留守与非留守身份间的转换之中，进而形成动态的身份轨迹。一方面，仅以静态视角考察儿童留守问题会忽略儿童现有生命历程中的整体留守过程，比如只局限于当前处于留守状态的儿童群体，即研究节点下的瞬时状态，会忽视曾有留守状态的儿童，而缺乏考察留守对儿童的长期影响。另一方面，儿童现有生命历程中有过的留守状态可能不止一次，缺乏对多次留守状态形成的过往经历链条的研究，则无法全面准确地判断留守对儿童发展的整体影响。无论是儿童当前的留守状态，还是其前期的留守经历都应被纳入儿童留守问题的研究中，从而将儿童留守的概念进一步拓展为儿童已有生命历程中的纵向留守轨迹。总的来说，在此背景下，针对留守人口的新特征与新现象，儿童留守问题需要更深层与全面的诠释，对儿童留守问题应全面考察儿童纵向整体的留守轨迹，同时包含儿童"当前留守状态"和"前期留守经历"。

已有关于儿童留守问题的相关研究，多以定义"留守儿童"为基础，而当前学界对留守儿童的定义，更准确地说是在定义当前具有留守状态的儿童。同时，已有研究对留守儿童的定义仍存分歧（见表3-1），特别是以下三个方面需进一步明确。①地区范围。在普查统计上，我国地理区域被划分为城市、城镇、集镇和农村。其中，城市和城镇指，经国家批准设立的建制市的市区和建制镇的镇区，而乡村包含集镇和农村，即除上述被划定地区以外的其他区域。因此，普查统计上将"农村"视为不包括集镇的乡村区域。① 但有学者指出，农村地区更应该倾向于是一个区域范围的概念，与城市地区相对（刘冠生，2005）。特别是在讨论留守儿童问题时，随着城镇化进程的不断推进，在县域经济发展、"撤点并校"政策等多重因素影响下，许多农村儿童虽然生在"行政村"，但平时主要生活在"县域"，也有相当一部分儿童出生与成长都在县域地区，但依旧面临留守问题。②留守年龄。2008年以前，学界对留守儿童年龄的界定主要集中在三个年龄段，分别为0~14岁（段成荣、周福林，2005）、6~16岁（吴霓，2004）、0~18岁（叶敬忠、莫瑞，2005）。2008年后，学界多以联合国《儿童权利公约》规定为准，界定留守儿童年龄范围为18周岁

---

① 《关于统计上划分城乡的规定（试行）》，国家统计局网站，http：//www.stats.gov.cn/sj/pcsj/rkpc/5rp/html/append7.htm。

以下。① 2016 年，《国务院关于加强农村留守儿童关爱保护工作的意见》中，留守儿童年龄范围为 0~16 周岁。不同的留守儿童定义也导致留守儿童数量的统计结果发生变化。③留守类型与时长。关于留守类型，部分学者认为父母双方同时外出务工时，留守在农村的儿童才属于留守儿童（陶然、周敏慧，2012）。也有部分学者认为父母只要有一方外出务工，留守在农村的儿童即属于留守儿童（吴霓，2004）。此外，针对父母外出务工时长，学界一般有"4 个月以上""半年以上"等划分方式（叶敬忠、莫瑞，2005）。

表 3-1　留守儿童定义整理

定义出处	留守儿童定义
《农村留守儿童问题调研报告》（吴霓，2004）	是指由于父母双方或一方外出打工而被留在农村，且需要其他亲人或委托人照顾的处于义务教育阶段的儿童（6~16 岁）
《我国留守儿童状况研究》（段成荣、周福林，2005）	是指因父母双方或一方流动至其他地区而留在户籍所在地，因此不能和父母双方共同生活在一起的 14 周岁及以下的儿童
《儿童期留守经历对新生代农民工城市融入的影响》（郑晓冬等，2022）	父母双方或一方外出务工连续 6 个月以上的、托留在户籍所在地农村地区由父母单方或其他亲属监护接受义务教育的未满 16 周岁儿童
《留守经历与退缩型人格——基于新生代外来工的实证分析》（刘志军，2022）	父母双方外出务工，或父母一方外出务工，另一方无监护能力，且年龄未满 16 周岁的农村户口未成年人
中国国家统计局、联合国儿童基金会、联合国人口基金 2017 年 9 月发布的《2015 年中国儿童人口状况——事实与数据》	父母双方或一方流动，留在原户籍所在地不能与父母共同生活的 0~17 周岁儿童

针对以上三点，本书认为当前儿童留守地点发生上移，留守现象的范围更广，留守概念不应局限于农村，而应进一步拓展至整个县域。在留守

---

① 《儿童权利公约》，联合国儿童基金会网站，http://archive.unicef.cn/cn/uploadfile/2012/0201/20120201045740314.pdf。

年龄方面，高中阶段儿童仍会因留守而产生不良发展后果，应将留守儿童年龄范围界定在0~18周岁。同时，父亲和母亲都在家庭系统中起着不可替代的作用，任何一方缺位，家庭功能都无法很好地发挥，从而对儿童成长造成影响。因此，父母双方和一方外出务工的儿童都应属于留守儿童，并采用大多数研究所用的时长即"外出半年"。综上所述，本书将儿童留守状态定义为：在调查节点当年，18周岁及以下的县域范围内儿童因父母一方或双方外出务工半年以上，未与父母共同生活。当前学界关于"留守经历"的概念界定，基于的是留守状态的定义。一旦确定留守状态的定义，个体早期经历过留守状态即可定义为个体有留守经历。已有相关留守经历的研究对象大多为大学生和新生代农民工，关注重点在儿童成年以后（郑晓冬等，2022；刘志军，2022），对儿童童年早期留守经历与童年后期心理发展的联系关注较少。同时，因本书关注当前处于初高中阶段的县域儿童（均已完成小学阶段），因此将儿童的留守经历定义为：1~12岁，18周岁及以下的县域范围内儿童因父母一方或双方外出务工半年以上，未与父母共同生活。总体而言，新时代背景下，对儿童留守问题的研究应形成同时包含其当前留守状态与前期留守经历的生命轨迹，以描绘儿童生命历程中由过去到现在所经历的一系列的留守生命事件所形成的轨迹链条。本书据此提出同时包含儿童"留守状态"与"留守经历"的更高一级的概念——留守轨迹，留守轨迹既包括儿童前期留守经历也包含儿童当前留守状态。

二 留守儿童心理健康

儿童心理健康内涵丰富，已有研究对心理健康的定义与标准不尽相同，各有侧重。如果儿童的性格表现或行为特征产生突发性偏离，比如流露出一系列异常情绪、做出一些非常规行为，则提示儿童可能因某些压力（生活事件等）而出现心理问题（林丹华，2018）。因此，进行心理健康问题评估是研究儿童心理健康状态的重要方式之一，学界对心理健康问题的检出探讨主要基于病理学取向，即认为心理健康是精神病理学症状的不显著状态（张亚利等，2022）。同时，通过专业心理健康量表评估个体心理健康问题当前应用较为广泛（王新波等，2021），其优势在于具有较高的效度和信度、便于研究者操作、测量成本较低、结果较为准确（Achenbach，1966）。儿童心理健康问题具体可分为内化问题（Internalizing Problem）与外化问题（Externalizing Problem）（Achenbach and Edelbrock，1991）。其中，内化问题指儿童经历的内在的、消极的情绪与压力，如焦虑，抑郁等，多发生在"个体内部"即指向自己；外化问题指儿童出现的违反社会规范、与他人产生冲突等攻击性行为，多发生在"个体外部"即指向他人。有研究发现，儿童低龄期内化问题多表现为情感脆弱、愤怒，而在青少年时期，焦虑、抑郁是内化问题的常见标志（Zahn-Waxler et al.，2000）。内化问题不同于外化问题，与外化问题相比，儿童内化问题通常较为严重，且常常不易被发觉（Muhtadie et al.，2013）。

留守儿童心理健康问题一直是政府与社会各界关注的焦点，已成为我国新的公共卫生问题。一方面，儿童留守的特殊处境使其心理健康更易受到影响，产生心理问题的风险更大。另一方面，童年时期的心理健康基础对个体一生的发展具有重要意义。相比外化问题，留守儿童内化问题因父母不在身边，更不易被其照料者、老师及同伴等察觉。其行为问题则更容易被发现，也经常被儿童家长和教师处理。而相比积极心理，对留守儿童消极心理进行关注，可以提前预防与阻止其心理健康的不良发展，对其今后甚至成年后的心理健康发展有益。因此，本书对留守儿童心理健康的定义侧重于儿童经历的负面消极情绪和不利于其健康成长的消极状态。同时采用阿亨巴赫（Achenbach）及其团队制作的青少年自评量表（Youth Self-Report，YSR）进行测量（王新波等，2021），此量表在我国儿童发展研究中被广泛使用，其可靠性和心理测量特性已在一些研究中得到验证。同时，研究发现在评价我国儿童情绪问题方面，YSR 优于儿童行为量表（Child Behavior Checklist/6-18，CBCL/6-18）和教师报告表（Teacher Report Form，TRF）（唐光政等，2005；黄雪竹等，2005；刘贤臣等，1997）。此量表对内化问题的测量是儿童消极情绪与躯体行为的综合表现，具体分为焦虑抑郁、退缩抑郁和躯体主诉。以上三个维度体现了儿童焦虑恐惧的内心情绪，使其在日常生活和社会交往中始终保持高度警惕，多选择逃避抑制的应对机制，同时其情绪行为特征难以被察觉，这些均给其发展带来了持久的健康隐患（徐夫真等，2015）。

第二节　基于家庭压力理论的留守与儿童心理健康解释框架

一　家庭压力理论的一般性解释框架

家庭是繁衍养育下一代最基本的社会单位，家庭生活对儿童成长过程以及成年后的生活具有十分重要的影响。家庭压力理论基于家庭生态系统，分析压力源事件如何干扰或压迫家庭系统，打破家庭原本完整、稳定的结构，使家庭内部成员产生心理或适应性压力（Hobbs，1950）。此理论是解释与整合家庭冲击、家庭结构、家庭功能、家庭成员发展等的重要框架。工业化时代下的经济变革开启了现代化进程对家庭结构的影响，家庭结构呈现从亲缘父系大家庭模式转向夫妻主干核心家庭模式的态势，家庭结构"核心化"、家庭规模"小型化"、家庭关系"去亲属化"成为现代家庭的重要特征（唐灿，2010）。父母与子女组成的核心家庭是一种稳定的"三角关系"，父母角色共同确立了"双系抚育"（费孝通，1998）。其中，母亲角色承担着儿童生理性抚育，而父亲角色则承担社会性抚育。核心家庭结构还被应用于经验家庭研究中，代表学者鲍恩（Bowen）指出，亲子"三角关系"是维持家庭系统中家庭成员情绪稳定的最小结构单位，家庭系统通过亲子"二角关系"的互动保持稳定与平衡（Kerr and Bowen，1988）。无论在何种分析范式下，父母双方与子女共同居住组成的核心家庭都被公认为是对儿童成长最有利的居住安排或家庭结构（吴愈晓等，2018）。然而，随着人口发展和社会变迁，家庭结构趋于多样化与复杂化。家庭在正常代际继替（子代结婚生子形成新的核心家庭）前出现断裂，带来亲子分离，不完整家庭比例逐渐增多。家庭结构被破坏进一步导致家庭成员特别是家庭儿童成员受到极大影响（Marks，2006）。

在西方早期研究中，亲子分离下的不完整家庭结构主要来源于婚姻压力（杨菊华、何炤华，2014），研究内容涵盖不同家庭结构类型（比如单亲母亲/父亲的性别差异）、家庭结构变化的整个过程（比如离婚事件发生前家庭频繁产生矛盾，以及离婚事件发生后对儿童成年后的持续影响）

（Uphold-Carrier and Utz，2012）。已有研究发现，特殊家庭结构影响儿童发展，包括学业表现、身心健康、认知能力以及社会化程度等多个方面（Osborne and McLanahan，2007；Potter，2010）。与正常家庭相比，离婚、再婚、未婚同居等家庭的儿童容易产生抑郁、焦虑等心理问题，以及更多的消极行为、学习成绩较差等不良后果（Amato and Keith，1991；Ham，2004）。对此，较为普遍的解释是从家庭内部因素出发，家庭中每个成员都有着不可替代的功能，包括健康照料、角色榜样、经济投入等"显性功能"，以及情感依恋、社会资本等"隐性功能"（见表3-2）（姜佳将、张帆，2020），父母角色任意一方缺位，均会导致家庭功能失衡，家庭成员受到负面影响。总体而言，亲子分离的家庭结构的直接体现是家庭功能弱化和家庭成员受到影响（赫特尔，1988）。

表 3-2　家庭结构对儿童发展的影响机制

家庭功能	完整家庭结构	不完整家庭结构
经济投入	多	多
社会资本	多	少
健康照料	多	少
亲子关系/依恋程度	紧密，高	疏离，低
亲子陪伴/互动	多	少
教育期望	高	高
学业卷入/行为卷入	多	少
角色榜样/行为规范	多	少

相比之下，在许多发展中国家，父母流动是亲子分离、家庭结构被破坏的常见原因。特别是在我国，由于长期以来的城乡二元分割制度，伴随社会经济转型、城镇化推进以及区域发展不平衡与不充分问题逐步凸显，农村剩余劳动力外出打工引发大规模人口流动，造成儿童被留守现象严重。现有文献很大程度上将儿童留守状态概念化为一种家庭结构。依据家庭压力理论，一方面，父母外出务工带来的亲子分离在家庭生活和家庭关系中诱发家庭压力，形成压力源。与婚姻因素导致的亲子分离不同，人口流动导致的亲子分离在形式、空间、时间、频率等多个维度上更加复杂多

样，压力源的积累程度、反复发生的可能性相应更高。另一方面，不同家庭在面对不同情况的亲子分离压力源时，可能采取的应对策略和认知也有所不同。家庭压力理论同时强调家庭面对压力源时的应对资源，而家庭所拥有的资源是用来实现家庭功能的。家庭功能理论重点阐明家庭系统的破坏如何影响家庭系统中各方面功能的发挥与稳定、家庭成员的反应和协调能力，以及最终呈现的后果。家庭功能的良好发挥可以为儿童的身心发展提供环境保障，以满足其生理和心理需求（Mastrotheodoros et al.，2020）。相反，若家庭在运作过程中功能失衡，无法发挥各项功能，则会导致儿童出现各类心理问题（Miller et al.，2000）。

已有关于父母流动和留守儿童发展的影响研究，集中在家庭结构和资源效应上，具体通过两种机制运作：家庭经济资源增加和亲子依恋关系中断（吴培材，2020；Wen and Lin，2012）。父母流动对以上两种机制都有影响，但方向是完全相反的。

一方面，父母进入城市务工可以提高经济收入，其中相当一部分收入被寄回留守家庭，而来自汇款的额外经济资源可以减少家庭预算限制，增加对留守儿童包括生理健康在内的各方面的投资。童年期是儿童身心发展的关键时期，家庭的健康投资可以有效改善儿童身心健康状况，从而减少儿童慢性病的累积，对儿童身心发展产生正面影响（孙文凯、王乙杰，2016）。同时，家庭经济条件的改善能够促进儿童的社会交往，降低儿童卷入校园欺凌的可能性，有助于提高儿童自尊心、心理调节能力等（吴培材，2020）。此外，父母外出务工还可能增加父母的相关健康知识，这些信息或知识的价值被称为"社会性汇款"，同样对儿童的健康成长有益（Levitt，1998）。因此，父母外出务工被证实会通过提升家庭经济功能正面影响儿童发展。

另一方面，父母缺位引起的家庭教养和亲子关系的缺失与混乱，可能会抵消潜在的好处。核心家庭最基本的两项功能是养育子女和情感依恋（Popenoe，1993）。根据依恋理论，儿童从出生开始便与父母存在情感上的固有联结即依恋关系，这种依恋关系应伴随儿童整个成长过程，通过稳定的亲子关系和亲子互动促进家庭情感功能的发展（Ainsworth et al.，1981）。而父母外出使得依恋关系被迫中断，日常照料缺失下儿童的依恋需求难以被满足，儿童容易产生高度的不安全感和经历模糊损失（Ambiguous Loss）

（Bowlby，1969），增加对自身负面的评价，出现焦虑、抑郁等不良心理问题。同时，当父母流动时，对儿童的监督和控制相应减少，会增加儿童独自抵御其他外界风险的频率，使儿童产生心理压力（Dreby，2010）。此外，若父母一方外出，留守在家的另一方会承担更多的责任，处理一系列家庭的新旧问题，如家庭管理和照顾儿童老人，从而承担更多的压力。这些情况可能会影响儿童照料者的心理健康状况，阻碍他们采用有效和温暖的养育方式（Lu et al.，2019）。更严重的情况下，照料者会采用严厉专职或忽视的教养方式，将压力传递给儿童，使儿童面临较大的心理挑战（Chen and Sun，2015）。以上家庭情感功能的失衡不仅会影响儿童当前的心理健康状况，还会持续影响其成年后的心理健康（姚远、张顺，2018）。综上所述，父母依恋关系中断和亲子关系弱化是家庭情感功能失衡的信号，反映出家庭功能理论中确定的脱离型家庭特征。这类家庭的特点是情感疏离的关系和不支持的家庭环境，会对留守儿童身心发展产生不利影响（Sturge-Apple et al.，2010）。

个体认知也是家庭压力理论的重要考察部分，在压力源最终造成压力结果的过程中起到重要作用。就留守儿童而言，对于亲子分离的现实状况，由于性格特质不同，儿童积极或消极地构建着自我的认知或看法（范兴华等，2017）。一部分儿童可能会持有消极的态度或带有悲观的心理，进一步放大留守压力，难以战胜或平衡留守压力，将潜在悲观心理倾向变为现实。也有一部分儿童会以积极视角和开放性的态度回应留守压力。儿童个体发展并非简单的线性过程，而是呈现网状的发展过程（Corsaro，2017），儿童会主动寻求积极的友谊关系，以缓解留守带来的压力。

父母外出务工导致的留守压力源可能尤其不利于儿童的心理发展。一方面，儿童心理健康与家庭的非物质资源密切相关，特别是父母同时缺位的留守儿童面临严重情感挑战（Zhao et al.，2014）；另一方面，经济功能的提升是否能抵消情感功能的降低还不明确，留守儿童家庭难以避免家庭功能失衡。因此，本书提炼出结合家庭压力理论与家庭功能理论的儿童留守及其心理健康的一般性解释框架，如图3-1所示。通过该框架，我们可以了解家庭系统内亲子分离的压力源是否以及如何对儿童心理发展产生影响；亲子分离的压力源如何导致家庭功能失衡并最终影响儿童的心理发展。

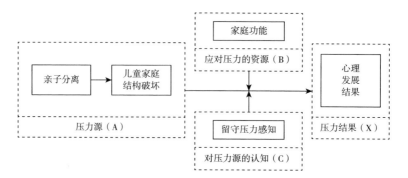

图 3-1 儿童留守及其心理健康的一般性解释框架

注：此处的一般性解释框架主要是基于家庭压力理论的基础框架，即通过家庭压力理论解释儿童家庭结构被破坏的压力源对其心理发展产生影响的一般性解释框架。

二 西部县域发展背景下儿童留守新特征

伴随城镇化的推进，我国儿童的留守问题性质与特征发生了巨大转变，这些转变使得儿童留守及其心理健康的一般性解释框架难以适用于新时期留守问题的研究。本节结合我国新型城镇化、地区发展差异与县域发展的宏观背景，研判新时期人口流动特征及其家庭结构，进而为提出更适用于西部县域地区儿童留守问题研究的解释框架奠定基础。

2014 年 3 月，中共中央、国务院正式印发《国家新型城镇化规划（2014—2020 年）》。这一规划明确了新型城镇化的道路是我国城镇化未来的发展路径，同时指出新型城镇化的主要目标、战略任务、相关制度安排和重点政策创新，成为指导我国城镇化发展的基础性、战略性、宏观性的规划。新型城镇化战略的提出不仅标志着我国城镇化发展进入新的阶段，还使得西部地区特别是西部中小城镇发展迎来新机遇，对农业转移人口及其家庭的影响颇深。

与我国传统城镇化发展不同，新型城镇化发展由"异地城镇化"模式转变为"异地城镇化"模式与"就地就近城镇化"模式并驾齐驱。改革开放以来，我国区域之间经济发展悬殊，大多数农业人口外出务工优先选择东部沿海和中心城市，形成了单一形式的以远距离跨省流动为特征的"异地城镇化"。"异地城镇化"模式在我国传统城镇化进程中，一定程度上解决了中西部地区的剩余劳动力就业问题，但也使我们付出了巨大的社会代价，包括农村"三留守"（留守儿童、留守妇女、留守老人）、大城市病、农村土地撂荒以及"空心村"等问题（廖永伦，2015）。新型城镇化强调大中城市、小城市、中小城镇之间的协调发展，不再是以往单纯的大城市扩张。小城市、中小城镇属于我国城乡人口混合密度较高的空间区域，作为"大中城市"与"乡村"的桥梁与纽带，是促进城乡融合、城乡一体化的重点（彭荣胜，2016）。因此，"就地就近城镇化"成为新型城镇化发展的重要模式（廖永伦，2015）。它是指以区域经济发展到一定程度为前提，农村外出务工人员不再一味地向大中城市流动，而是在离原居住地较近的空间范围内，依托新型农村社区、中小城镇、小城市等，实现职业非农化和农民市民化的城镇化实现模式。农业转移人口在所在地的小城镇或县域（县级市）以及市域（地级市）范围内流动，可以充分利用省域内地理特征、地域文化、生活习俗的相似性，降低人口市民化成本，解决以往外出务工人口跨省流动带来的异地市民化下市民权利转换、保障制度衔接以及家庭整体迁移难度大等问题（李强等，2015）。

"就地就近城镇化"对于我国西部地区尤为重要。西部地区经济发展为"就地就近城镇化"的实现带来可能，"就地就近城镇化"则进一步加快了西部地区经济的发展步伐，二者相辅相成，互为因果。一方面，以往我国地区间的城镇化水平存在显著差异，然而，近年来西部地区的城镇化率增长速度不断提高，已超过东部地区，西部和东部地区之间的城镇化率差异正逐渐减小。仅 2016~2019 年，中部与东部地区间城镇化率差距就减少 1.86 个百分点，西部与东部地区之间差距减少 1.68 个百分点（盛广耀，2016）。西部地区不仅城镇化率日趋提升，产业结构也在优化升级，城镇数量显著增加、空间显著扩展，城乡居民生活条件不断好转，城乡之间差距不断缩小。据统计，就城镇化质量的提升速度来看，西部地区的平均提升率居首位（在 2014 年后反超中部地区），中部地区次之，均略高于东部地区（刘伯霞、刘东洋，2014）。西部地区经济发展水平提升明显，为农民工"就地就近城镇化"奠定了基础。另一方面，"就地就近城镇化"发展模式不仅能够缓解东部地区大城市的人口承载压力，对西部地区的社会经济发展也起着重要的催化作用（廖永伦，2015）。以往跨省流动的主力军是西部地区劳动力，"就地就近城镇化"使得西部地区的农村外出务工人员得以在小范围内流动，即可在本地生活与就业，积极带动西部地区均衡发展，同时有利于农村可持续发展，对我国可持续发展具有重要意义。西部地区在我国新型城镇化战略的实施过程中具有"主战场"地位（魏后凯，2019）。从历年国家统计数据可以看出，我国外出务工人员呈现两个趋势：由在东部地区聚集逐渐转变为向中西部地区分散，以及省内流动人员比例已反超跨省流动人员比例。具体地，2010~2020年，我国跨省流动的外出务工人员由7717万人下降至7052万人，占外出农民工总量比例从50.3%下降到41.6%。与此相反，省内流动的外出务工人员数量从7618万人增加至9907万人，占外出农民工总量比例从49.7%上升到58.4%。分区域看，2020年省内就业农民工比重在西部地区的提升速率（较2019年提升1.8%）高于中部和东部地区（分别较2019年提升1.3%和1.6%）。此外，西部地区吸纳的农民工总量也继续增加，2020年中西部地区共吸纳农民工总量的43.8%，较10年前提升9.5%。[①] 农民工流动距离与流动区域的变化，显著反映出我国西部地区城镇化发展的巨大潜力。

综上所述，当前西部地区劳动力流动模式开始转变，远距离流动逐渐转向近距离省内与本区域流动，近距离的省内流动与远距离的跨省流动将在一段时期内并存。但不可否认的是，西部地区与东部地区在经济社会基础、产业结构布局、城镇功能建设、生态资源环境等方面仍存差距，西部地区劳动力即使就地就近流动仍无法毫无障碍地实现市民化，享有与城市居民同等的基本公共服务，就业、住房、医疗、子女教育等问题依旧存在。家庭流动虽有向核心家庭流动转变的趋势，但仍处于以夫妻双方共同流动为主的阶段，与子女等家人被迫分离的情况依旧突出。

非均衡性不仅存在于中西部与东部地区之间，西部地区内部同样存在。地区内部的非均衡性主要在县域地区与地级市之间。县城作为我国重要的行政单元，属于"承上启下"的中间区域，具有缓冲大城市与乡村之间矛盾的空间优势（刘国斌、杨富田，2017）。同时，县域内"农转非"

---

① 《2020年农民工监测调查报告》，中国政府网，https：//www.gov.cn/xinwen/2021-04/30/content_5604232.htm。

限制已基本消除，县域城镇化具备制度优势（熊雯，2016），因此，县域地区是中西部地区城镇化的重点。现阶段，县域经济发展存在一定的滞后性（刘光阳、李根，2019），产业支撑不足、就业吸纳能力有限，进而出现外出务工人员携子女就近流动到县城居住或就读，但农民工个人再次流动到县城以外的城市务工的分居型家庭。虽然其子女也发生了流动，但农民工家庭亲子分离的性质仍未改变（杜海峰等，2018）。

此外，与传统城镇化时期不同，当今社会处于流动性与不确定性并存的时代。正如西方学者所阐释的那样，现代社会面临多重风险交织，存在科技、生态等各种类型的风险，且风险具有全球性、公共性、日常性、突发性等多种特征。每个微观个体都被卷入其中，必须通过个体来感知、处理可能经历的种种风险（贝克等，2014）。现代风险社会背景下，农民工的生存策略、流动特征已然改变。部分农民工就业趋于短工化（清华大学社会学系课题组，2013），表现出工作持续时间不长、工作频繁更换、待业时间较长等特点，形成城乡间反复流动的循环迁移模式，从流出地到流入地的单向流动转变为多次往返于流出地和流入地之间，特别是小城市/城镇与乡村地理距离较近，往返更加常见（朱竑等，2019）。这种流动方式被定义为循环流动（循环迁移）（Zelinsky，1971），即迁移者重复地、短期地往返两地，同时伴随模糊的回流或定居意愿，迁移者采取这种流动策略往往是为了规避风险，寻求效益最大化。

我国长期以来的二元户籍分割制度、工业化进程的推进与经济发展水平较低，是农民工采取循环流动方式的根本原因，需要对制度隔阂下就业机会少、薪酬待遇低、社会保障不健全的"农民工生产体制"进行进一步调整（贺雪峰，2014）。随着新型城镇化进程的推进，短暂流动、循环流动的趋势越发明显，此趋势同时蕴含着我国现代化进程中流动人口的新特征，以及流动人口家庭化发展的生计策略。

一方面，现代化进程中的就业市场不稳定性增加，工作机会多样化，人员流动性变大，农民工的就业难度和失业风险并未降低。而国家福利保障制度与政策虽逐步健全，但城市保障仍存在不确定性，特别是农民工实现举家迁移的保障并不充足（王桂新、胡健，2015）。以往农民外出务工更多的是生存理性下的行动，如今行动中还包含经济理性与社会理性（李飞、杜云素，2019）。农民工清晰地意识到进入城市劳动，能获得更多的经济收益。但城市生活的不稳定性与脆弱性，使其难以彻底与乡村脱离。与此同时，"就地就近城镇化"模式使流动距离进一步缩短，为农民工采取循环流动方式提供便利。

另一方面，循环流动方式是农民工为家庭发展而采取的最优策略（Hugo，1982）。家庭安排最具优势的劳动力进入城市就业，以积累家庭发展所需的经济资本（Stark and Levhari，1982），同时实现风险分散化和收入多元化。新迁移经济理论强调循环流动是以家庭为主体的动态迁移过程和结果（Constant and Massey，2002）。其中，家庭成员对于流动策略具有决定性意义。现阶段，家庭成员的影响通常来自代际。一种情况是，父辈外出务工，儿童被留守在家中，无法实现核心家庭永久性迁移，造成亲子分离，农民工采取循环流动。另一种情况是，核心家庭（夫妻与子女）一同流动，但子女由于某个学龄段的入学限制被迫返乡上学，再次造成亲子分离。特别是女性，在家庭分工中往往承担更多的家庭照料功能，更容易循环流动。无论何种情况，均会导致儿童与父母之间的亲子分离，同时这种分离是反复性的，会对儿童产生直接影响。

三 儿童留守轨迹及其对儿童心理健康影响的改进框架

新型城镇化进程中"异地城镇化"与"就地就近城镇化"发展模式并存，西部地区此特征尤为明显，县域（包括农村地区）家庭流动策略随着城镇化模式改变而变得越发多样。家庭流动选择与策略的多样化直接导致亲子分离状况的复杂化。一方面，"就地就近城镇化"模式大大缩短了留守儿童的被留守距离，父母选择就近流动时，地理上的邻近性使亲子沟通和亲子团聚的可得性进一步提高。此时，"短距离"亲子分离作为压力源事件的表现形式与强度与传统"远距离"亲子分离有所不同。另一方面，家庭流动策略中"进城""返乡"不再仅仅是单一线程，而是不断交替循环（任远，2010），流动家庭表现出经济理性（进城）、生存理性（返乡）、社会理性（再进城再返乡）并存的特征（李飞、杜云素，2019）。循环流动的家庭策略安排不仅使留守儿童暴露在不完整家庭结构中，还可能使其暴露在家庭不稳定中。一部分儿童经历一次家庭结构的转变，即父母不在身边被长期留守在家，另外一部分儿童则可能面临务工父母的反复离开和返回，甚至是自身流动和回流的反复，以及由此带来的多次亲子分离（Huang，2014）。

家庭压力理论同时定义和探讨发生在家庭中所有长期、短期，抑或周期性的压力源，不同形式的压力源对儿童产生的影响的程度与内在机制应进行进一步区分。比如，压力源变得频繁反复可能会通过不断累积而导致个人和家庭陷入危机，家庭不稳定（或家庭结构变化）是儿童压力以及家庭功能不稳定的重要来源，并且此情形与家庭结构类型无关（Fomby and Cherlin，2007）。反复改变伴侣导致的家庭结构不稳定，可能比特殊家庭结构本身对儿童产生的影响更不利，此结论在前期针对离异、同居家庭儿童的研究中得到验证（Osborne and McLanahan，2007）。每次家庭结构的转变都会破坏既定的家庭惯习和关系，并带来一段紧张的调整期（Coleman et al.，2000）。如果没有再次额外的变化，随着新的家庭规范和关系的建立，单次转变所产生的压力往往会随着时间的推移而消散。然而，反复遭受家庭结构变化会造成家庭系统难以保持平衡，阻碍家庭成员适应变化，降低家庭恢复一系列功能的能力（Sandstrom and Huerta，2013）。同时，以上过程意味着，经历过自身和父母反复流动的留守儿童可能处于持续的低支持性的家庭环境和低质量养育环境中，反复流动严重削弱了家庭功能，特别是在家庭凝聚力和适应性方面（Hetherington et al.，1992）。

总体而言，新时期西部县域儿童正经历着不同的亲子分离。就短期而言，对于不同空间形式的亲子分离，家庭结构被破坏的程度不同，即压力源强度不同，引发的家庭功能失衡和匮乏的程度也有所区别。长期来看，暴露在不完整家庭结构中儿童会产生长期的慢性压力，而家庭结构反复变化（反复亲子分离）产生的不连续性则会使压力累积，与此同时还可能会引发家庭功能不稳定，带来家庭关系、家庭凝聚力和适应性等方面的问题，最终影响儿童心理健康的发展（Waldfogel et al.，2010）。除此之外，压力源还会不断累积进而影响当前的压力状态。综上所述，本书给出研究新时期西部县域儿童留守及其心理健康的改进框架，如图3-2所示。该框架不仅是对一般性解释框架的拓展，更是对家庭压力、家庭功能等理论的本土化延伸，对于研讨与改进以人为核心的发展理念下的留守儿童问题治理具有重要意义。

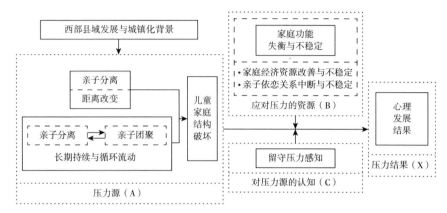

图 3-2　新时期西部县域儿童留守及其心理健康的改进框架

注：此处的改进框架主要是结合新时期西部县域地区人口流动新特征的现实背景，对上文一般性解释框架下的压力源进行进一步拓展所形成的解释框架。

第三节　儿童留守轨迹及其对儿童心理健康
影响的概念框架

上文改进框架对新时期西部县域地区儿童留守（亲子分离）带来的家庭结构破坏进行了探讨，但难以将儿童前期留守经历与当前留守状态纳入统一的分析框架，进而不能对儿童留守压力源进行全景描述。本节引入生命历程理论，并对其进行适用性分析，以期在生命历程理论视角下将留守经历与留守状态统一，形成儿童留守轨迹及其对儿童心理健康影响的概念框架。

一　生命历程理论视角及其适用性分析

生命历程理论通过研究，随着时间的推移，生命事件的先后顺序差异所形成的个人生命轨迹，揭示历史、社会等对个体的影响。此理论强调对个体问题与发展的研究不应局限于静态微观的个体层次，而是要随着研究对象的生命周期，结合长期历史背景与宏观社会结构进行研究。个体的生命过程会随着个体成长、家庭事件而不断动态变化。对于留守儿童而言，父母流动是其面临的主要生命事件。与流动父母自身情况不同，其子女存在两种结果，与父母一起流动以及未与父母一起流动，不同结果对儿童发展产生的影响也有所不同，并且此生命事件是否在儿童时期发生，对儿童未来的生命历程影响也不同。与此同时，父母流动的生命事件并非静止，可能会随着时间的推移发生变化。因此，儿童留守应以动态的视角进行研判，应在生命历程的视域下开展儿童留守问题的研究。从本质来看，儿童留守的动态发展经历与生命历程理论强调的生命过程具有内在契合性。

生命历程理论的核心原则成为完整揭示新时期西部县域儿童留守问题的有益框架。第一，留守儿童的历史时空。不同社会进程中人口流动的动机不同，而留守儿童的生命历程发生在不同的社会历史进程中。以中国和日本为例，我国许多流动人口子女被迫留守在农村老家，是由于长期以来的城乡二元制度和城乡发展的巨大差异，导致流动人口子女在城市生活成本高、进入城市学校受到一定制约。日本流动人口子女被留守情况则不同，随着日本进入"后工业化"时代，日本企业不断发展壮大，内部职员被频繁调动至他地任职，引发"单身赴任"的现象，此情况下其子女被留守大多是为主动获得原居住地更优质的教育（张晓华，1996）。

第二，留守儿童的时机安排。生命事件发生顺序影响着个体当前与今后的生活体验。儿童留守的研究议题下，生命事件的时机研究常常考察发生留守时儿童的年龄、儿童留守时间长短等产生的影响差异。比如，留守时间越长，意味着儿童前期生命历程中与父母相处的时间越短，从而更易引发儿童依恋感缺失、情绪不稳定、消极心理等问题（何资桥，2009）。同时，留守的时机安排也常常受到性别差异的影响，在城市入学成本的限制下，农村家庭的男孩偏好使得流动父母更可能带处于学龄段的男孩一同流动，将女孩留在迁出地（孙妍等，2020）。此外，关注不同年龄段下留守事件和留守事件发生序列的作用，对构建儿童留守事件与个人发展的研究框架十分有用。

第三，留守儿童的相互依存的生命。该原则强调个体生命与他人生命是相互关联、相互依存、相互影响的。应用生命历程理论分析留守儿童时，家庭内部系统结构是重要研究方面。家庭是儿童社会化的主要场域，父母的陪伴、参与、教养是儿童成长过程中的关键。对于留守儿童而言，在其长大成人的生命历程中，父母外出务工，被迫与父母分离，面临"家"的解构，父母角色出现缺位，使其容易在学业表现、身心健康、人际关系等方面出现问题（阮梅，2008）。可见，"相互依存的生命"对于家庭流动行为选择和流动决策的意义重大。然而，"相互依存的生命"中也具有差异性，在农村许多留守儿童由祖辈或亲戚照料，这种利用代际关系和亲缘关系等抚育资源，实行祖辈或亲戚监护的家庭抚育决策，能在一定程度上保护受损的家庭结构，减轻父母外出务工对留守家庭无法双系抚育所造成的冲击（杨汇泉、朱启臻，2011）。但随着儿童年龄增加，此策略亲子关系互动不足、家庭教育缺乏等副作用日渐明显，导致家庭社会化出现问题。

第四，留守儿童的主观能动性。生命历程研究的关键方面之一是理解和把握个体在其生命历程中的作用。个体能够通过自身的主观能动性进行选择和行动，从而影响自身生命历程的形成。已有研究表明，不是所有留守儿童发展结果都是消极的，很多留守儿童与非留守儿童发展并无显著差异，甚至在某些方面好于非留守儿童（谭深，2011）。抗逆力是解释留守儿童为何发展良好的重要因素，即个体是具有能动性的，留守儿童作为能动的个体，在生命历程中积极适应、不断自我调整、调动可用资源，从而获得良好的发展结果。

总体而言，生命历程理论使有关留守儿童研究的理论视角与分析框架可以包含更多的内容与应用。个体生命均不可避免地具有连续性与变化性，生命事件往往具有长期影响。特别是新时代下的经历多变性，使得人口流动呈现出更加复杂化与异质性的特征，而这些特征会影响儿童的整个生命历程。如果对儿童留守问题的研究不考虑其前期整体的生命历程，则难以全面考察父母外出务工带来的亲子分离对儿童产生的影响。生命历程视角使我们着眼于留守儿童的整体生命历程，其中包括儿童前期的留守经历和当前的留守状态，有助于我们完整理解儿童现有生命历程中留守轨迹带来的影响。

二　西部县域儿童留守轨迹

不同时期的社会进程与地区经济发展构成了人口流动浪潮形成的重要内在机制，相应的时代背景则是我们理解流动家庭决策过程及其变化的基础。我国的儿童留守问题是在特定的社会历史、经济文化背景下出现的，随着新型城镇化、乡村振兴战略的推进，留守儿童的生命历程研究也在发生改变。

首先，儿童留守状态多样性进一步凸显。新型城镇化背景下人口流动已进入"夫妻双方流动"阶段，正向"核心家庭流动"阶段过渡，留守儿童生命历程中父母双方流动的情形可能较以往有所增加（张保仓、曾一军，2020）。特别是随着"就地就近城镇化"模式的兴起，流动距离被大大缩短，省域内的近距离流动使得家庭中母亲角色外出的可能性进一步增加。父母流动距离的拉近同时意味着儿童留守距离的缩短。不应完全对等看待因父母省内近距离流动和父母跨省远距离流动而留守的儿童经历的留守生命事件。

其次，生命历程理论着重强调生命事件发生时机、先后顺序以及持续周期。"转变"与"轨迹"是生命历程理论研究范式中的重要主题，每次"转变"都代表不同状态，以形成不同"经历"（李强，1999）。人口流动是一个动态变化的过程，在当前城镇化进程中更是如此。一方面，新型城镇化发展不仅缩短了儿童留守距离，同时使儿童留守状态发生变化。父母循环流动使得儿童在"非留守"与"留守"状态中不断转换。另一方面，在新型城镇化注重城镇化发展质量的原则和"以人为本"的发展核心下，越来越多儿童可以跟随父母流动，甚至许多儿童在城市出生。然而，城乡之间仍存在矛盾与差异，部分儿童随父母流动后又被迫返乡（往往是独自返乡），成为回流儿童，经历了"流动"与"留守"状态的转变。随着新型城镇化的发展，留守儿童经历复杂多变，当前处于留守状态的儿童可能先经历了"流动"的生命事件，再经历"留守"的生命事件，也可能"留守"的生命事件一直持续。简而言之，"儿童流动-留守"与"父母流动-返乡"的多重组合下，留守儿童的身份状态不断转变，形成丰富的经历。因此，新时代背景下，有关儿童留守状态的动态性、留守经历的异质性，需要我们进一步丰富儿童留守问题的研究内涵与视角，重新审视儿童留守状态与留守经历，重新概念化儿童留守。儿童留守不是一个简单的静态家庭结构，而是一个在儿童童年过程中展开的动态过程。生命历程理论提供了研究留守儿童动态"轨迹"的视角，在儿童生命历程中的生命事件发生时机和顺序等问题上都予以关注与探索。

最后，生命历程视角还关注个体经历的累积性，强调个体当前的行为或表现会受到早期事件的影响，同样，未来的结果也会受当前选择影响。童年时期的经历对于个体发展具有重要意义，是引起个体往后生命历程分化的重要原因。儿童在早期至中期时具有较强可塑性，是储备个体心理资源的关键时期。若早期童年劣势经历较多，则其会积累起来持续影响个体后期生命历程，甚至使个体在今后生命阶段一直难以逆转，处于劣势地位（Elder，2018）。留守儿童生长在社会转型、经济快速发展的现代化时期，城镇化进程的不断推进、城乡发展的不断融合使其流动、留守经历交错发生，从而使其整个童年期的生命事件和经历更加复杂多元、越发不稳定。由此构成的儿童早期生命中的留守轨迹，是长期且跨越个体不同生命历程周期的纵向累积过程，甚至对其后代都可能产生影响。

综上所述，新时期西部县域儿童的留守生命历程已然发生改变。而生命历程理论可以为本书研究提供一个综合的视角，它不仅关注社会发展给个体带来的影响效应，同时强调生命事件发生的时机和个体经历的累积性（Heinz and Krüger，2001），以动态、连贯、复合的方式去理解与考察新时代背景下的儿童留守问题。本书进一步融合生命历程理论视角给出西部县域儿童留守轨迹及其对儿童心理健康影响的概念框架（见图3-3）。

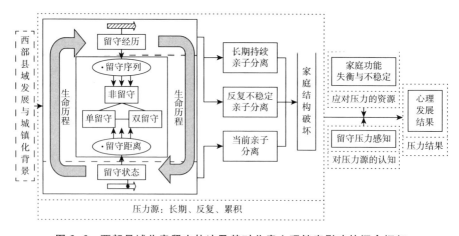

图3-3 西部县域儿童留守轨迹及其对儿童心理健康影响的概念框架

注：此处的概念框架是针对新时代背景下西部县域地区发展与人口流动新特征，进一步结合生命历程理论、整合上文的解释框架构建的适用于西部县域儿童留守轨迹及其对儿童心理健康影响的概念框架。

第四节　儿童留守轨迹及其对儿童心理健康影响的分析框架

家庭压力理论、家庭功能理论、依恋理论等为理解父母外出务工带来的儿童留守对儿童心理健康的影响提供了一个有益的研究框架。首先，家庭压力理论整合了家庭压力的不同来源，其中包括家庭结构的破坏，这一点在人口流动背景下至关重要。因为留守状态代表了一种独特的家庭结构，特别是在新时代背景下，留守状态代表的家庭结构不止一种，不仅包含父母一方流动（与母留守/与父留守）或父母双方流动（双留守），还包括父母跨省异地流动（省外留守）和父母省内就近就地流动（省内留守）。家庭功能理论则阐明了家庭系统内的不同压力如何导致家庭功能失调，对包括家庭资本、家庭情感、家庭凝聚力与适应性在内的一系列家庭功能产生影响，从而损害儿童的心理健康。其次，在新型城镇化与西部县域发展背景下，人口流动被忽视的一个特点是，包括父母或儿童自身在内的反复流动和返乡造成的家庭不稳定，家庭压力理论和家庭功能理论可以超越对家庭结构的普遍关注，将家庭结构的反复转换和家庭功能不稳定对留守儿童的影响概念化。最后，有关当前儿童留守问题的研究需要同时关注其留守状态与留守经历以解释亲子分离给儿童心理发展带来的短期影响和长期影响。生命历程理论强调儿童经历的异质性，并将家庭结构的连续和变化看作儿童生活中的动态过程。因此，本书纳入生命历程视角不仅可以对儿童当前生命状态进行观察，同时可以捕捉和识别儿童前期经历中复杂多样的家庭结构变化。针对留守经历，本书使用序列分析（Sequence Analysis）方法来进行分析，这种方法可以成为儿童发展研究的宝贵工具。以往有关留守和儿童心理健康发展因果关系的研究结论存在差异，部分原因在于测量方法的不统一，儿童是否留守通常是通过父母当前流动状况来判断，或者有少数研究通过询问两个时间节点来判断，但这些策略并不适用于同时具有不同留守经历的儿童。序列分析方法则不同，可以实现针对儿童留守经历的研究。因此，本书结合动态的家庭（父母和儿童）流动历史的数据集，描述与儿童及其父母不同流动状态（即父母未流动、儿童随父母流动、父母一方流动、父母双方流动）相关的不同经历，并采用序列分析方法，确定儿童在生命历程早期和中期（1～12 岁）的典型留守经历。本书选取 1～12 岁是由于此年龄段儿童的发展对父母行为和家庭环境十分敏感，在这一时期潜在的影响或形成的心理问题可能难以逆转，使儿童在今后生活中面临更严重的心理问题。针对留守状态，通过单/双亲留守视角与留守距离视角，反映新时期西部县域儿童的留守特征。以上对于留守经历与留守状态二者的研究共同构成西部县域儿童现有生命历程中对留守轨迹的描述。

在以上基础上，进一步评估儿童前期留守经历和儿童当前留守状态是如何影响儿童心理健康的。首先，分析不同留守经历对儿童心理健康的影响。本书认为有过留守经历的儿童在心理健康方面比稳定的双亲家庭的儿童表现要差，但他们的劣势来源可能有所不同。一方面是经历过与父母长期分离的儿童，他们受到不完整家庭结构的负面影响，特别是在父母双方都不在时；另一方面是经历过父母反复流动的儿童，他们受到家庭结构不完整（可能程度较轻）和家庭不稳定的共同影响。鉴于此，需要进一步深入验证以上两个方面的影响机制及其作用的差异性。其次，分析不同留守状态对于儿童心理健康的影响，探索不同程度的亲子分离对儿童心理健康的影响差异。不同留守状态下儿童的家庭功能失衡程度也会有所不同，以往研究的争论在于外出的"经济效应"（家庭经济功能）和"情感代价"（家庭情感功能）是否可以抵消。为了分析两种效应，特别是其在不同留守状态家庭中的效应差异，本书分别对不同留守状态儿童的家庭功能进行分析，并对其与儿童心理健康的关系进行检验。在以上基础上，综合分析留守轨迹对儿童心理健康的影响。

基于西部县域儿童留守轨迹及其对儿童心理健康影响的概念框架，对框架中的各要素进行进一步的操作化处理，最终形成西部县域儿童留守轨迹及其对儿童心理健康影响的系统分析框架。如图 3-4 所示，本书从生命历程的角度，不仅关注当前儿童留守状态，同时捕捉儿童童年时期的留守经历，从而更准确和更全面地了解儿童的留守轨迹及其心理发展结果。首先，分别识别县域儿童的留守经历与留守状态。对留守经历的识别引入儿童年龄段视角，为得到儿童 1～12 岁的动态连续性经历奠定基础，留守状态识别引入单/双亲留守视角和留守距离视角（即父母流动距离）。识别后分析不同留守经历与状态下儿童的心理健康现状。其次，检验不同留守经历对儿童心理健康的影响，同时深入分析此压力源的影响机制，即验证留守时长与留守转换次数双机制对儿童心理健康的影响。再次，检验不同留守状态对儿童心理健康的影响，并进一步考察不同留守状态儿童的家庭功能现状差异，以及其对儿童心理健康的影响差异。最后，将留守经历与留守状态统一纳入实证研究框架，探索留守经历与留守状态对儿童心理健康

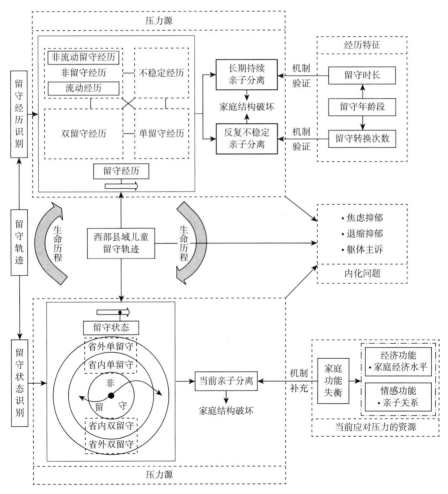

图 3-4　西部县域儿童留守轨迹及其对儿童心理健康影响的系统分析框架

　　注：此分析框架是对上述概念框架中的各要素进行操作化处理后，最终形成的系统分析框架。

的影响，并探索在不同留守经历视角下的留守状态对儿童心理健康的影响，用以系统揭示留守轨迹对西部县域儿童心理健康的全面影响。

第五节　西部县域儿童留守轨迹及其对儿童心理健康影响的验证策略

一　框架验证思路

根据上文的研究思路与研究内容，本书对西部县域儿童留守轨迹及其对儿童心理健康影响的分析框架进行验证。首先对西部县域儿童的留守轨迹进行识别与分析，其次针对留守轨迹的两个方面——留守经历和留守状态，分别验证其对儿童心理健康的影响及其作用路径，最后考察留守轨迹对儿童心理健康的影响。

1. 儿童留守轨迹及其心理健康现状分析

对儿童留守轨迹和儿童心理健康现状进行分析是探索儿童留守与发展问题的前提，也是分析二者之间因果关系的基础。留守轨迹是包含留守经历和留守状态的儿童生命历程链条，本书对儿童留守轨迹的识别具体是通过识别儿童留守经历和留守状态完成的。此外，父母外出的角色差异是儿童留守研究中必要的经典视角，因此无论是儿童留守经历还是留守状态均包含单/双亲留守视角。首先，对于留守经历的识别涉及对儿童年龄的纵向考察，由于儿童在不同年龄段的身体发育、心理发展、需求层次等各方面特征均不相同，所以本书从年龄段视角对儿童留守经历进行识别，先从离散型年龄段（幼儿期、学前期、小学期）视角进行识别分析，再从连续型年龄段（1~12岁）视角进行识别分析，并依据个体特征、家庭特征和学校特征对不同留守经历儿童进行特征分析。然后，分别对离散型和连续型年龄段下不同留守经历的儿童心理健康现状进行讨论，初步判断出对儿童相对不利的留守经历。其次，结合我国新型城镇化的发展模式、地区间不平衡的空间差异特征以及县域现阶段发展特点的现实情境可知，当前外出务工父母流动目的地不同，父母流动距离不同导致亲子分离在物理空间、心理空间上均有所差异。因此，从儿童留守距离（父母流动距离）的视角进行分析十分必要。对于留守状态的识别，不仅从单/双亲视角识别儿童留守状态，同时在此基础上进一步加入留守距离视角，识别出不同留守距离下的儿童留守状态类别，并依据个体特征、家庭特征和学校特征对不同留守状态儿童进行特征分析。然后，分别对单/双亲视角和留守距离视角下不同留守状态的儿童心理健康现状进行讨论，初步判断出对儿童相对不利的留守状态。最后，结合儿童留守经历（连续型年龄段视角）和留守状态（留守距离视角）得出儿童留守轨迹相关现状，探讨新时代背景下县域家庭生计策略安排和儿童留守问题的新特征。

2. 儿童留守经历对其心理健康的影响分析

根据总体框架，提出留守经历对儿童心理健康影响的分析框架。在留守经历对儿童心理健康影响及其作用机制分析中，首先，考察留守经历对儿童心理健康的整体影响，不同经历类别代表着儿童留守的长期性与不稳定性。为保证检验结果的可靠性，采用倾向值匹配法进行稳健性检验。其次，进一步具体考察留守经历长期性和不稳定性对儿童心理健康的影响，通过留守时长和留守转换次数两个主要留守经历特征来实现对以上两种影响机制的探究。同时，区分儿童首次发生留守的年龄段，考察两个影响机制的效应差异，最终归纳出留守经历对儿童心理健康的影响。

3. 儿童留守状态对其心理健康的影响分析

根据总体框架，提出留守状态对儿童心理健康影响的分析框架。在留守状态对儿童心理健康影响及其作用路径分析中，首先，考察留守状态对儿童心理健康的影响，分别通过单/双亲视角和留守距离视角下的儿童留守状态进行检验，并对影响结果进行稳健性分析。其次，家庭功能会在留守状态与儿童心理健康间产生一定的作用，不同留守状态会导致儿童家庭经济功能和情感功能有不同程度的改变。因此，先分别明确不同留守状态下儿童家庭功能的现状，然后再检验不同留守状态下的家庭功能对儿童心理健康的影响程度及其影响方向。

4. 儿童留守轨迹对其心理健康的影响分析

本书构建分析框架的重要目的是探讨留守轨迹对儿童心理健康的影响。因此，基于以上分析，首先，将儿童留守经历和留守状态进行简化合并，综合检验留守轨迹对儿童心理健康的影响，考察留守经历和留守状态对儿童心理健康影响的大小。其次，留守经历是发生在留守状态之前的，因而分别在不同留守经历视角下，考察留守状态对儿童心理健康的影响，细化不同留守轨迹对儿童心理健康的影响。

二 概念操作化

1. 留守轨迹

留守轨迹是儿童现有生命历程中由过去到现在所经历的一系列的留守生命事件所形成的纵向轨迹。儿童留守轨迹具体由留守经历与留守状态两个方面组成，考察留守轨迹时需将留守经历与留守状态进一步合并。一方面，需要整体考察儿童留守轨迹，即通过留守经历与留守状态形成一个两维度四象限的留守轨迹（见图 3-5），具体为有/无经历和有/无状态，从而呈现儿童完整留守轨迹。另一方面，分别在不同类别的留守经历下，对留守状态逐一进行考察，从而细化儿童的留守轨迹，具体考察每一类留守经历中，不同的留守状态是如何对儿童心理健康产生影响的。

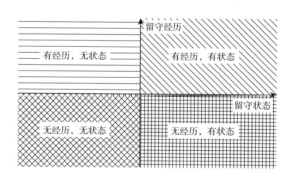

图 3-5 儿童留守轨迹的经历-状态两维度四象限示意

2. 留守经历

在生命历程理论的相关研究中，常以年龄作为时间概念，用以探索与归纳个体生命历程。留守经历由儿童在早期生命历程中经历的留守事件组成，每个儿童的留守经历中均包含不同次数、不同顺序的留守事件发生时点，形成了其特有的纵向连续的留守序列。因此，本书不仅从不同年龄段分别考察儿童留守经历，而且利用序列分析法识别儿童留守经历。具体地，首先，为每个儿童构建一个属于自己的 1～12 岁的留守经历序列。其次，用最优匹配算法计算序列之间的不相似性，构建一个不相似性矩阵。将大量的序列缩减为有限数量的且实质上不同的聚类，使得每个序列尽可能遵循其中一种聚类模式。根据几个集群的截止标准，最大限度地提高集群内的同质性和集群间的异质性，最终形成一个最优数量的聚类集群序列方案。本书关注当前处于初高中阶段的县域儿童（均已完成小学阶段），同时由于儿童从出生到 12 岁是其身心健康发展的重要基础阶段，本书将儿童留守经历的年龄范围限定在 1～12 岁。

3. 留守状态

留守状态是儿童在当前生命时间节点处于的某种留守状况。一方面，父母对儿童成长的作用并不完全相同，父母外出角色不同对儿童产生的影响也不同。同时，当前外出务工人员的流动已从一开始"单人流动"为主转向"夫妻双方共同流动"。因此，应在单/双亲视角下探究儿童留守状态。另一方面，新时代背景下，异地远距离流动和就地就近近距离流动模式并存，儿童留守距离（父母流动距离）不同导致其与父母的心理距离、沟通见面频率有所不同。因此，对儿童留守状态的探究进一步加入留守距离视角。具体地，先通过询问"近半年里/这个学期，父亲/母亲是否住在你们家里"和"父亲/母亲未住在家里的原因"两个问题，将选择答案"是"，即父母均在家住的儿童划分为非留守状态，将至少选择一次答案"否"，原因为"外出务工"[①]，即父母至少一方未在家住的，且原因为外出务工的儿童划分为单留守状态和双留守状态。在单/双亲视角下，儿童留守状态中非留守 = 0、与母留守 = 1、与父留守 = 2、双留守 = 3。再询问其父母外出的工作地点，根据回答，"陕西省内 = 1，其他省 = 2"，最终留守距离视角下，儿童留守状态中非留守 = 0、省内单留守 = 1、省内双留守 = 2、省外单留守 = 3、省外双留守 = 4。

4. 家庭功能

家庭功能的内涵涉及家庭的优势和劣势，体现家庭的健康情况和能

---

① 问卷中，题项"父亲/母亲未住在家里的原因"，包括"1. 外出务工；2. 离婚；3. 分居；4. 去世；5. 失踪/离家出走；6. 其他"。本书删除了选择其余选项的儿童，以排除留守外，其他形式的亲子分离给儿童带来的影响。

力。费孝通对家庭功能主要从生殖及抚育功能、经济功能和赡养功能三个方面进行分析。随着现代化进程的推进，家庭功能变得越发简化与外化，生育和情感功能成为家庭最核心的两项功能。就留守儿童而言，以往对其家庭功能的探讨集中在"经济"和"情感"方面。一方面，父母外出务工可以改善留守家庭经济条件，对家庭及儿童发展有益处。另一方面，父母外出务工会导致亲子分离，影响亲子关系，对儿童发展不利。因此，本书将家庭功能具体分为家庭经济功能和家庭情感功能，其中家庭经济功能主要衡量儿童家庭的经济状况，而家庭情感功能则主要衡量儿童与父母间的亲子关系情况，具体测量方式详见本书第六章。

5. 心理健康

心理健康问题检测是研究儿童心理健康的重要方式之一。儿童心理健康问题通常划分为内化问题和外化问题。相比外化问题，留守儿童的内化问题因其独特的亲子分离家庭结构，往往更不易被其父母或照料者察觉。因此，本书对儿童心理健康的研究具体为对儿童内化问题的研究，同时沿用当前研究中被广泛使用的阿亨巴赫及其团队制作的青少年自评量表（Youth Self-Report，YSR）中的内化问题部分进行测量。此部分涉及三个维度，包括焦虑抑郁、退缩抑郁和躯体主诉。其中，焦虑抑郁由13个题项测量，此维度主要表现是儿童近半年处于情绪低落、忧虑恐惧、紧张不安的状态；退缩抑郁则由8个题项测量，此维度主要表现是儿童近半年孤僻自闭，不愿与他人交往，社会化心理发展不健全；躯体主诉由10个题项测量，此维度主要反映儿童近半年心理问题通过躯体表达出的状态。对于每个测量题项（见表3-3），均使用三点李克特量表（没有＝0；有时有或轻度＝1；经常有或明显＝2）打分，将每个维度下的测量题项得分分别加总，得分越高相应维度的心理问题越严重，内化问题得分为三个维度的得分加总。最终心理健康因变量共四个：焦虑抑郁、退缩抑郁、躯体主诉和内化问题。同时本书进行了因子分析，确认13个、8个和10个题项分别在焦虑抑郁、退缩抑郁和躯体主诉上有很高的负荷。综合各题项，形成内化问题量表，分数越高说明内化问题越严重。四个量表的克隆巴赫系数（Cronbach's Alpha）分别为0.91、0.85、0.89和0.95。

表 3-3　儿童心理问题测量量表

焦虑抑郁	退缩抑郁	躯体主诉
1. 觉得自己无价值或自卑	1. 没什么事情令你有兴趣	1. 我做噩梦
2. 怕自己想坏念头/做坏事	2. 守口如瓶，有事不说	2. 我感到头晕
3. 神经过敏，易激动/紧张	3. 闷闷不乐，悲伤或抑郁	3. 我感到过度疲劳
4. 容易发窘或感到不自然	4. 喜欢孤独	3. 不明原因的疼痛
5. 常常哭叫	5. 很害羞	5. 不明原因的头痛
6. 害怕上学	6. 精力不足	6. 不明原因的恶心想吐
7. 过分内疚	7. 拒绝与人交谈	7. 不明原因的眼睛有问题
8. 想过自杀	8. 尽量避免与人深交	8. 不明原因的皮肤问题
9. 觉得自己必须十全十美		9. 不明原因的腹泻、胃疼
10. 过分恐惧或担心		10. 不明原因的呕吐
11. 觉得没有人喜欢自己		
12. 害怕某种动物/处境/地方		
13. 忧虑重重		

此外，本书参考已有的相关实证研究，将其他一些可能影响儿童心理健康的特征变量纳入分析作为控制变量，包括个体特征、家庭特征、学校特征。

第一，个体特征：性别（男＝0，女＝1）、年龄（连续变量）、户口类型（农业户口＝0，城市户口或居民户口＝1）、近半年身体健康自评（五点李克特量表，得分越高代表自评健康状况越好）。

第二，家庭特征：独生子女（是＝0，否＝1）、父亲受教育程度（小学及以下＝0，初中＝1，高中＝2，大学及以上＝3）、母亲受教育程度（小学及以下＝0，初中＝1，高中＝2，大学及以上＝3）、父母感情（询问"爸爸妈妈感情好吗？"，选项为五点李克特量表，将1~3归为感情不好，赋值0，4和5归为感情好，赋值1，最终为二分类变量）、近半年日常照料者（母亲＝0，父亲＝1，祖辈＝2，其他亲戚或无＝3）。

第三，学校特征：学习成绩，通过询问"你的学习成绩在你们班里算什么水平？"得到，选项为五点李克特量表，得分越高代表学习成绩越好；

老师关心程度，通过询问"老师们很关心我"得到，选项为五点李克特量表，得分越高代表老师关心程度越高；同学友好程度，通过询问"班里大多数同学对我很友好"得到，选项为五点李克特量表，得分越高代表同学友好程度越高；寄宿（是＝0，否＝1）。

同时，压力理论是本书构建留守轨迹对儿童心理健康影响概念框架的基础理论之一。此理论强调，当个体遇到压力源事件时，通常会主观性地评价压力源，此评价会影响最终的心理健康状况。本书通过希望感测试量表中的题项"当遇到困境，我能够通过很多方式解决"来测量儿童遇到留守压力源时可能倾向于的感知与评价。需要说明的是，考察儿童留守经历时，个体压力认知应是对当时压力的感知与评价，但因本书研究对象是儿童，可能其对早期经历的个人主观感受较为模糊，因此本书仅在考察儿童当前留守状态时加入个体压力认知变量。具体测量方式详见本书第六章。

全书主要概念操作见表 3-4。

表 3-4　主要概念操作

概念		要素	变量测量
	留守轨迹	留守经历＋留守状态	无经历无状态＝0；有经历无状态＝1；无经历有状态＝2；有经历有状态3
		留守经历视角下的留守状态	—
压力源	留守经历	离散型年龄段	幼儿期、学前期、小学期是否留守
		连续型年龄段	无流动留守经历＝0；流动经历＝1；持续双留守经历＝2；持续单留守经历＝3；不稳定经历＝4
	留守状态	单/双亲视角	非留守＝0；与母留守＝1；与父留守＝2；双留守＝3
		留守距离视角	非留守＝0；省内单留守＝1；省内双留守＝2；省外单留守＝3；省外双留守＝4
家庭功能		经济功能	1~5 对应的连续变量，得分越高代表家庭经济功能越好
		情感功能	1~5 对应的连续变量，得分越高代表家庭情感功能越好

续表

概念	要素	变量测量
心理健康	焦虑抑郁	得分越高代表相应维度的心理问题越严重
	退缩抑郁	
	躯体主诉	
	内化问题	焦虑抑郁+退缩抑郁+躯体主诉

注：对于连续型年龄段，本书利用序列分析法识别儿童留守经历，最终形成最优数量（5个）的聚类集群序列方案。具体内容详见本书第四章。

三　数据采集策略

1. 调查地选取

作为连接西部与东中部地区的重要纽带，陕西省是我国西部大开发战略的排头兵，也是我国丝绸之路经济带的起点。陕西省的区位优势决定了其在我国西部地区推进新型城镇化过程中扮演着重要角色。截至 2021 年底，全国常住人口城镇化率达到 64.72%，陕西省城镇化率达到 63.63%[①]，虽略低于全国水平，但高于西部地区平均水平，特别是近五年城镇化率的增幅一直位于前列，是我国西部地区城镇化高速发展的代表。随着新型城镇化的持续推进，人口就地就近流动的模式逐渐成为主流，而在省内也出现了城镇化水平分层的现象。其中，省会城市西安市城镇化率最高，达到 80% 的水平，常住人口年增幅超 1.5%；而汉中市城镇化率全省最低，城镇人口占比不到 50%，同时常住人口出现逐年下降的趋势。基于上述数据的对比可以看出，虽然陕西省处于城镇化高速发展阶段，但汉中市自身吸纳人口能力较低，人口有流向省内其他城市（如西安、咸阳）的趋势，是陕西省人口就地就近流出的代表地区，这进一步增加了父母外出所导致的儿童被留守的比例。

汉中市辖九个郊县，分为平川县和山区县两类，以城固县为代表的平川县经济发展水平较高，常住人口城镇化率也相对较高，而以宁强县为代表的山区县经济发展水平较低，人口流出比例较高。宁强县是一个南北交

[①] 《陕西以乡村振兴为抓手 实现城乡区域协调发展》，搜狐网，https://www.sohu.com/a/685546434_119659。

汇、襟陇带蜀的山区县，是从大西北进入大西南的主要门户和黄金通道，宝成、阳安铁路纵横县境，国道 108、西汉高速公路穿境而过。宁强县属于陕西省汉中市，县域地理位置独特，位于汉中市西南角，与四川接壤，境内多中低山地，工业基础较为薄弱。宁强县现辖 16 个镇、2 个街道办、200 个行政村、13 个社区居委会。"十三五"期间，宁强县大力推进新型城镇化，将新型城镇化、重点镇建设和旅游发展有机结合起来，效果明显。2015 年以来，该县以省级重点镇、陕南重点镇、市级示范镇建设为重点，形成了以县城为核心、示范镇为引领，县城、集镇、新农村相互衔接、功能协调、服务基本完善的县域城镇化新格局，促进农村人口向城镇集中。经国家统计局汉中调查队核定，2022 年第一季度宁强县居民人均可支配收入为 5886 元（全市 6618 元），同比增长 6.1%（全市增长 5.8%），位居全市第四，高出全市 0.3 个百分点；宁强居民人均消费支出为 3901 元（全市 4074 元），同比增长 3.8%（全市增长 3.3%），位居全市第四，高出全市 0.5 个百分点。2021 年全县经济持续稳定增长，主要经济指标实现预期目标，高质量发展稳步推进，稳增长稳就业保民生成效显著，是陕西省贫困代表县近年来发展的典范。但总体上，宁强县远离中心市区，区位优势相对缺乏；同时农业是县域的传统产业，工业基础相对薄弱，生态资源丰富但旅游等第三产业仍需发展。当前宁强县发展仍存在诸多不确定性，促进全县经济持续健康发展仍需全面发力，县域内人口输出仍然较多。截至 2020 年，全县中小学有留守学生 15601 人（其中留守女生 7968 人），是陕西省乃至我国西部地区城镇化发展相对较慢且人口流动频繁的代表地区，也是我国西部地区留守儿童比例较高的县域。以上"西部地区→陕西省→汉中市→宁强县"的逻辑链条分析表明，宁强县是研究我国西部县域留守儿童的典型区域，因此，本书选取宁强县作为调查地。

2. 抽样方式和调查执行

两次调查均采用的是整群抽样的方式，未参加或未完成（课题组成员将第一次的学生问卷进行逐个抽检，不合格的问卷视为未完成问卷）第一次调查的同学，参加第二次调查，样本具有典型性，可用于理论检验，适合对相关问题进行深入系统的分析研究并进行应用推广。同时，调查准备前期，课题组与宁强县教体局相关领导、宁强县各中学校长召开工作座谈会，讨论开展专项调查的相关计划与安排。具体地，第一次调查受疫情影响，问卷为每所学校被抽样学生的家庭作业，由家长监督并签字确认儿童在一小时内完成。第二次调查与校领导沟通，安排每个年级、每个班级的学生依次按照上机课程时间安排在机房进行问卷作答。首先，宣读调查说明。西安交通大学师生向被调查学生宣讲本项调查的目的及一些注意事项。开始作答问卷前，班主任或任课教师协助组织学生进行问卷填答；老师提醒学生作答问卷时，注意看清每部分的选项数目及每个选项代表的含义。其次，学生开机作答，整个问卷作答过程在 40 分钟左右。调查组成员进行班级巡视，为学生答疑解惑。最后，学生在电脑端提交问卷，调查组进行核对确认。问卷包括一系列关于儿童发展、家庭背景以及家庭和学校环境的问题。在此次调查进行前已对抽样地点学生进行预先调查，证实被调查学生有能力为自己的各类状况和家庭背景提供合理准确的报告。[①] 为了提高填答质量，学生无论是在家中作答还是在学校作答，均有时间限制，同时课题组的调查员与学生、教师建立了线上联系群，协助学生作答。

第六节　本章小结

　　基于家庭压力理论、家庭功能理论、依恋理论，结合我国新型城镇化、区域发展的现实情境以及西部县域家庭的生计策略特征，本章构建了西部县域儿童留守轨迹及其对儿童心理健康影响的系统分析框架。

　　首先，分别辨析儿童留守轨迹与心理健康的概念，对儿童"留守"的概念进行重构与细化。本书认为留守轨迹是由"当前留守状态"和"前期留守经历"共同组成的儿童现有生命历程中的留守纵向链条。其中，儿童留守状态定义为：在调查节点当年，18 周岁及以下的县域范围内儿童因父母一方或双方外出务工半年以上，未与父母共同生活。儿童留守经历定义为：1~12 岁，18 周岁及以下的县域范围内儿童因父母一方或双方外出务工半年以上，未与父母共同生活。留守儿童心理健康的定义则侧重于儿童

---

① 特别是为确保被调查儿童可以准确回顾其幼儿时期的流动史，课题组提前告知并要求儿童向其父母/监护人了解家庭的流动经历。

经历的负面消极情绪和不利于其健康成长的消极状态。

其次，基于第二章对相关文献的归纳与总结，与相关经典理论结合，得出家庭压力理论下儿童留守及其心理健康的一般性解释框架。父母外出务工后亲子分离导致的留守成为儿童的压力源，对儿童心理健康产生影响，同时以上影响过程与家庭结构变化引发的家庭功能失衡有关。

再次，结合我国新型城镇化的阶段特征和西部县域发展的现实状况，在一般性解释框架基础上，构建西部县域儿童留守及其心理健康的理论拓展框架。本书认为对儿童当前留守问题及其影响结果的研究，需要考察留守作为压力源事件的多种表现形式和内在影响机制。一方面，亲子分离包括家庭结构的不完整与不稳定。相比长期亲子分离压力源下的不完整结构和不良家庭功能，父母反复循环流动的结果是，儿童同时经历着家庭结构的不完整与不稳定。相较于忍受长期分离的其他儿童来说，这些儿童受到的家庭结构负面影响可能会有所缓解，但其面临家庭不稳定的额外挑战，最终使他们同样甚至更容易出现发展问题。另一方面，家庭结构当前呈现的形式不同，所构成的压力源形式多样，相应引发的家庭功能失衡程度也有所不同。

从次，在以上基础上，引入生命历程理论，通过儿童现有生命历程中的前期留守经历和当前留守状态，全面考察儿童的留守轨迹状况，最终构建出西部县域儿童留守轨迹及其对儿童心理健康影响的概念框架，并以此概念框架为指导，形成本书的分析框架。

最后，针对以上分析框架，给出可操作的框架验证思路，并将涉及主要概念的测量落实到变量层次。同时，从调查地选取、抽样方式和调查执行等方面给出具体数据采集策略。

第四章

儿童留守轨迹识别与心理健康现状分析

在第三章儿童留守轨迹及其对儿童心理健康影响的分析框架的指导下，本章利用 2021 年宁强县的儿童抽样调查数据，分别识别县域儿童前期留守经历与当前留守状态，进而分析比较不同留守经历和留守状态儿童的群体特征及其心理健康现状。本章通过定量调查数据，探索与描绘儿童现有生命历程中的留守轨迹，为后续因果分析和政策建议提出奠定基础。

第一节　研究设计

一　研究目标

把握儿童留守特征及其心理健康现状是解决留守儿童问题的重要前提，同时是探究儿童留守轨迹对其心理健康影响的基础。在新时代背景下，选取城镇化水平较低但城镇化发展速度较快、人口流动频繁的典型西部地区县城——宁强县，全面考察儿童留守经历与留守状态，进一步细化儿童留守轨迹及其心理健康现状分析框架，本章的研究目标如下。

第一，识别县域儿童留守轨迹（包括留守经历与留守状态），多视角深入分析其留守特征。

第二，描述县域儿童不同留守经历、不同留守状态下心理健康现状的差异性，验证儿童留守轨迹对儿童心理健康影响研究的有效性与必要性。

二 研究视角与分析框架

1. 研究视角与内容

（1）年龄段视角

处于不同年龄阶段的儿童心理特点和发展需求有所不同。学界十分关注儿童留守时所处的年龄段，特别是与儿童心理健康发展相关的研究。依恋理论指出，儿童2岁之前是其依恋产生的关键时期，此时期儿童对父母的依恋情感需求强烈，会与父母一起经历"即前—产生—明确—互惠"的依恋过程，从而建立较为稳固的亲子关系（Bowlby，1969）。若此时父母外出务工，则可能使儿童失去依恋对象，无形中对其心理造成伤害。同时，父母角色是其他人无法替代的，即使留守期间有其他照料者照看，也无法弥补对父母依恋的缺失带来的伤害（Lu et al.，2019）。此外，6岁被认为是儿童发展的重要分水岭。儿童通常从6岁开始真正进入学校，直到12岁是其自我意识、身心发展的重要时期，此后儿童的心理健康表现均是以此时期的发展为基础（张卫、林崇德，2002）。总的来说，考察儿童在哪个年龄阶段发生留守十分必要。但当前被忽略的是，新时期发展背景下，父母反复流动行为进一步增加，儿童留守可能不只发生在某一个年龄阶段，同时也未必是从一而终地贯穿不同年龄段。可能存在的情况是，儿童经历过多次留守，比如幼儿期被短暂留守，小学期再次被留守。这些包含不同年龄段的经历涉及了较多的重要信息，这些信息不仅包含儿童留守次数，还包含留守事件在不同年龄段发生的次序排列。正如生命历程理论所强调的，生命事件发生的先后顺序对儿童心理发展的影响可能有所不同。因此，本书根据儿童发展阶段特征，一方面，将儿童年龄阶段划分为幼儿期（1~2岁①）、学前期（3~5岁）、小学期（6~12岁），以考察儿童在不同年龄段是否发生留守，以及留守在儿童不同年龄段间所组成的发生顺序，进而分析当前县域儿童留守的高发年龄段，对比不同留守经历排序下的儿童心理健康状况。另一方面，对儿童1~12岁整个连续年龄段中每

---

① 1岁指0~1岁，2岁指1~2岁，以此类推。

一岁的儿童留守安排进行考察，避免忽略儿童某个年龄段内的留守经历变化，全面考察县域儿童的留守经历。此外，本书选取儿童 1~12 岁的留守经历的另一原因是，调查样本同时包含初中与高中学段学生，1~12 岁的年龄段选取可以将所有研究对象的留守经历完整纳入统计。

（2）单/双亲留守视角

对儿童父母外出角色进行区分，父母一方外出务工、另一方留在家中的儿童为单亲留守儿童（后文简称单留守儿童，可细分为与母留守儿童、与父留守儿童），父母双方均外出务工的儿童为双亲留守儿童（后文简称双留守儿童）。一方面，父母传统分工的差异，不仅导致儿童对母亲和父亲的情感依恋需求不同，还使得父亲与母亲外出对儿童产生的影响的侧重方面有所不同。比如，父亲外出务工对儿童社会化、学业表现等方面影响较大，而母亲外出务工则对儿童心理健康的影响更为突出，儿童焦虑或抑郁的概率更高（唐有财、符平，2011）。因此，区分父母外出角色是学界研究儿童留守问题时形成的共识。另一方面，儿童单留守或双留守的背后，实际上体现着不同的家庭特征与家庭生计策略安排。随着"就地就近城镇化"模式的推进与发展，母亲外出务工比例可能会进一步增加，儿童被双亲留守或与父亲留守的比例可能会有所上升。此视角有助于明确当前儿童与父母分离类型的比例分布。本书对儿童留守经历和留守状态的识别与分析，均选取单/双亲留守作为研究视角之一，不仅考察父母外出角色不同给儿童带来的心理影响差异，还揭示西部县域城镇化进程中，家庭务工安排策略与家庭性别分工的相应特征。

（3）留守距离视角

针对流动人口在空间尺度中流动距离的差异，以往研究通常将外出务工人员流动范围划分为跨省流动和省内流动，两种不同尺度的流动范围直接体现着人口聚集规律和城镇化发展趋势（杨传开、朱建江，2018）。新型城镇化背景下，中西部地区在国家政策和市场经济的双重作用下，产业结构升级、发展潜能逐步释放，出现了一批重要经济中心城市，并显现出较强吸引流动人口的能力。当前，流动人口重心出现了较为明显的由东南向西北偏移的趋势（张耀军、岑俏，2014）。对于留守儿童而言，首先，父母跨省流动与省内流动的直接区别体现在留守距离的不同上。父母省内流动即儿童与父母的空间距离较近，意味着儿童与父母可能拥有较高的见面频率，儿童因父母外出而产生的心理落差也相对较小。相反，父母跨省流动即儿童与父母空间距离较远，意味着儿童与父母之间的联结被进一步弱化，对儿童心理健康发展更加不利。其次，流动人口跨省或省内的流动选择，代表着不同的家庭特征和内在驱动力，省内流动和跨省流动人口在城镇化意愿和城镇化能力方面均存在较大差异；人口跨省流动通常更趋于经济动力，而省内流动则可能更注重公共服务资源（易斌等，2013）。因此，对儿童当前留守状态的分析应同时考量儿童父母的流动距离即儿童留守距离，以切合新时期背景和西部县域流动人口家庭特征，准确考察儿童留守问题及其心理健康现状差异。

（4）性别差异

性别差异在儿童留守问题研究中一直是重点关注的问题，尤其是在留守儿童心理健康方面。首先，性别角色对个体特质具有不同的指向作用，而个体特质又是影响儿童心理发展的重要因素。因此，不同性别的留守儿童心理健康状况以及出现心理问题的方面有所不同（刘华锦等，2015）。其次，县域家庭重男轻女传统思想可能相对较严重，性别偏好使得女孩更易被留守，同时父母外出后增加的家庭资源中女孩最终可获得的资源可能更少（廖丽萍、张呈磊，2020）。但是，随着县城地区经济社会发展水平不断提高，人们思想不断进步，性别偏好现象可能有所减少。同时，人口外出模式与频率发生改变，加之男孩较女孩心理成熟较晚，青春期前适应性较差，导致父母近距离流动与反复外出可能反而对男孩的影响更大。因此，本书在分析儿童不同留守经历与留守状态下的心理健康现状时，加入性别差异的讨论，以更加完整地分析留守儿童心理健康状况，同时对后续提出相关政策建议也具有重要启示。

2. 分析框架

基于上文分析，本章构建了儿童留守轨迹识别及其心理健康现状分析框架（见图4-1），多视角、多层次地识别儿童不同留守经历与留守状态，进而分析与呈现儿童不同的留守特征和心理健康现状。

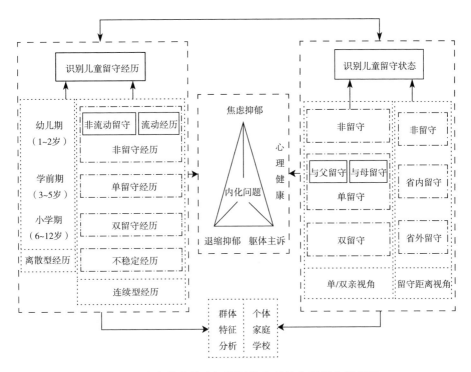

图 4-1 儿童留守轨迹识别及其心理健康现状分析框架

具体地，本章对儿童留守轨迹的识别可分为留守经历与留守状态两个方面。留守经历方面，首先，在离散型年龄段视角下识别儿童留守经历，分析县域儿童留守始发期和留守经历次序；在此基础上，进一步在连续型年龄段视角下识别儿童早期（1~12岁）完整的留守经历。需要说明的是，在此视角下识别留守经历时，本书同时区分了儿童的流动经历，因为现阶段县域回流儿童比例有所上升，而回流儿童是否留守值得关注。其次，分别描述两个年龄段视角下有留守经历儿童的心理健康现状及其性别差异，考察儿童1~12岁的前期留守经历对儿童当前心理健康现状可能存在的影响。留守状态方面，首先，从单/双亲视角区分非留守状态儿童与单/双亲留守状态儿童，同时从个人、家庭、学校三个方面分析比较其群体特征。其次，从留守距离视角区分非留守状态儿童与省内/外留守状态儿童，并在以上分析基础上，将留守状态划分为非留守、省内单留守、省内双留守、省外单留守、省外双留守五类，进一步分析不同留守状态下的儿童群体特征。再次，分别对单/双亲视角下和留守距离视角下不同留守状态的儿童心理健康现状进行差异分析，考察不同留守状态对儿童心理健康可能造成的影响；同时，讨论不同留守状态儿童群体内部存在的性别差异。最后，将儿童前期留守经历与当前留守状态结合，描绘出儿童现有生命历程中的完整留守轨迹，探索新时期流动人口家庭的策略安排特征。

三　数据与样本信息

数据来源于2021年在陕西省汉中市宁强县开展的县域中学生专项综合调查。首先，此次调查是针对初、高中展开，同时本书关键的预测变量之一——儿童留守经历是收集儿童1~12岁的留守（或流动）状况，因此将样本儿童当前年龄限制在12岁以上，年龄限制使本书排除了15名12岁及以下的儿童。其次，本书关注父母外出务工带来的儿童留守问题，进而排除了其他类型的非完整家庭（即父母离异或去世）的601名儿童。最后，对儿童1~12岁的流动留守状况，是通过询问回溯性问题进行收集，故排除了部分无法回忆起1~12岁自己或父母流动状况的儿童（638人）。经过以上步骤的筛选，共有8283名儿童最终进入分析样本。

表4-1给出了儿童总体样本的基本分布。儿童总体样本的性别和年龄分布较为平衡，其中女孩比例稍高于男孩。当前县域儿童中超过八成儿童为农村户口儿童，其余儿童户口为城市或居民户口。同时，儿童近半年的身体自评健康状况较好。在家庭特征方面，县域儿童多为非独生子女，特别是国家三孩政策出台，未来县域儿童为非独生子女的比例可能会更高；儿童父亲受教育程度总体来看高于母亲受教育程度，其中父亲受教育程度为初中的占比最多，母亲受教育程度为小学及以下的占比最多。儿童日常照料者以母亲为主，符合大多数家庭的角色分工，但值得注意的是，父亲照料的比例低于儿童祖辈照料，说明父亲角色在家庭中有一定的缺位现象。在学校特征方面，老师关心程度与同学友好程度均较高，其中同学友好程度均值得分更高。总的来看，儿童与学校重要他人之间关系较好。此外，县域儿童中84.12%的儿童寄宿学校，这与被调查地学校的规定相关，笔者通过当地教育局了解到，为保证儿童安全，当地初、高中均鼓励儿童周内统一住宿学校。

表 4-1 总体样本分布与基本特征

变量	分类	占比/均值	变量	分类	占比/均值
家庭特征			个体特征		
独生子女（%）	是	25.09	性别（%）	男	48.12
	否	74.91		女	51.88
父亲受教育程度（%）	小学及以下	34.93	户口类型（%）	农村户口	82.68
	初中	45.36		城市或居民户口	17.32
	高中	13.96	年龄（岁）		15.06（1.73）
	大学及以上	5.76	身体健康		4.07（0.84）
母亲受教育程度（%）	小学及以下	52.41	学校特征		
	初中	34.66	学习成绩		3.16（1.03）
	高中	9.16	老师关心程度		3.01（0.76）
	大学及以上	3.77			
父母感情（%）	不好	25.63	同学友好程度		3.11（0.72）
	好	74.37			
主要照料者（%）	母亲	63.13	寄宿（%）	是	84.12
	父亲	12.45		否	15.88
	祖辈	15.51	样本量		8283
	其他亲戚/无	8.91			

注：括号内为标准差。

四 研究方法与策略

1. 频数分析

频数分析是对各个变量分布频数及频率进行基本的描述性分析。本章主要对儿童不同留守经历和留守状态类型进行基本频数统计，并对不同类型儿童个体、家庭和学校层面的特征分布进行描述，具体包括性别、户口类型、年龄、身体健康、独生子女、父母受教育程度、父母感情、主要照料者、学习成绩、老师关心程度、同学友好程度、寄宿等变量。

2. 列联表分析

列联表分析是针对分类变量进行交叉分类时的频数分析。一方面，本章分别探讨不同视角下的儿童不同留守经历与不同留守状态的分布差异。另一方面，本章利用列联表分析法来判断不同个体、家庭、学校特征变量在不同留守经历、不同留守状态儿童间的分布差异。

3. 方差分析

方差分析（也称"变异数分析"）是分析两个及以上样本均值的差异，并用以检验差异是否显著的方法。本章将采用单因素方差分析法，对不同组别样本的均值进行差异性比较和检验，具体包括分析不同留守经历、不同留守状态儿童的群体特征差异、心理健康差异以及心理健康在不同性别组别下的差异。

4. 序列分析

本书对连续型年龄段视角下的儿童留守经历的识别具体分为三个步骤进行。第一步，为每个儿童构建一个 1~12 岁的留守经历序列。在每一岁当中，识别儿童为下述四种状态中的哪一种：非留守、与父母流动、单留守（被父母一方留下）以及双留守（被父母双方留下）。由于每个儿童每一岁都会存在一个四分类变量，因而对于 1~12 岁的早期经历中会存在 4^{12} 种可能的经历序列，这一步骤确定了大量独特的序列，本书通过接下来的步骤进一步删减这些序列。第二步，为将这些不同的序列应用于后续统计分析，对这些独特的序列做进一步归类。针对每一个儿童的留守序列，采用匹配优化算法（MacIndoe and Abbott，2004）计算每一对序列之间的不相似程度，进而构建出一个整体的"不相似矩阵"。任何两个序列之间的不相似性是由将一个序列转化为另一个序列的总"成本"系统决定的。本书使用两个不同状态类别之间的过渡概率作为转换（替换）成本（Halpin，2017）。第三步，根据所构建的"不相似矩阵"，采用聚类算法将多种类的序列合并为具有不同实质的少量序列。具体来讲，将以 Ward 分级融合算法（Hennig and Liao，2010）为基础的聚类分析应用于第二步中获得的"不相似矩阵"，得出最佳的聚类序列类别数以及具体的类别划分。该分析方法使本书能够从数据中识别出最佳数量的独特经历模式（聚类），从而使每个经历序列都尽可能地遵循其中一种模式。根据聚类分析算法的目标优化函数，最大限度地提高同一序列类别内的同质性和不同序列类别间的异质性，并最终形成一个包含五个聚类群体（Cluster）的留守经历序列的解决方案，每个儿童的独特经历都可以划归到这五种独特的模式之中。本书的序列分析和聚类操作利用 Stata 15 中的 SQ 软件包进行（Bzostek and Beck，2011）。

第二节 留守经历与儿童心理健康现状

一 儿童留守经历识别

1. 离散型年龄段视角下儿童留守经历特征

在儿童每个年龄阶段中，任意一岁发生"留守"，则计为"1"，反之，均未发生"留守"[1]，则计为"0"，即每个儿童离散型年龄段中，均包含由"0"或"1"组成的三个数字，来代表其每个年龄段是否有留守经历及其发生顺序。如儿童幼儿期发生过留守，学前期未发生留守，小学期发生过留守，则其年龄段视角下的留守类型为"101"。三个年龄段的组合共 8 种，具体类型示意和儿童留守经历分布分别如图 4-2、图 4-3 所示。三个年龄段均为非留守类型（000）的儿童占比为 48.69%，表明超过半数的儿童在其关键成长阶段至少有过一次留守经历。其中，占比最高的类型为在三个年龄阶段均发生过留守的儿童，即"111"类型（18.99%），其次为"001"和"011"类型的儿童（占比分别为 14.56%、11.77%），即儿童留守多发生在学前期及以后。可见，流动父母会尽量避免在儿童幼儿期外出。其余类型虽占比较小（均小于 2%），但总体来看，仍有 23.73% 的儿童在幼儿期就经历过留守。

---

[1] 离散型年龄段视角下将儿童流动情况一并归为未留守儿童，着重分析儿童留守状况，若此处区分流动儿童，会导致分类结果过于庞杂，故未区分流动儿童与普通儿童。本书在考察儿童连续型年龄段视角下的留守经历时，加入了对流动儿童的区分。

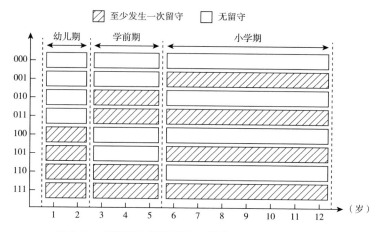

图4-2 离散型年龄段视角下儿童留守经历情况示意

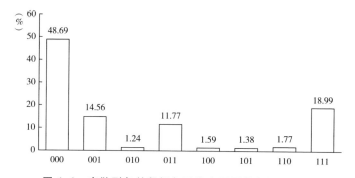

图4-3 离散型年龄段视角下儿童不同留守经历分布

进一步地，以儿童发生留守的次序为主，对以上8类儿童进行进一步合并，以考察儿童前期留守压力源的发生与转变，归类后形成5类儿童。第一类：一直非留守，没有经历过留守的儿童，即0-0。第二类：一直留守，不同年龄段间没有留守经历转变的儿童，即1-1。第三类：将"001"和"011"儿童合并，称为由非留守转为留守的儿童，即0-1。第四类：将"110"和"100"儿童合并，称为由留守转为非留守的儿童，即1-0。第五类：将"101"和"010"儿童合并，称为反复留守儿童，即0/1。各类儿童分布情况如图4-4所示，更加明确地显示出了儿童在早期年龄阶段留守经历的动态转变，由非留守转变为留守的儿童比例远高于由留守转变为非留守的比例。此视角虽可以看出儿童留守经历的转变，但难以捕捉儿童每一年的留守信息。事实上，该视角下每个年龄段内部每一年的持续或转变情况未被呈现出来，可能导致具有反复留守经历的儿童数量被远远低估。因此，需要进一步对儿童每一岁组成的留守经历进行检验分析。

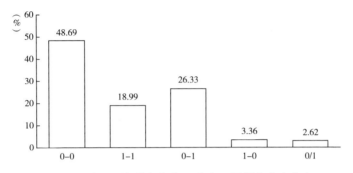

图 4-4   离散型年龄段视角下儿童不同留守次序分布

2. 连续型年龄段视角下儿童留守经历特征

上述离散型年龄段视角下的分析考量了儿童在每一年龄阶段的留守信息，不足的是，会牺牲儿童每一个年龄单位的留守信息，序列分析则可以充分地利用儿童生命历程中每一年的信息，展现儿童连续完整的留守经历。图 4-5 以序列指数图的形式展示了通过序列分析得到的五种不同儿童留守经历模式。其中，每个色块代表一种留守经历模式（序列组）。五种留守经历中，横轴代表年龄，范围为 1~12 岁，纵轴所对应的每一条横线代表每一个儿童独特的留守经历序列。从图 4-5 可以看出，除第一组儿童（50.43%）12 岁前大部分时间一直与父母双方在县域生活，其他序列组儿童（合计占比 49.57%）则在 12 岁前经历过相当长时间或多次的留守或流动经历。具体地，第一组主要由从出生到 12 岁一直与父母双方在县域生活的儿童组成（超过 75%），极少部分儿童短暂经历了其他状态。第二组（10.88%）主要由前期有流动经历的儿童组成，目前为回流儿童，是县域发展过程中的新群体，反映了县域城镇化过程中的回流现象。这组儿童平均流动年数为 8.62 年。第三组（10.21%）和第四组（9.26%）分别由持续经历单留守和持续经历双留守的儿童组成。虽然第三、第四组中儿童也会与父母短暂地生活在一起，但总体来看这些儿童均忍受着与父母长时间的亲子分离。第五组（19.22%）儿童留守不稳定的特征十分明显，这组

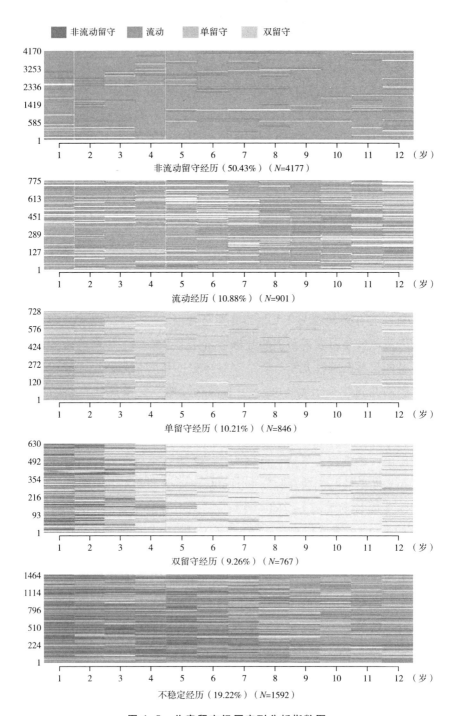

图4-5 儿童留守经历序列分析指数图

儿童从出生开始的 12 年内经历了多次留守或流动状态的过渡与转变。该组儿童平均留守转变次数为 2.8 次。从出生到其 12 岁，他们与父母双方仅平均相处了 4.9 年，略高于第三、第四组的相处年限，但家庭不稳定现象更加凸显。为了便于解释，我们将这五个序列组的儿童分别标记为非流动留守经历、持续流动经历、持续单留守经历、持续双留守经历、非留守和其他留守状态的不稳定经历儿童（后文分别简称非流动留守经历、流动经历、单留守经历、双留守经历、不稳定经历儿童）。

图 4-6 为比例分布图，是展示序列分析结果的另一种方式，它显示了每个序列组内部儿童不同状况在每个年龄段的占比分布。与图 4-5 的序列指数图结果类似，图 4-6 中第一组儿童的主要特征为稳定的非流动留守家庭安排。第二组儿童在 1~12 岁呈现出持续流动的状态，即主要特征为稳定的流动家庭安排。第三组和第四组儿童分别是在大部分时间里，被父母一方或双方持续留守的儿童。两组相比而言，第三组单留守儿童（主要为与母留守）的家庭安排更加稳定，其中部分儿童在年幼时处于非流动留守状态，随着年龄的增长儿童被单留守的比例进一步增加，5 岁后基本稳定处于单留守状态。而第四组包含被父母双方长期留下的儿童，其年幼时安排更加多元，不仅包括非流动留守状态，还有随父母流动的经历，7 岁后基本稳定处于双留守状态。第五组包含虽然前期与父母双方生活在一起，但也经历了父母（一方或双方）间歇性流动从而反复留守的儿童。此组儿童的显著特征是家庭安排不稳定，儿童反复被父母中的至少一人留下，每次都经历了父母不同流动状态之间的一次过渡或转变。

表 4-2 描述了不同留守经历儿童的群体特征，结果发现不同留守经历儿童群体特征差异明显。第一，个体特征方面，单留守经历和不稳定经历中的女生占比较流动经历和双留守经历中女生占比更高。反映出县域地区流动家庭的"男孩偏好"，一是男孩偏好较重，尽量将孩子带在身边一同流动；二是对男孩留守更加放心，夫妻会选择双方一同流动。身体健康方面，相比非流动留守经历的儿童，其余儿童当前身体健康自评得分显著相对较低。第二，家庭特征方面，前期具有流动经历的儿童是独生子女的比例相比其他儿童更高，其父母受教育程度也相对较高，体现出，一方面独生子女家庭更易实现全家共同流动，另一方面受教育程度更高的外出务工

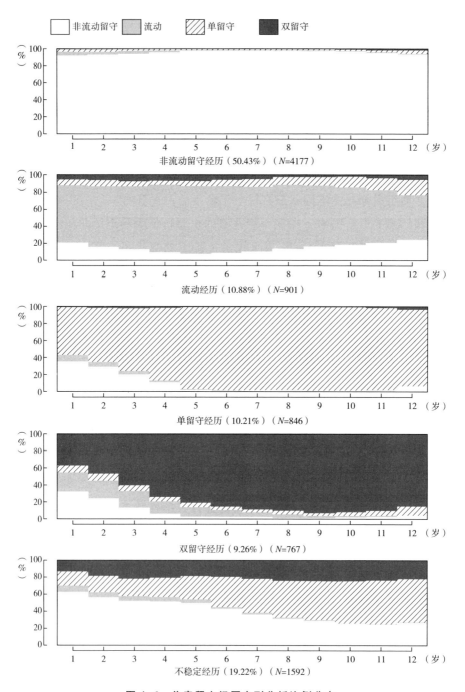

图 4-6　儿童留守经历序列分析比例分布

人员可能更易在城市获得稳定的工作与收入。此外，有流动留守经历的儿童当前父母感情不好的比例相比其他儿童较高，可能会对儿童发展有所影响。第三，学校特征方面，前期流动和不稳定经历可能会影响儿童对同学友好程度的感知，两类儿童对同学友好程度的评价显著较低。但积极的一面是，前期留守经历对儿童当前的学习成绩以及师生关系的影响较小。

表 4-2 连续型年龄视角下不同留守经历儿童基本特征

变量	分类	非流动留守经历	流动经历	单留守经历	双留守经历	不稳定经历	F/χ²检验
个体特征							
性别（%）	男	50.25	48.17	45.27	47.72	44.22	***
	女	49.75	51.83	54.73	52.28	55.78	
户口类型（%）	农村户口	79.22	83.57	87.94	88.01	85.87	***
	城市或居民户口	20.78	16.43	12.06	11.99	14.13	
年龄（岁）		15.08（1.75）	15.12（1.72）	14.86（1.72）	14.98（1.66）	15.10（1.72）	**
身体健康		4.10（0.83）	4.01（0.89）	4.01（0.83）	4.08（0.83）	4.03（0.82）	**
家庭特征							
独生子女（%）	是	26.89	29.52	18.32	25.81	21.11	***
	否	73.11	70.48	81.68	74.19	78.89	
父亲受教育程度（%）	小学及以下	33.80	33.96	40.66	32.46	36.56	***
	初中	42.61	45.39	47.52	52.67	47.86	
	高中	14.68	15.98	10.51	13.17	13.13	
	大学及以上	8.91	4.66	1.30	1.69	2.45	
母亲受教育程度（%）	小学及以下	50.32	48.17	60.28	51.50	56.53	***
	初中	33.11	37.51	34.28	39.77	34.86	
	高中	10.56	11.76	4.61	7.82	7.10	
	大学及以上	6.01	2.55	0.83	0.91	1.51	
父母感情（%）	不好	23.39	28.30	27.90	27.64	27.83	***
	好	76.61	71.70	72.10	72.36	72.17	

变量	分类	非流动留守经历	流动经历	单留守经历	双留守经历	不稳定经历	F/χ² 检验
主要照料者（%）	母亲	66.82	56.71	80.38	27.25	65.20	***
	父亲	16.42	9.21	6.03	6.78	9.99	
	祖辈	9.53	21.98	6.50	50.46	15.52	
	其他亲戚/无	7.23	12.10	7.09	15.51	9.30	
学校特征							
学习成绩		3.15 (1.03)	3.20 (1.02)	3.14 (1.04)	3.14 (1.03)	3.18 (1.03)	Ns
老师关心程度		3.02 (0.78)	2.98 (0.78)	3.01 (0.75)	3.02 (0.75)	2.98 (0.73)	Ns
同学友好程度		3.12 (0.73)	3.05 (0.77)	3.13 (0.68)	3.14 (0.68)	3.09 (0.68)	*
寄宿（%）	是	81.16	84.35	86.88	89.57	87.69	***
	否	18.84	15.65	13.12	10.43	12.31	
样本量		4177	901	846	767	1592	

注：Ns 代表不显著，* 代表 $p < 0.05$，** 代表 $p < 0.01$，*** 代表 $p < 0.001$；括号内为标准差。

二 不同留守经历儿童心理健康现状

1. 离散型年龄段视角下不同留守经历儿童心理健康现状

在不同离散型年龄段留守经历中，对儿童心理健康现状进行组间差异性检验。结果发现（见表4-3），无论是三个心理问题分维度还是总体内化问题，不同类别组间儿童均具有显著差异。其中，"1-0"即经历过留守向非留守转变的儿童心理健康问题得分最高，表明其心理现状可能最差。"0/1"儿童在焦虑抑郁维度的得分，"1-1"儿童在退缩抑郁、躯体主诉维度以及内化问题上的得分仅次于"1-0"儿童。此外，对发生留守事件的组别进行两两比较，结果如表4-4所示，"1-1"和"1-0"儿童分别与"0-1"儿童在部分心理维度上有显著差异。此结果反映出：首先，儿童在过小年龄留守对其今后心理会造成较大影响，即使过后与父母团聚，可能仍无法弥补过早亲子分离带来的问题；其次，持续留守意味着儿童经历留守时间较长，会对儿童心理健康发展产生影响，可能会体现在社会化交往与躯体反应上；最后，儿童反复经历留守可能会使其压力变大，丧失安全感，从而导致心理健康状况变差。

表 4-3　离散型年龄段视角下不同留守经历儿童心理健康现状

变量	0-0	1-1	0-1	1-0	0/1	F 检验
焦虑抑郁	4.44 (4.90)	5.34 (5.06)	5.14 (4.99)	5.51 (5.08)	5.40 (5.24)	***
退缩抑郁	4.06 (3.32)	4.78 (3.40)	4.50 (3.24)	4.89 (3.32)	4.69 (3.38)	***
躯体主诉	2.70 (3.57)	3.17 (3.64)	3.00 (3.57)	3.40 (3.82)	3.05 (3.59)	***
内化问题	11.19 (10.74)	13.29 (10.90)	12.64 (10.68)	13.80 (11.12)	13.13 (11.07)	***
样本量	4033	1573	2181	279	217	

注：*** 代表 $p<0.001$，括号内为标准差。

表 4-4　离散型年龄段视角下不同留守经历儿童心理健康现状两两差异检验

儿童类型	焦虑抑郁	退缩抑郁	躯体主诉	内化问题	样本量
1-1VS0-1	Ns	**	Ns	+	3754
1-1VS1-0	Ns	Ns	Ns	Ns	1852
1-1VS 0/1	Ns	Ns	Ns	Ns	1790
0-1VS1-0	Ns	+	+	+	2460
0-1VS0/1	Ns	Ns	Ns	Ns	2398
1-0VS0/1	Ns	Ns	Ns	Ns	496

注：Ns 代表不显著，+代表 $p<0.1$，** 代表 $p<0.01$。

2. 连续型年龄段视角下不同留守经历儿童心理健康现状

检验此视角下不同留守经历儿童的心理健康现状，结果发现（见表 4-5），各心理测量变量在组间均具有显著差异。其中，不稳定经历儿童在焦虑抑郁、躯体主诉、内化问题上组间得分均最高，双留守经历儿童则在退缩抑郁维度组间得分最高。进一步，对不同留守经历儿童心理健康现状进行两两比较，结果发现（见表 4-6），仅流动经历与不稳定经历儿童间在焦虑抑郁与内化问题上存在显著差异，其余经历儿童间均未存在显著差异。结合表4-5和表4-6的结果发现，不稳定经历和双留守经历儿童心理健康现状值得关注，而留守经历对儿童心理健康是否造成影响需要后文更严格的检验。

表4-5　连续型年龄段视角下不同留守经历儿童心理健康现状

变量	非流动留守经历	流动经历	单留守经历	双留守经历	不稳定经历	F 检验
焦虑抑郁	4.57 （4.95）	4.90 （5.18）	5.10 （4.87）	5.14 （5.10）	5.31 （4.94）	***
退缩抑郁	4.13 （3.33）	4.43 （3.44）	4.57 （3.23）	4.66 （3.34）	4.64 （3.26）	***
躯体主诉	2.76 （3.61）	2.98 （3.67）	2.95 （3.37）	3.02 （3.71）	3.13 （3.56）	**
内化问题	11.46 （10.84）	12.30 （11.21）	12.62 （10.29）	12.83 （10.92）	13.08 （10.65）	***
样本量	4177	901	846	767	1592	

注：** 代表 $p<0.01$，*** 代表 $p<0.001$；括号内为标准差。

表4-6　连续型年龄段视角下不同留守经历儿童心理健康现状两两差异检验

儿童类型	焦虑抑郁	退缩抑郁	躯体主诉	内化问题	样本量
流动经历 VS 单留守经历	Ns	Ns	Ns	Ns	1747
流动经历 VS 双留守经历	Ns	Ns	Ns	Ns	1668
流动经历 VS 不稳定经历	*	Ns	Ns	+	2493
单留守经历 VS 双留守经历	Ns	Ns	Ns	Ns	1613
单留守经历 VS 不稳定经历	Ns	Ns	Ns	Ns	2438
双留守经历 VS 不稳定经历	Ns	Ns	Ns	Ns	2359

注：Ns 代表不显著，+代表 $p<0.1$，* 代表 $p<0.05$。

此外，考察不同留守经历下儿童心理健康的性别差异状况。图4-7结果表明，除流动经历和单留守经历中的"躯体主诉"以外，不同留守经历儿童内部心理健康各方面现状均存在显著的性别差异，女孩各方面得分显著高于男孩。此结果表明，性别角色差异导致女孩更为敏感，前期留守经历对儿童心理健康的影响具有性别差异。

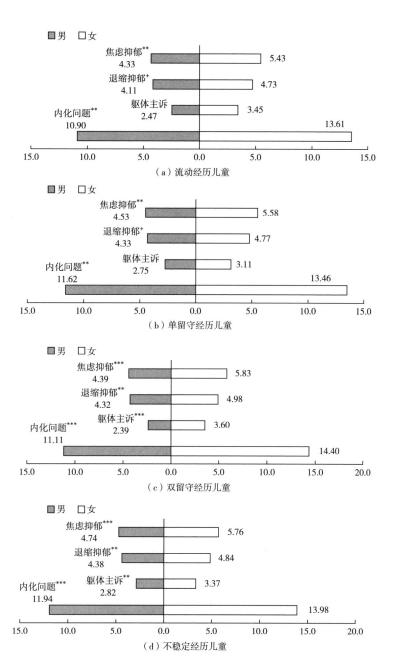

图 4-7　连续型年龄段视角下不同留守经历儿童心理健康的性别差异

注：+代表 p<0.1，** 代表 p<0.01，*** 代表 p<0.001。

第三节 留守状态与儿童心理健康现状

一 儿童留守状态识别

1. 单/双亲视角下儿童留守状态特征

首先，考察单/双亲视角下儿童留守状态的分布。如表 4-7 所示，非留守儿童与留守儿童几乎各占一半，说明当前县域范围内处于留守状态的儿童群体规模仍十分庞大。具体地，留守状态儿童中占比最高的是父亲一方外出务工、母亲一方留在家中的单留守儿童（27.89%）；其次是父母双方均外出的双留守儿童（15.60%）；母亲外出务工，与父亲留守在家的单留守儿童比例最低（3.91%）。可见，大部分县域家庭仍遵循传统的家庭角色分工，即父亲"外出赚钱养家"、母亲"在家做好后勤保障"的流动策略占主导。此外，父母双方均外出的双留守儿童群体规模不容小觑，约占留守儿童总数的三分之一。说明当前女性外出务工比例进一步增加，夫妻共同流动趋势明显。

表 4-7 单/双亲视角下儿童留守状态类型分布

单位：人，%

儿童留守状态类型	人数	占比
非留守	4357	52.60
与母留守	2310	27.89
与父留守	324	3.91
双留守	1292	15.60

其次，不同留守状态儿童群体特征具有显著差异。如表 4-8 所示，在个体特征方面，不同留守状态的儿童在性别、年龄上并无差异，男女比例基本持平，但在户口类型和身体健康方面存在显著差异。留守儿童中的农村户口比例显著高于非留守儿童，这与现实相符，拥有城市户口的儿童家庭，父母通常在县城有稳定工作，外出务工动机相比大多乡镇家庭（即农村户口）弱。而在留守儿童内部，与父留守的儿童农村户口比例（84.57%）较其他

两类更低（86.49%、88.70%）。相比非留守儿童，留守儿童身体健康自评得分较低。值得注意的是，与母留守儿童身体健康自评得分并未高于双留守或与父留守儿童，这可能暗示着母亲独自在家照料面临较大压力，其中包含家务压力、精神压力、人际压力等，导致照看儿童精力不足，同时可能将压力传递给子女。在家庭特征方面，不同留守状态儿童差异显著。第一，与父留守儿童中的独生子女占比相比其他儿童更高。结合与父留守儿童中男孩比例、城市或居民户口比例更高，可能表明当前县域城市或居民户口家庭子代为独生儿子时，会做出母亲外出务工、留下父亲这一"权威"角色照看儿子的家庭安排策略。第二，父母受教育程度方面具有显著差异，非留守儿童父母受教育程度高于留守儿童父母。其中，留守儿童内部，与父留守儿童的父母受教育程度较其他两类留守儿童稍高。结合上文所述，部分县域城市或居民户口、独生儿子、父亲受教育程度较高的家庭可能会选择母亲外出务工、父亲在家照料的流动模式。第三，在主要照料者方面，单留守儿童大多由留守在家的父母一方照料，但相比与母留守儿童，与父留守儿童被祖辈照料的比例明显上升，反映出父亲日常照料的能力可能较母亲不足，需要祖辈的帮忙。同时，双留守儿童中日常照料由祖辈承担的占比为65.71%，可见隔代照料在留守儿童中仍是仅次于父母照料的主要照料模式。此外，许多留守状态儿童的主要照料者仍显示为外出务工的父母一方。这说明，一方面，新型城镇化背景下，父母回家频率有所提高；另一方面，可能部分儿童为周内寄宿学校、周末无人看管、节假日与父母一同在家的居住安排。学校特征方面，不同留守状态儿童的学习成绩并无显著差异，但在师生关系、同伴关系方面，留守儿童显著差于非留守儿童，其中，与父留守儿童情况最差。留守儿童中寄宿比例从高到低依次为双留守儿童（92.34%）、与父留守儿童（91.36%）、与母留守儿童（85.63%）。

表 4-8 单/双亲视角下不同留守状态儿童基本特征

变量	分类	非留守	与母留守	与父留守	双留守	F/X² 检验
个体特征						
性别（%）	男	47.76	47.66	51.54	49.30	Ns
	女	52.24	52.34	48.46	50.70	

续表

变量	分类	非留守	与母留守	与父留守	双留守	F/X² 检验
户口类型 （%）	农村户口	78.72	86.49	84.57	88.70	***
	城市或居民户口	21.28	13.51	15.43	11.30	
年龄 （岁）		15.02 (1.74)	15.03 (1.72)	15.26 (1.71)	15.16 (1.72)	Ns
身体健康		4.10 (0.83)	4.02 (0.84)	4.02 (0.86)	4.05 (0.83)	**

家庭特征

变量	分类	非留守	与母留守	与父留守	双留守	F/X² 检验
独生子女 （%）	是	27.13	22.12	30.86	22.06	***
	否	72.87	77.88	69.14	77.94	
父亲受教育程度 （%）	小学及以下	32.57	38.66	37.96	35.45	***
	初中	42.69	46.84	43.52	52.17	
	高中	15.56	12.73	15.43	10.37	
	大学及以上	9.18	1.77	3.09	2.01	
母亲受教育程度 （%）	小学及以下	48.75	56.41	54.01	57.20	***
	初中	33.51	36.02	37.35	35.45	
	高中	11.66	6.28	6.79	6.50	
	大学及以上	6.08	1.30	1.85	0.85	
父母感情 （%）	不好	22.68	28.66	39.81	26.63	***
	好	77.32	71.34	60.19	73.37	
主要照料者 （%）	母亲	70.09	93.12	1.23	1.55	***
	父亲	17.01	0.56	81.17	1.08	
	祖辈	6.98	3.72	14.20	65.71	
	其他亲戚/无	5.92	2.6	3.4	31.66	

学校特征

变量	分类	非留守	与母留守	与父留守	双留守	F/X² 检验
学习成绩		3.18 (1.03)	3.16 (1.02)	3.12 (1.02)	3.10 (1.04)	Ns

续表

变量	分类	非留守	与母留守	与父留守	双留守	F/χ^2 检验
老师关心程度		3.04 (0.77)	2.98 (0.75)	2.93 (0.77)	2.98 (0.74)	**
同学友好程度		3.13 (0.73)	3.10 (0.70)	3.05 (0.72)	3.08 (0.72)	*
寄宿（%）	是	80.35	85.63	91.36	92.34	***
	否	19.65	14.37	8.64	7.66	
样本量		4357	2310	324	1292	

注：Ns 代表不显著，* 代表 p<0.05，** 代表 p<0.01，*** 代表 p<0.001；括号内为标准差。

2. 留守距离视角下儿童留守状态特征

首先，在上一小节基础上，进一步加入留守距离视角，将儿童留守状态划分为省内单/双留守儿童以及省外单/双留守儿童①，结果如表 4-9 所示，省内和省外留守儿童占比分别为 19.10%、28.30%。可见，现阶段是"异地城镇化"与"就近就地城镇化"并存的新型城镇化阶段，但在陕西省"异地城镇化"模式仍占重要地位。具体地，省外单留守儿童在几类留守儿童中占比最高（18.48%），其次是省内单留守儿童（13.32%），占比最低的是省内双留守儿童（5.78%）。夫妻双方共同就地就近流动比例较低，说明就地就近城镇化模式仍处于发展阶段，现阶段西部省内城市发展水平尚未能很好地支持县域家庭就近流动。

表4-9　留守距离视角下儿童留守状态类型分布

单位：人，%

儿童留守状态类型		人数	占比
非留守		4357	52.60
省内留守	省内单留守	1103	13.32
	省内双留守	479	5.78

---

① 因样本量过小，此处将与母留守、与父留守合并为单留守。

儿童留守状态类型		人数	占比
省外留守	省外单留守	1531	18.48
	省外双留守	813	9.82

其次，考察不同留守状态儿童特征，结果发现群体间存在显著差异，如表4-10所示，主要体现在以下几个方面。第一，儿童身体健康状况不同，省外单留守儿童自评健康得分显著较低（3.99），其余类型儿童均在4以上。第二，多胞家庭儿童更易被省内留守，这表明当家庭子女较多时，父母外出策略可能相对保守，出于理性选择距离较短的流动。第三，省外留守儿童父母受教育程度高于省内留守儿童父母。其中，省外留守儿童父亲学历是初中及以上的占比平均超过65%，而省内留守儿童父亲这一比例不到60%。说明受教育程度高的父母，在劳动力市场中的竞争力更强，跨省流动可以得到更多的就业机会、更高的工作收入，因而倾向于省外流动。第四，无论是省外流动还是省内流动，儿童父母的情感关系均符合常理，共同流动优于单人流动；单人流动时，父母间关系近距离流动好于远距离流动。第五，双留守儿童大多由祖辈进行隔代照料，但相比省外双留守儿童而言，省内双留守儿童由祖辈照料的比例有所下降，父母照料的比例有所上升，说明省内留守儿童的父母回家频率更高。第六，不同留守状态儿童感知的老师关心程度与同伴友好程度具有显著差异，其中省内双留守儿童二者得分在所有类型儿童中最低，造成此情况的原因可能是省内双留守儿童刚好处于学校和家长的"交叉盲区"。具体而言，单留守儿童家长更有条件与老师建立更好的家校合作关系，而省外双留守儿童又是以往重点关注的留守儿童群体，学校、政府包括社会各界给予了极大关注，学校老师关怀也相应更多。但省内双留守儿童，一方面，由于父母流动距离较近且回家频率较高，容易被老师忽略；另一方面，尽管父母流动距离较近，但仍属于外出务工，生计压力较大，回家频率虽相对较高，但可能对儿童学业方面的管教与监督不足，更容易认为儿童教育责任重点在学校，缺乏与老师的沟通。省内双留守儿童学业表现得分在几类儿童中最低也佐证了这一结论。

表 4-10　留守距离视角下不同留守状态儿童基本特征

变量	分类	非留守	省内单留守	省内双留守	省外单留守	省外双留守	F/X² 检验
个体特征							
性别（%）	男	47.76	45.97	50.31	49.71	48.71	Ns
	女	52.24	54.03	49.69	50.29	51.29	
户口类型（%）	农村户口	78.72	87.31	88.31	85.50	88.93	***
	城市或居民户口	21.28	12.69	11.69	14.50	11.07	
年龄（岁）		15.06 (1.73)	15.03 (1.78)	15.05 (1.75)	15.08 (1.67)	15.23 (1.70)	+
身体健康		4.07 (0.84)	4.05 (0.83)	4.05 (0.86)	3.99 (0.84)	4.06 (0.81)	***
家庭特征							
独生子女（%）	是	27.13	22.57	19.21	23.64	23.74	***
	否	72.87	77.43	80.79	76.36	76.26	
父亲受教育程度（%）	小学及以下	32.57	41.70	39.46	36.32	33.09	***
	初中	42.69	43.88	49.06	48.27	54.00	
	高中	15.56	11.88	10.02	13.91	10.58	
	大学及以上	9.18	2.54	1.46	1.50	2.34	
母亲受教育程度（%）	小学及以下	48.75	58.30	61.59	54.54	54.61	***
	初中	33.51	34.09	31.73	37.69	37.64	
	高中	11.66	5.89	5.43	6.66	7.13	
	大学及以上	6.08	1.72	1.25	1.11	0.62	
父母感情（%）	不好	22.68	29.83	27.56	30.18	26.08	***
	好	77.32	70.17	72.44	69.82	73.92	

变量	分类	非留守	省内单留守	省内双留守	省外单留守	省外双留守	F/χ²检验
主要照料者（%）	母亲	70.09	81.87	3.55	81.78	0.37	***
	父亲	17.01	10.88	2.09	10.19	0.49	
	祖辈	6.98	4.44	63.05	5.42	67.28	
	其他亲戚/无	5.92	2.81	31.32	2.61	31.86	
学校特征							
学习成绩		3.16 (1.03)	3.15 (1.00)	3.07 (1.06)	3.17 (1.03)	3.12 (1.02)	Ns
老师关心程度		3.04 (0.77)	3.00 (0.75)	2.94 (0.79)	2.95 (0.75)	3.00 (0.72)	***
同学友好程度		3.13 (0.73)	3.07 (0.72)	3.04 (0.77)	3.11 (0.69)	3.11 (0.69)	*
寄宿（%）	是	80.35	87.13	91.23	85.76	92.99	***
	否	19.65	12.87	8.77	14.24	7.01	
样本量		4357	1103	479	1531	813	

注：Ns 代表不显著，+代表 $p<0.1$，* 代表 $p<0.05$，*** 代表 $p<0.001$；括号内为标准差。

二 不同留守状态儿童心理健康现状

1. 单/双亲视角下不同留守状态儿童心理健康现状

考察单/双亲视角下不同留守状态儿童心理健康现状。首先，表 4-11 的数据表明，不同类型儿童心理健康状况差异显著。在焦虑抑郁、退缩抑郁、躯体主诉三个维度和总体内化问题上，得分较高代表心理健康状况较差，心理问题较严重。留守儿童得分均高于非留守儿童，而留守儿童中，与父留守儿童组间得分最高。其次，表 4-12 展示了留守儿童心理健康各维度的得分均值，与之前王润程等（2013）对湖南、江苏等 8 省市共 3942 名中学生的调查研究数据进行比较，本书样本中留守儿童的焦虑抑郁（5.11）、退缩抑郁（4.57）、躯体主诉（3.07）、内化问题得分（12.75）均高于文献样本（5.09、3.12、3.00、11.20），其中退缩抑郁情况最为严重。同时，进行留守儿童内部差异的两两比较，结果发现与父留守儿童与其他两组留守儿童在三个维度和总体内化问题上均有显著差异，而与母留守、双留守儿童之间则没有显著差异。以往部分研究发现，双留守儿童比单留守儿童心理健康状况更差，但以本节描述性分析结果来看，与父留守儿童的心理健康状况最差，与母留守儿童与双留守儿童心理健康状况无显著差异。

表 4-11　单/双亲视角下不同留守状态儿童心理健康现状

变量	总体	非留守	与母留守	与父留守	双留守	F 检验
焦虑抑郁	4.85 (4.99)	4.63 (4.96)	5.10 (5.01)	5.88 (5.30)	4.93 (4.90)	***
退缩抑郁	4.36 (3.33)	4.16 (3.36)	4.52 (3.27)	5.14 (3.43)	4.52 (3.27)	***
躯体主诉	2.90 (3.60)	2.74 (3.56)	3.02 (3.57)	3.75 (4.06)	3.00 (3.59)	***
内化问题	12.11 (10.82)	11.53 (10.82)	12.63 (10.72)	14.77 (11.75)	12.45 (10.60)	***
样本量	8283	4357	2310	324	1292	

注：*** 代表 $p<0.001$；括号内为标准差。

表 4-12　单/双亲视角下不同留守状态儿童心理健康现状两两差异检验

儿童类型	焦虑抑郁	退缩抑郁	躯体主诉	内化问题	样本量
总体得分	5.11 (5.01)	4.57 (3.28)	3.07 (3.63)	12.75 (10.78)	3926
与母留守 VS 与父留守	**	**	***	***	2634
与母留守 VS 双留守	Ns	Ns	Ns	Ns	3602
与父留守 VS 双留守	**	**	**	***	1616

注：Ns 代表不显著，** 代表 $p<0.01$，*** 代表 $p<0.001$；括号内为标准差。

2. 留守距离视角下不同留守状态儿童心理健康现状

对不同留守状态儿童的心理健康状况进行差异分析，结果如表4-13所示。不同组别儿童在三个心理维度上和总体内化问题上均具有显著差异。其中，省外单留守儿童在所有心理健康测量问题上均得分最高。进一步对不同留守状态儿童群体进行两两比较，结果如表4-14所示，省内留守状态儿童，单留守和双留守儿童心理健康并无显著差异；省外留守状态下，单留守儿童仅在焦虑抑郁维度得分显著高于双留守儿童。省内单留守与省外单留守儿童以及省内双留守与省外单留守儿童之间具有显著差异，这可能表明留守距离对儿童的心理健康影响较大，特别是在单留守时。因此分别合并省内留守与省外留守儿童进行差异性检验，结果证实两组儿童的心理健康状况差异显著，后文应进行更为严格的检验。

表4-13 留守距离视角下不同留守状态儿童心理健康现状

变量	非留守	省内单留守	省内双留守	省外单留守	省外双留守	F检验
焦虑抑郁	4.63 (4.96)	4.84 (4.92)	4.91 (4.93)	5.44 (5.14)	4.95 (4.89)	***
退缩抑郁	4.16 (3.36)	4.35 (3.21)	4.41 (3.35)	4.77 (3.34)	4.59 (3.22)	***
躯体主诉	2.74 (3.56)	2.94 (3.66)	2.99 (3.64)	3.23 (3.63)	3.00 (3.57)	***
内化问题	11.53 (10.82)	12.13 (10.66)	12.31 (10.84)	13.45 (10.99)	12.53 (10.46)	***
样本量	4357	1103	479	1531	813	

注：*** 代表 $p<0.001$，括号内为标准差。

表4-14 留守距离视角下不同留守状态儿童心理健康现状两两差异检验

儿童类型	焦虑抑郁	退缩抑郁	躯体主诉	内化问题	样本量
省内单留守 VS 省内双留守	Ns	Ns	Ns	Ns	1582
省内单留守 VS 省外单留守	**	**	**	**	2634
省内单留守 VS 省外双留守	Ns	Ns	Ns	Ns	1916

续表

儿童类型	焦虑抑郁	退缩抑郁	躯体主诉	内化问题	样本量
省内双留守 VS 省外单留守	*	*	Ns	*	2010
省内双留守 VS 省外双留守	Ns	Ns	Ns	Ns	1292
省外单留守 VS 省外双留守	*	Ns	Ns	Ns	2344
省内留守 VS 省外留守	*	**	+	**	3926

注：Ns 代表不显著，+代表 p<0.1，* 代表 p<0.05，** 代表 p<0.01。

此外，考察不同留守状态下儿童心理健康的性别差异状况。图 4-8 显示，除省内双留守儿童外，其余三类留守儿童心理健康状况均存在显著的性别差异，除省外单留守下的退缩抑郁外，女孩各方面得分均显著高于男孩。这与之前研究结论一致，性别角色差异导致女孩本身更为敏感，留守对其造成的压力可能更大。一般而言，女孩较敏感，留守对女孩影响更大，但是在省内双留守儿童群体中此差异并不显著，可能是因为此种安排对男孩会有更大的影响，所以拉平了性别的显著差异。究其原因，可能是受前文中所分析的"交叉盲区"影响，即相比远距离流动，父母近距离流动时学校和家庭更容易忽略儿童的心理。

三　儿童留守轨迹特征

基于前文分析，本节结合儿童留守经历与留守状态，更加全面地剖析西部县域儿童的留守轨迹状况，完整映射出县域家庭生计策略安排。一方面，如图 4-9 所示，26%的儿童留守轨迹为同时存在留守经历和留守状态，无留守经历但当前处于留守状态的儿童比例次之（21%）。此外，还有 13%的儿童当前虽不处于留守状态，但经历过留守。总体而言，当前县域儿童留守轨迹多样化。另一方面，如图 4-10 所示，当前不同留守状态儿童的前期留守经历不尽相同。第一，当前非留守状态儿童中，8.88%的儿童有过流动经历，而 23.97%的儿童有过各类留守经历，也就意味着，当前非留守儿童中近 1/4 经历过留守，曾经也是留守儿童。以往研究包括现有政策措施均可能忽略此类儿童。第二，当前为省内单留守的儿童中，44.79%的儿童前期并没有流动留守经历，表明县域家庭当前流动多选择省

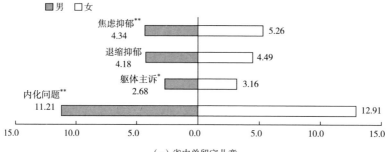

（a）省内单留守儿童

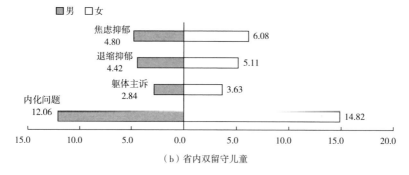

（b）省内双留守儿童

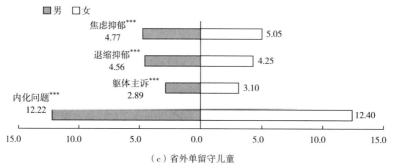

（c）省外单留守儿童

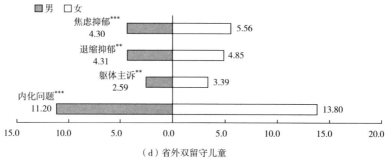

（d）省外双留守儿童

图 4-8　留守距离视角下不同留守状态儿童心理健康的性别差异

注：* 代表 p<0.05，** 代表 p<0.01，*** 代表 p<0.001。

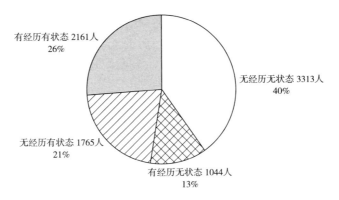

图 4-9　留守轨迹的经历-状态组成分布

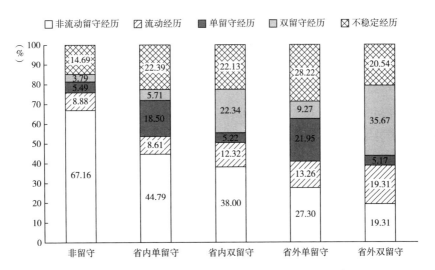

图 4-10　不同留守状态儿童前期留守经历组成分布

内流动，即就地就近城镇化趋势明显。除此之外，占比较高的是不稳定经历（22.39%）与单留守经历（18.50%）儿童。第三，省内双留守儿童中，无流动留守经历的儿童占比最高（38.00%），双留守经历（22.34%）和不稳定经历（22.13%）儿童次之。第四，省外单留守儿童中，不稳定经历的儿童占比最高（28.22%），其次是非流动留守经历儿童（27.30%）和单留守经历儿童（21.95%）。第五，省外双留守儿童中，35.67%的儿童属于长期持续双留守，不稳定经历、流动经历以及非流动留守经历的儿童均占到 20% 左右。由以上结果可以发现，相当一部分前期有流动经历的儿童当前为留守状态，前期有持续留守经历的儿童很可能现在仍处于留守状态。

第四节　本章小结

本章主要识别了儿童的留守轨迹，具体包括儿童的留守经历和留守状态，并比较分析了不同经历和状态类别下儿童的心理健康现状，主要有以下发现。

第一，通过离散型年龄段视角、连续型年龄段视角分别识别儿童留守经历。结果发现，一方面，拥有留守经历的儿童比例较高且呈现首次留守低龄化。超过半数县域儿童在关键成长阶段至少经历过一次留守，其中，幼儿期经历留守的儿童比例超过 1/5。另一方面，县域儿童留守经历具有多样性，留守经历持续与留守经历反复并存。近 1/3 儿童有过持续的流动或留守经历，近 1/5 儿童有过不稳定、多次反复的留守经历。同时，不同留守经历儿童的群体特征具有差异。

首先，在离散型年龄段视角下，有留守经历儿童中，三个年龄阶段均经历留守的儿童比例最高（18.99%），其次为小学期（14.56%）首次经历留守的儿童。51.31% 的儿童在三个年龄阶段至少经历过一次留守，23.73% 的儿童在幼儿期有过留守经历。可见，当前儿童往往经历不止一次留守，且留守呈现低龄趋势。其次，通过序列分析识别了连续型年龄段视角下的儿童留守经历，儿童呈现出五类留守经历（非流动留守经历、持续流动经历、持续单留守经历、持续双留守经历、不稳定经历）。其中，仅50.43% 的儿童在出生后的前 12 年中大部分时间生活在稳定的双亲家庭中（超过 75% 在 12 年中持续非流动留守），被序列分析归类在第一组序列，即非流动留守类型。其余的儿童则至少经历过一次父母流动，表明当前县域地区人口流动性较高。具体地，约三成儿童经历了持续流动或留守，被序列分析归类在第二~四组序列，分别由前期长期与父母流动、长期与父母中一人分离以及长期与父母双方分离的三类儿童组成，即持续流动经历、持续单留守经历、持续双留守经历类型。以上三类留守经历儿童的共同特征是父母流动的情况相对稳定，前期有流动经历的儿童当前属于回流儿童。此外，还有近1/5的儿童被序列分析归类在第五组序列，即不稳定经历类型，此类儿童在非留守、单流守、双留守的状态之间反复转换，经历着父母流动的不稳定和多次家庭结构的变化。

第二，不同留守经历儿童的心理健康现状存在差异，前期不同留守经历儿童的心理健康现状值得关注。初次留守年龄过小、留守时间较长、留守经历反复出现的儿童其各维度心理健康状况均更差。

在离散型年龄段视角下，差异性检验结果显示，经历过留守向非留守转变（1-0）的儿童心理健康问题得分最高，其次为持续留守（1-1）以及留守状态反复（0/1）的儿童。此结果揭示出留守年龄过小、持续留守以及反复经历留守，均会对儿童造成较大压力，进而对其后期心理健康发展产生影响。在连续型年龄段视角下，不同留守经历儿童在各方面心理健康得分上均存在显著组间差异，但进一步对不同留守经历儿童心理健康现状进行两两差异检验后发现，各流动/留守经历儿童心理健康现状不存在显著差异，这说明前期任何形式的留守或流动可能都会对儿童心理健康存在影响。此外，不同流动/留守经历类型下均存在性别差异，女孩较男孩在焦虑抑郁、退缩抑郁与整体内化问题上得分更高。

第三，通过单/双亲视角、留守距离视角对儿童留守状态进行识别后发现，留守儿童中，占比最高的为与母留守儿童（约六成）、省外单留守儿童（约四成）。同时，不同留守状态儿童群体特征差异较大，其中"与父留守""省内双留守"儿童的部分群体特征表现出劣势，值得重视。

现阶段，县域家庭大多遵循传统家庭角色分工，父亲"外出赚钱养家"、母亲"在家做好后勤保障"的流动策略仍是第一选择，此留守安排在所有留守家庭中占比接近60%，其次为夫妻双方共同流动（约占1/3）。然而，无论何种流动策略安排，较非留守儿童群体而言，留守儿童群体特征显示其整体处于劣势；与此同时，不同留守状态儿童群体间差异显著。个体特征方面，留守儿童整体身体健康自评较非留守儿童得分更低，与母亲留守也并未显著提高儿童身体健康自评得分，对留守儿童身体健康应全面重点关注。家庭特征方面，父母受教育程度较高，可能在县域工作发展等方面更为稳定，外出务工动机下降，因此非留守儿童父母受教育程度整体高于留守儿童。而在留守儿童内部，若父亲受教育程度相对较高，则会出现两种情形，一种是父亲在外务工能力较强，会带动母亲一同外出务工。另一种是父亲留在本地与子女留守，而母亲一方外出务工，本书认为这种情形多发生于正值升学阶段的男孩家庭，家庭可能会做出由父亲留下照看其学业的留守安排。但相比与母留守，与父留守儿童被祖辈照料的比例明显提升。值得注意的是，留守儿童父母感情状况并未与非留守儿童有显著差异，夫妻共同流动是外出务工策略中稳固夫妻感情的最佳选择。学校特征方面，儿童学业表现在组间并未表现出明显差异，但感知老师关心、同学友好的程度，留守儿童较非留守儿童显著较低，其中与父留守儿童得分最低，应重点对此类儿童进行关注。

留守距离视角下，省外单留守儿童在留守儿童中占比最高（39.00%），其次是省内单留守儿童（28.09%），省内双留守儿童占比最低（12.20%）。与上文结果相似，当前县域人口外出务工仍以单独流动为主，且省外流动比例高于省内流动。同时，不同留守状态儿童群体特征差异显著，特别是省内双留守儿童，在学校方面表现出劣势。具体地，尽管在学业表现方面不同儿童群体间并不存在显著差异，但省内双留守儿童学习成绩在所有儿童群体中得分最低；同时，在感知老师关心、同学友好的程度上得分也显著较低。本书认为，省内双留守儿童处在学校和家庭的"交叉盲区"，从学校角度来看，此类儿童父母流动距离较近，回家的频率相对较高，导致老师容易忽略此类留守儿童；从家庭角度来看，尽管父母流动距离较近，但仍属于外出务工，生计压力较大，回家频率虽相对较高，但可能对儿童学业方面的管教与监督不足，更容易认为儿童教育责任重点在学校，常常缺乏与老师的沟通。

第四，与非留守儿童相比，留守儿童心理健康状况更差。不同留守状态的儿童心理健康存在显著差异，同时存在性别差异。

首先，单/双亲视角下，具有留守经历的儿童在各心理维度和总体心理健康状况上均表现更差。具体地，与母留守儿童和双留守儿童间的心理健康状况并无显著差异，但与父留守儿童与以上两类儿童在各心理维度和总体心理健康状况上均存在显著差异，表明与父留守儿童心理需要格外关注。以往研究对与父留守类型儿童关注较少，此类留守儿童虽比例较小，但往往包含特殊家庭情况或新的县域家庭安排策略，应对此类儿童予以重视。

其次，留守距离视角下，不同留守状态儿童群体之间心理健康状况具有显著差异，且不同差异侧重在不同心理维度。具体地，省内留守儿童群体内部（省内单留守 VS 省内双留守）心理健康状况不存在显著差异，省外留守儿童群体内部（省外单留守 VS 省外双留守）也仅在焦虑抑郁方面具有显著差异；差异主要体现在省内和省外留守儿童群体间。除躯体主诉维度，省内单留守、省内双留守分别与省外单留守儿童在各心理维度上具有显著差异。值得注意的是，省内单/双留守儿童与省外双留守儿童在各心理维度上也并未存在显著差异，本书认为这可能与当前社会和政府给予此类型留守儿童的关爱、关注最多有关。此外，对不同留守状态儿童进行心理健康性别差异分析，结果发现，省内单留守、省外单/双留守儿童群体内部均存在性别差异，女孩较男孩表现出更差的心理健康状况，这与以往的大多数研究结论一致。值得注意的是，省内双留守儿童在各心理维度上并不存在显著性别差异，表明此留守安排尤其不利于男孩，原因可能是前文提到的"交叉盲区"的影响效应。

第五，进一步结合儿童留守经历与留守状态全面考察儿童的留守轨迹，结果发现，当前县域家庭的流动呈现"就地就近流动"新趋势与"持续异地流动"旧选择并存的特征。

通过考察当前不同留守状态儿童的前期留守经历发现，首先，当前非留守状态儿童中，近1/4经历过留守，若仅考察当前留守的儿童，可能会忽略此类儿童，将其作为非留守儿童与当前留守儿童对比，可能会低估留守对儿童产生的影响。其次，当前为省内单/双留守的儿童中，占比最高的均是前期无流动留守经历的儿童，说明父母若近期选择流动会更偏向"就地就近流动"。再次，与省内留守儿童明显不同的是，前期单留守和双留守经历分别在省外单留守和省外双留守儿童中占比较高，表明人口异地远距离流动表现出更强的持续性。最后，无论在何种留守状态下，前期有不稳定经历的儿童占比始终较高，说明儿童留守经历的不稳定性值得关注。

第五章

儿童留守经历及其对儿童心理健康的影响研究

本章基于第三章所构建的儿童留守轨迹及其对儿童心理健康影响的总体分析框架，提出儿童留守经历以及经历特征对其心理健康影响的分析框架，并利用 2021 年陕西省汉中市宁强县的儿童专项调查数据进行验证，考察不同留守经历对儿童心理健康的影响，以及留守经历不同特征的影响，深入分析儿童留守经历对其心理健康影响的内在机制。本章研究不仅丰富了传统家庭压力理论在动态生命历程中的理论阐述，也拓展了本土儿童留守问题在县域城镇化发展背景下的研究维度，为以人为核心的新型城镇化下的留守儿童治理政策制定提供科学依据。

第一节　研究设计

一　研究目标

在新型城镇化和西部县域地区发展背景下，以往对儿童留守问题的研究忽略了其留守的长期性与不稳定性。长期性体现在儿童留守经历的持续上，不稳定性体现在留守经历反复发生和留守类型不断转换上。与此同时，儿童处在不同年龄阶段时，留守的长期性与不稳定性对其产生的影响可能存在差异。在第三章总体分析框架的指导下，本章构建留守经历及其特征对儿童心理健康影响的分析框架，探究儿童已有生命历程中前期留守经历对其心理健康的影响，并进一步深入讨论包括留守时长、留守转换次数在内的留守经历特征对儿童心理健康的影响机制。本章研究目标具体包括以下三个方面。

第一，构建儿童留守经历对其心理健康影响的分析框架。

第二，检验不同留守经历对儿童心理健康现状的影响，验证上述分析框架对儿童留守问题研究的有效性，同时识别出相对不利的留守经历。

第三，分析留守经历的不同特征对儿童心理健康的影响机制，并进一步探究经历特征对不同年龄阶段留守儿童的心理产生的作用差异。

二　研究内容与框架

根据第三章构建的儿童留守轨迹及其对儿童心理健康影响的总体分析框架，对当前新时代背景下儿童留守问题进行研究需要纵贯的视角，考虑留守"前端"链条对儿童心理健康的影响程度与作用机制。纵观儿童已有生命历程，前期留守经历对其心理健康的影响来源可能不同。一方面，父母长期在外务工，儿童持续遭受着亲子分离（不完整家庭结构）。以往研究认为父母流动带来的家庭经济效应可以抵消父母流动的破坏性影响，但忽略了儿童长期留守给家庭功能失衡带来的影响。比如有学者发现，家庭经济状况的改善对留守儿童的影响往往是短期效应，而情感的缺失则对儿童具有长期的影响。因此，留守压力源具有的长期性特征对儿童心理健康会造成影响，并且此影响还会因父母外出人数和角色的不同有所不同。另一方面，现阶段县域地区人口流动呈现循环流动的特征，父母反复外出务工，较以往更加频繁地往返于务工地和家庭之间，相对于忍受长期持续亲子分离的儿童，不完整的家庭结构对此类儿童的影响可能会有所缓解。但这些儿童却面临家庭不稳定的额外挑战，反复的留守最终使他们同样甚至更容易出现心理健康问题。也就是说，留守压力源还存在不稳定的特征，即不仅来源于不完整的家庭结构，还来源于家庭结构的不稳定。因此，考察留守经历特征对儿童心理健康的影响十分必要。

此外，以往研究提出儿童在不同年龄阶段留守对其心理健康的影响不同（凌辉等，2012）。儿童在不同年龄阶段的生理特征、情感需求等有所不同，进而留守发生在儿童不同年龄阶段对其心理健康发展的影响程度也相应有所差异。当前人口流动行为复杂多变，儿童留守经历多样，留守经历的长期性和不稳定性的影响可能会因儿童处于不同年龄阶段产生差异。

因此，在深入探究留守时长（长期性）与留守转换次数（不稳定性）对儿童心理健康影响的同时，应进一步分别检验儿童在不同年龄段下发生留守时，二者的影响差异。

在第四章中，在连续型年龄段视角下，捕捉儿童整个童年时期（1~12岁）的留守经历，此阶段儿童发展对父母的行为和家庭环境特别敏感，最终发现的儿童典型留守经历包括单留守经历、双留守经历、不稳定经历。本章将进一步评估儿童留守经历是如何影响儿童心理健康的。首先，本书认为有留守经历的儿童当前心理健康状况比没有留守经历的儿童要差，但他们的劣势来源可能有所不同。经历过与父母长期分离的儿童会受到不完整家庭结构的影响，特别是当父母双方都不在时；经历过父母反复流动的儿童则容易受到家庭结构效应（尽管程度较低）和不稳定效应的影响。其次，深入分析留守经历特征对儿童心理健康的影响机制。验证留守压力源的长期效应（留守时长）与不稳定效应（留守转换次数）对儿童心理健康的影响。同时，为进一步详细检验以上两种机制，在儿童不同留守年龄段，区分以上两种机制对儿童心理健康的影响。具体地，针对长期机制，不仅考察前期留守时长对儿童心理健康现状的总体影响，同时分别考察留守时长对 6 岁①前首次留守、6 岁及以后首次留守的儿童心理健康的影响差异。针对不稳定机制，先检验留守转换次数对儿童心理健康现状的影响，再分别检验儿童 6 岁前的留守转换次数、6 岁及以后的留守转换次数对其心理健康的影响程度是否不同。最后，进一步区分留守性质，即得出非留守、单留守、双留守三种留守性质之间转换的次数，以验证不稳定机制作用在不同留守性质下的差异性。本章的具体分析框架见图 5-1。

三 变量设置

1. 因变量

本章仍采用青少年自评量表（Youth Self-Report，YSR）中内化问题部分对儿童心理健康状况进行测量，此部分涉及三个维度，包括焦虑抑郁、

---

① 本章将前文三个时期即 1~2 岁、3~5 岁、6~12 岁，进一步合并简化为两个时期即 1~5 岁、6~12 岁，以便结果展示。

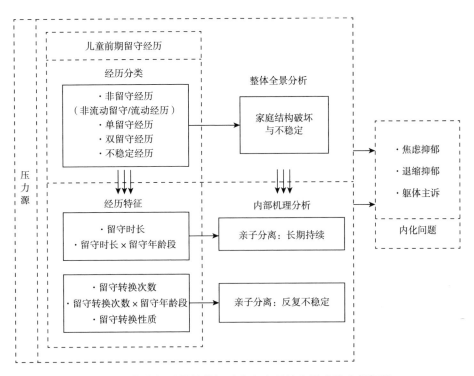

图 5-1 留守经历及其特征对儿童心理健康影响的分析框架

退缩抑郁和躯体主诉。最终本章因变量心理健康共四个题项：焦虑抑郁、退缩抑郁、躯体主诉和内化问题。

2. 自变量

（1）留守经历

此变量是利用儿童回顾的居住历史，在前文中通过序列分析方法得出。具体来说，针对"你的每个年龄段（周岁）你和父/母大部分时间（半年以上）分别在哪里工作/生活/学习？"这一问题，让学生回答"你在哪""父亲在哪""母亲在哪"。将答案选项进一步合并归类为"在本县以内 = 1，在本县以外 = 2，不记得 = 3，去世或离婚 = 4"。本书剔除了未能回忆起自己及父母在其 1～12 岁之中居住情况的学生样本与父母去世或离婚的学生样本，再根据父母和儿童是否有居住上的分离将儿童每一岁的留守状况划分为四种，分别为非留守、与父母流动、单留守以及双留守。最后儿童在每一岁的留守状态信息被纳入序列分析，产生不同的经历模式，即非流动留守经历=0，流动经历=1，单留守经历=2，双留守经历=3，不稳定经历=4[①]。

（2）首次留守年龄段

此变量同样通过上述儿童及其父母的居住历史题项生成，儿童在 1~12 岁的每一岁均处于四种留守状况之一。其中，将单留守和双留守划分为"留守"，计为"1"，将非留守和流动划分为"未发生留守"，计为"0"；进一步将 1~5 岁中有过"1"（即留守）的儿童样本归为 6 岁前首次留守；其余的，6~12 岁中有过"1"的儿童样本归为 6 岁及以后首次留守。最终形成首次留守年龄段的三分类变量，未留守=0，6 岁前首次留守=1，6 岁及以后首次留守=2。

（3）留守时长

将上文生成的儿童 1~12 岁每一岁的留守状况"0"或"1"进行相加，得到 0~12 范围区间的连续变量。

（4）留守转换次数

将上文生成的儿童 1~12 岁每一岁的留守状况"0"或"1"逐岁进行相减。例如，2 岁与 1 岁的留守状况相减，3 岁与 2 岁的留守状况相减，以此类推，得到的结果为"-1"和"1"归为"留守转换 1 次=1"，得到的结果为"0"归为"未转换=0"。儿童 1~12 岁的每一岁留守转换结果相加，得到 0~11 范围区间的连续变量。

（5）不同年龄段内留守转换次数

6 岁前留守转换次数：儿童 1~5 岁的每一岁留守转换结果相加，得到 0~5 范围区间的连续变量。

6 岁及以后留守转换次数：儿童 6~12 岁的每一岁留守转换结果相加，得到 0~6 范围区间的连续变量。

（6）单/双留守转换次数

儿童在 1~12 岁的每一岁均处于四种留守状况之一。其中，将单留守计

---

① 本章考察留守经历对儿童心理健康影响时，仍纳入第四章识别出的具有流动经历的儿童，主要原因是前期有流动经历的儿童当前属于回流儿童，此部分儿童同样值得关注。但本书着重分析留守给儿童带来的影响，故从具体分析留守经历特征开始不再区分流动儿童，均将其视为普通未留守儿童。

为"1"，双留守计为"3"，将非留守和流动划分为"未发生留守"，计为"0"。若后一岁的状况减前一岁的状况结果为"0"，表明并未发生转换；若相减结果为"1"或"-1"，表明单留守与非留守之间转换1次；若相减结果为"2"或"-2"，表明单留守与双留守之间转换1次；若相减结果为"3"或"-3"，表明非留守与双留守之间转换1次。本书根据儿童1~12岁的每一岁的变化进行判断，最终分别对非-单留守转换次数、非-双留守转换次数以及单-双留守转换次数进行统计，得到3个0~11范围的连续变量。

3. 控制变量

本章将其他可能影响儿童心理健康的特征变量纳入分析作为控制变量，包括个体特征、家庭特征、学校特征①。具体概念操作化参见本书第三章第五节。

四　研究方法与策略

为研究不同留守经历以及经历特征对儿童心理健康的影响，本章首先分别以儿童焦虑抑郁、退缩抑郁、躯体主诉以及内化问题为因变量，儿童留守经历为关键自变量，同时加入个体特征、家庭特征、学校特征等控制变量进行OLS回归估计。使用非流动留守经历作为儿童留守经历的参考类别，因为它代表了儿童童年时期最稳定和最理想的家庭安排。其次，为深入探索留守经历对儿童心理健康影响的作用机制，针对留守经历的长期性和不稳定性特征，一方面，分别构建以儿童焦虑抑郁、退缩抑郁、躯体主诉以及内化问题为因变量，首次留守年龄段、留守时长以及不同年龄段下的留守时长为关键自变量，加入上述控制变量的OLS回归模型。另一方面，分别构建以儿童焦虑抑郁、退缩抑郁、躯体主诉以及内化问题为因变量，留守转换次数、不同年龄段下的留守转换次数、不同转换类型下的留守转换次数为关键自变量，加入上述控制变量的OLS回归模型。此外，针对留守经历与儿童心理健康的回归估计，本章使用倾向得分匹配法对回归结果进行敏感性和稳健性分析，以消除不同留守经历儿童的选择性偏误，

---

① 本章未加入家庭功能的相关变量，是由于儿童留守经历所伴随的家庭功能状况，应为儿童1~12岁以来的家庭功能状况的集合，此项数据获取的难度较大，依靠儿童报告家庭经济相关问题的信效度也相对较低。

避免不同留守经历的儿童可能在其他方面存在差异，进而影响其心理健康。具体地，本书在控制变量中剔除可能受留守影响的相关变量（当前是否寄宿、与同学和老师的关系等变量）后，进行倾向值匹配分析，得出儿童留守经历与其心理健康的真正因果关系。

第二节　留守经历对儿童心理健康的影响

1. 回归结果分析

检验不同留守经历对儿童心理健康的影响，回归结果如表5-1所示。其中模型1、3、5、7显示了留守经历对儿童心理健康影响的原始差异，模型2、4、6、8分别为加入一系列控制变量后留守经历对儿童心理健康影响的全模型。在初始模型中，除躯体主诉外，儿童当前的焦虑抑郁、退缩抑郁、内化问题均受到其留守经历和流动经历的影响。进一步控制其余变量后发现，儿童前期流动经历对其当前心理健康并无显著影响，其心理健康与普通儿童即持续稳定与父母双方共同生活的儿童并无显著差异。相反，单留守经历儿童、双留守经历儿童以及不稳定经历儿童，在焦虑抑郁、退缩抑郁、内化问题上的得分均显著高于普通儿童。这表明儿童前期生命历程中，若大部分时间里一直被父母任意一方或双方留下，或是处于反复留守的不稳定经历中，将面临较严重的心理健康问题。具体地，从模型2、4、6、8的结果来看，在焦虑抑郁方面，双留守经历儿童有更高的得分，其次为不稳定经历儿童，最后为单留守经历儿童。在退缩抑郁方面，双留守经历儿童得分最高，其次为单留守经历儿童，最后为不稳定经历儿童。在整体内化问题方面，得分从高到低排名为双留守经历儿童、不稳定经历儿童、单留守经历儿童。总的来说，前期留守经历代表着儿童受到长期持续和反复不稳定的亲子分离，是影响其心理健康现状的主要压力源。

其余控制变量方面，首先，儿童个体特征差异会影响其心理健康状况。具体地，女孩、年龄较大、近期身体健康自评得分较低对儿童各方面心理问题具有显著正向影响；相比农村户口，城市或居民户口类型的儿童心理健康状况更差，说明县域非农户口儿童心理健康状况同样值得关注。其次，家庭特征方面，除父亲受教育程度和父母感情外，其余家庭因素并未

表 5-1 留守经历对儿童心理健康影响的回归分析结果

变量	焦虑抑郁		退缩抑郁		躯体主诉		内化问题	
	模型 1	模型 2	模型 3	模型 4	模型 5	模型 6	模型 7	模型 8
自变量								
留守经历（参照项：非流动留守经历）								
流动经历	0.329+ (0.183)	0.080 (0.168)	0.298* (0.122)	0.130 (0.113)	0.214 (0.132)	0.030 (0.122)	0.841* (0.397)	0.240 (0.358)
单留守经历	0.535** (0.188)	0.472** (0.173)	0.440*** (0.125)	0.379** (0.116)	0.185 (0.136)	0.131 (0.125)	1.160** (0.407)	0.983** (0.367)
双留守经历	0.575** (0.196)	0.670*** (0.190)	0.531*** (0.130)	0.570*** (0.127)	0.260+ (0.141)	0.288* (0.137)	1.366** (0.424)	1.528*** (0.404)
不稳定经历	0.740*** (0.147)	0.560*** (0.135)	0.507*** (0.098)	0.369*** (0.091)	0.367*** (0.106)	0.233* (0.098)	1.614*** (0.318)	1.161*** (0.287)
控制变量								
个体特征								
性别（参照项：男）								
女		0.946*** (0.101)		0.464*** (0.068)		0.506*** (0.073)		1.916*** (0.215)

续表

变量	焦虑抑郁		退缩抑郁		躯体主诉		内化问题	
	模型 1	模型 2	模型 3	模型 4	模型 5	模型 6	模型 7	模型 8
户口类型（参照项：农村户口）								
城市或居民户口		0.352* (0.145)		0.220* (0.097)		0.395*** (0.105)		0.966** (0.308)
年龄		0.291*** (0.032)		0.252*** (0.021)		0.221*** (0.023)		0.765*** (0.067)
身体健康		-1.500*** (0.062)		-0.933*** (0.042)		-1.288*** (0.045)		-3.721*** (0.133)
家庭特征								
独生子女（参照项：是）								
否		0.013 (0.119)		-0.021 (0.080)		0.151+ (0.086)		0.143 (0.253)
父亲受教育程度（参照项：小学及以下）								
初中		-0.063 (0.116)		-0.027 (0.078)		-0.047 (0.084)		-0.137 (0.248)
高中		0.354* (0.178)		0.060 (0.119)		0.268* (0.129)		0.682+ (0.378)

续表

变量	焦虑抑郁		退缩抑郁		躯体主诉		内化问题	
	模型 1	模型 2	模型 3	模型 4	模型 5	模型 6	模型 7	模型 8
大学及以上		0.311		0.133		-0.263		0.181
		(0.291)		(0.196)		(0.211)		(0.620)
母亲受教育程度（参照项：小学及以下）								
初中		-0.038		-0.066		0.085		-0.019
		(0.115)		(0.077)		(0.083)		(0.244)
高中		0.154		-0.005		0.136		0.284
		(0.205)		(0.138)		(0.148)		(0.437)
大学及以上		-0.350		-0.427+		0.140		-0.637
		(0.345)		(0.232)		(0.250)		(0.734)
父母感情（参照项：不好）								
好		-0.999***		-0.723***		-0.537***		-2.259***
		(0.117)		(0.078)		(0.084)		(0.248)
主要照料者（参照项：母亲）								
父亲		0.192		0.120		0.161		0.473
		(0.156)		(0.105)		(0.113)		(0.333)
祖辈		-0.130		-0.115		0.023		-0.222
		(0.151)		(0.101)		(0.109)		(0.320)

续表

变量	焦虑抑郁		退缩抑郁		躯体主诉		内化问题	
	模型 1	模型 2	模型 3	模型 4	模型 5	模型 6	模型 7	模型 8
其他亲戚/无		0.144		0.145		0.006		0.295
		(0.181)		(0.122)		(0.131)		(0.386)
学校特征								
学习成绩		0.005		0.010		0.065^{+}		0.080
		(0.050)		(0.034)		(0.036)		(0.107)
老师关心程度		-0.799***		-0.460***		-0.463***		-1.722***
		(0.076)		(0.051)		(0.055)		(0.162)
同学友好程度		-0.787***		-0.464***		-0.394***		-1.645***
		(0.079)		(0.053)		(0.057)		(0.168)
寄宿（参照项：是）								
否		0.504***		0.112		0.364***		0.981**
		(0.150)		(0.101)		(0.109)		(0.320)
常数项	4.569***	11.237***	4.132***	7.257***	2.762***	6.959***	11.463***	25.453***
	(0.077)	(0.668)	(0.051)	(0.449)	(0.056)	(0.483)	(0.167)	(1.421)
调整 R^2	0.00354	0.181	0.00447	0.169	0.00121	0.175	0.00353	0.211
样本量	8283							

注：$^{+}$代表 $p<0.1$，*代表 $p<0.05$，**代表 $p<0.01$，***代表 $p<0.001$。

对儿童心理健康产生显著影响。相比父亲受教育程度在小学及以下，父亲受教育程度在高中水平的儿童在焦虑抑郁、躯体主诉和内化问题上表现显著更差，这可能是因为父亲受教育程度较高时更易外出务工。同时，回归结果显示，父母感情较好会对儿童心理健康起到保护作用。这与离异导致的不完整家庭结构不同，离异家庭通常伴随着离异父母感情较差，是儿童心理发展的危险因素（邓林园等，2016），但留守导致的不完整家庭结构中，良好的父母感情可以保护儿童的心理健康发展。最后，学校特征方面，未寄宿对儿童各维度心理问题的产生具有显著正向影响。一方面，县域学校氛围良好，可以促进儿童心理健康发展；另一方面，寄宿会使儿童与同伴以及老师接触更多，可以有效缓解与预防儿童消极心理的产生。老师关心程度与同学友好程度两个变量的显著性结果进一步证实了老师和同伴角色对儿童心理健康的积极作用，儿童感受到的老师关心程度与同学友好程度越高，其各方面消极心理得分越低，心理健康状况越好。

2. PSM 结果分析

图 5-2 分别展示了各类留守经历（单留守经历/双留守经历/不稳定经历）数据匹配前后的平衡性改善情况。各类样本在匹配前核心密度具有明显差异，匹配后倾向分数分布变得相似，表明匹配改善了数据平衡。表 5-2 展示了各类留守儿童在不同心理健康因变量下的平均干预效果（ATT）。从样本匹配结果来看，与前文回归结果基本一致，各类留守经历均会影响儿童心理健康发展。但 PSM 结果较回归结果更高，以不稳定经历儿童为例，PSM 结果较回归结果显著性提升，匹配后不稳定经历儿童躯体主诉问题得分为 3.129，高出非流动留守经历儿童 0.335。内化问题方面，不稳定经历儿童 PSM 结果得分也较回归结果更高。

第三节　留守经历特征对儿童心理健康的影响

一　留守时长对儿童心理健康的影响

1. 首次留守年龄段对儿童心理健康的影响

本节首先进行首次留守年龄段对儿童心理健康影响的检验，回归结果

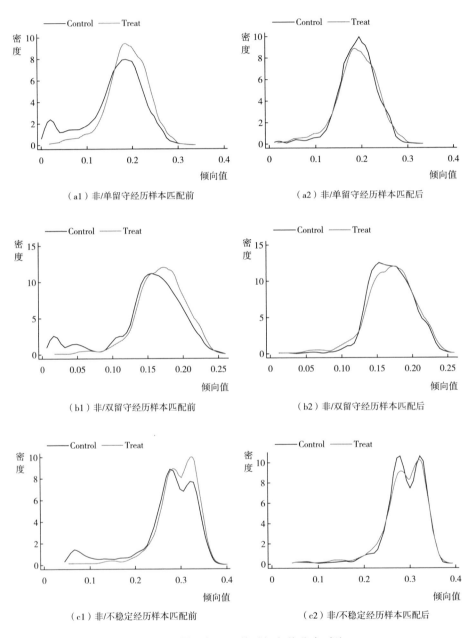

图 5-2　最近邻匹配前后倾向值分布对比

资料来源：2021 年陕西省汉中市宁强县儿童专项调查。

表 5-2　留守经历对儿童心理健康影响的 PSM 结果（ATT）

因变量	单留守经历组	非流动留守经历组	差值	标准误
		非流动留守经历儿童 VS 单留守经历儿童		
焦虑抑郁	5.104	4.607	0.497 **	0.207
退缩抑郁	4.572	4.199	0.373 **	0.138
躯体主诉	2.947	2.719	0.228	0.135
内化问题	12.623	11.526	1.097 **	0.441
N	846	4177		

因变量	双留守经历组	非流动留守经历组	差值	标准误
		非流动留守经历儿童 VS 双留守经历儿童		
焦虑抑郁	5.143	4.587	0.556 **	0.225
退缩抑郁	4.664	4.195	0.469 **	0.149
躯体主诉	3.022	2.782	0.240	0.162
内化问题	12.829	11.564	1.265 **	0.483
N	767	4177		

因变量	不稳定经历组	非流动留守经历组	差值	标准误
		非流动留守经历儿童 VS 不稳定经历儿童		
焦虑抑郁	5.309	4.671	0.638 ***	0.166
退缩抑郁	4.639	4.248	0.391 ***	0.111
躯体主诉	3.129	2.794	0.335 **	0.119
内化问题	13.077	11.713	1.364 ***	0.360
N	1592	4177		

注：** 代表 p<0.01，*** 代表 p<0.001。

如表5-3所示。模型1、3、5、7为首次留守年龄段对儿童心理健康现状影响的原始模型，模型2、4、6、8为加入其余控制变量的全模型。结果表明，相比1~12岁未发生留守的儿童，无论首次留守发生在儿童6岁前还是6岁及以后对儿童心理健康现状均会产生显著的消极影响，儿童在焦虑抑郁、退缩抑郁、躯体主诉以及整体内化问题方面均面临更高的风险。进一步分别比较模型2、4、6、8中6岁前首次留守和6岁及以后首次留守变量的系数发现，6岁前首次发生留守的儿童在各方面心理问题上的得分均高于6岁及以后首次发生留守的儿童，特别是在退缩抑郁和整体内化问题方面。依恋理论强调儿童幼年时期，特别是婴幼儿时期是与父母建立依恋关系的关键时期，此时期若父母陪伴在儿童身边，更容易与其建立安全型、高质量的亲子关系，对于维护其今后心理健康具有重要意义（Bowlby，1969）。相反，若儿童父母过早外出，则难以建立稳定高质量的亲子依恋关系，亲子间更易形成回避型或焦虑型的依恋模式，儿童在成长过程中面临外界压力时，常常无法获得父母情感支持，导致儿童产生难以依靠依恋关系处理困境的认识，容易引发其心理问题的产生（Lu et al.，2019）。其余控制变量方面，与上节结果基本一致，此处不再赘述。

2. 留守时长对儿童心理健康的影响

检验留守时长对儿童心理健康的影响，回归结果如表5-4所示。结果发现，留守时长较长对儿童在焦虑抑郁、退缩抑郁、躯体主诉以及整体内化问题等方面均有显著正向影响。留守时长作为留守经历的主要特征之一，佐证了上节得出的持续单留守经历与持续双留守经历会对儿童心理健康产生消极影响的结论，留守压力源的长期持续性是影响儿童后期心理健康发展的重要机制。生命历程理论和压力理论均强调，压力源事件会随时间推移在个体生命历程中不断累积，进而导致个体或群体之间产生差异，包括健康状况等方面（Dannefer，2003）。留守作为儿童生命历程中的压力源，在儿童成长过程中长期、持续发生，进而对儿童心理健康发展产生消极影响。同时，留守这一压力源可能导致儿童家庭功能长期匮乏，尤其是家庭情感功能；家庭功能缺失会导致儿童应对压力的保护因素不足，可能成为进一步危害儿童心理健康的危险因素。

表 5-3 首次留守年龄段对儿童心理健康影响的回归分析结果

变量	焦虑抑郁		退缩抑郁		躯体主诉		内化问题	
	模型 1	模型 2	模型 3	模型 4	模型 5	模型 6	模型 7	模型 8
首次留守年龄段（参照项：未留守）								
6 岁前首次留守	0.848*** (0.119)	0.666*** (0.111)	0.649*** (0.080)	0.506*** (0.075)	0.410*** (0.086)	0.268*** (0.080)	1.907*** (0.259)	1.439*** (0.236)
6 岁及以后首次留守	0.718*** (0.163)	0.593*** (0.150)	0.400*** (0.109)	0.294** (0.100)	0.364** (0.118)	0.263* (0.108)	1.482*** (0.354)	1.150*** (0.318)
控制变量		已控制		已控制		已控制		已控制
常数项	4.439*** (0.078)	11.107*** (0.666)	4.060*** (0.052)	7.191*** (0.448)	2.695*** (0.057)	6.888*** (0.483)	11.193*** (0.170)	25.186*** (1.418)
调整 R^2	0.00644	0.183	0.00790	0.171	0.00282	0.176	0.00674	0.213
样本量	8283							

注：* 代表 p<0.05，** 代表 p<0.01，*** 代表 p<0.001。

表 5-4 留守时长对儿童心理健康影响的回归分析结果

变量	焦虑抑郁		退缩抑郁		躯体主诉		内化问题	
	模型 1	模型 2	模型 3	模型 4	模型 5	模型 6	模型 7	模型 8
留守时长	0.070*** (0.012)	0.065*** (0.012)	0.057*** (0.008)	0.051*** (0.008)	0.030*** (0.009)	0.024** (0.008)	0.157*** (0.027)	0.140*** (0.025)
控制变量		已控制		已控制		已控制		已控制
常数项	4.601*** (0.071)	11.197*** (0.666)	4.151*** (0.047)	7.225*** (0.447)	2.789*** (0.051)	6.938*** (0.482)	11.541*** (0.153)	25.359*** (1.417)
调整 R^2	0.00379	0.182	0.00564	0.170	0.00127	0.175	0.00405	0.212
样本量	8283							

注：** 代表 p<0.01，*** 代表 p<0.001。

3. 不同留守年龄段下留守时长对儿童心理健康的影响

进一步检验留守时长作为留守经历中的重要特征之一，对不同首次留守年龄段的儿童群体的心理健康影响是否具有差异。表 5-5a 和表 5-5b 分别展示了留守时长对 6 岁前首次留守儿童和 6 岁及以后首次留守儿童心理健康影响的回归结果。首先，表 5-5a 的结果显示，留守时长对首次留守发生在 6 岁前的儿童各维度的心理健康并无显著影响，结合上文检验的儿童 6 岁前被留守面临更高的消极心理风险，表明儿童在 6 岁前被留守，对于儿童心理健康的影响较大且相对"固定"。其次，表 5-5b 的结果显示，对首次留守发生在 6 岁及以后的儿童群体而言，留守时长越长，儿童在退缩抑郁以及整体内化问题上的得分越高。此结果是在探寻留守对儿童心理健康发展影响的内在机制的基础上，进一步区分不同机制的交互作用差异。对于 6 岁以前发生留守的儿童而言，留守作为压力源出现已然对儿童心理健康产生不利影响，甚至无须长期留守的效应机制"起效"，父母应尽量避免在儿童 6 岁前外出，防止压力源过早出现对儿童心理造成影响。对于 6 岁及以后发生留守的儿童而言，留守时长效应机制在其身上更为明显，对于此类情况，父母不仅应避免长时间外出务工，同时长时间外出返乡后需要更加重视亲子关系的重建。

此外，在控制变量方面，无论留守首次发生在儿童的哪一年龄阶段，年龄较大的女童各维度心理健康均会受到更显著的消极影响，身体较健康、父母感情状况良好、老师关心程度和同学友好程度较高均会对留守儿童心理健康产生积极作用。不同的是，一方面，首次留守发生在 6 岁前的儿童，当前寄宿学校可以显著降低其内化问题的得分，此影响在首次留守发生在 6 岁及以后的儿童群体中并不显著。另一方面，对于首次留守发生在 6 岁及以后的儿童群体而言，相比近半年照料者是母亲，父亲、其他亲戚或无人照料会显著提升儿童心理健康问题的得分，而这一影响在首次留守发生在 6 岁前的儿童群体中并未得到验证。以上结果可能再次表明，首次留守发生在儿童 6 岁之前会对儿童今后的心理健康产生更大的消极影响，此时即使由母亲照料也难以弥补早期的情感依恋缺失。

表5-5a 留守时长对6岁前首次留守儿童心理健康影响的回归分析结果

变量	焦虑抑郁		退缩抑郁		躯体主诉		内化问题	
	模型1	模型2	模型3	模型4	模型5	模型6	模型7	模型8
自变量								
留守时长	-0.021	0.016	-0.001	0.016	-0.026	-0.003	-0.048	0.029
	(0.026)	(0.024)	(0.017)	(0.016)	(0.018)	(0.017)	(0.055)	(0.051)
控制变量								
个体特征								
性别（参照项：男）								
女		1.008***		0.490***		0.492***		1.990***
		(0.168)		(0.113)		(0.121)		(0.354)
户口类型（参照项：农村户口）								
城市或居民户口		0.031		0.061		0.345+		0.438
		(0.252)		(0.170)		(0.181)		(0.531)
年龄		0.248***		0.221***		0.153***		0.622***
		(0.052)		(0.035)		(0.037)		(0.110)
身体健康		-1.384***		-0.822***		-1.277***		-3.483***
		(0.104)		(0.070)		(0.074)		(0.218)
家庭特征								
独生子女（参照项：是）								
否		-0.270		-0.161		0.081		-0.350
		(0.200)		(0.135)		(0.143)		(0.421)

续表

变量	焦虑抑郁		退缩抑郁		躯体主诉		内化问题	
	模型 1	模型 2	模型 3	模型 4	模型 5	模型 6	模型 7	模型 8
父亲受教育程度（参照项：小学及以下）								
初中		-0.131		0.033		0.023		-0.105
		(0.187)		(0.126)		(0.134)		(0.394)
高中		-0.044		-0.94		0.150		-0.088
		(0.292)		(0.196)		(0.209)		(0.614)
大学及以上		-0.055		0.258		-0.199		0.014
		(0.614)		(0.413)		(0.440)		(1.292)
母亲受教育程度（参照项：小学及以下）								
初中		0.002		-0.081		0.151		0.072
		(0.184)		(0.124)		(0.132)		(0.386)
高中		-0.375		-0.297		-0.070		-0.743
		(0.355)		(0.239)		(0.254)		(0.747)
大学及以上		-0.137		-0.640		0.115		-0.662
		(0.749)		(0.504)		(0.537)		(1.575)
父母感情（参照项：不好）								
好		-1.121***		-0.864***		-0.741***		-2.727***
		(0.188)		(0.126)		(0.134)		(0.394)
主要照料者（参照项：母亲）								
父亲		0.021		0.002		0.272		0.295
		(0.304)		(0.204)		(0.218)		(0.639)

续表

变量	焦虑抑郁		退缩抑郁		躯体主诉		内化问题	
	模型 1	模型 2	模型 3	模型 4	模型 5	模型 6	模型 7	模型 8
祖辈		-0.287 (0.215)		-0.010 (0.145)		-0.036 (0.154)		-0.333 (0.453)
其他亲戚/无		0.151 (0.288)		0.239 (0.194)		0.011 (0.206)		0.400 (0.606)
学校特征								
学习成绩		0.044 (0.082)		0.070 (0.055)		0.111$^+$ (0.059)		0.225 (0.173)
老师关心程度		-0.984*** (0.126)		-0.467*** (0.085)		-0.472*** (0.090)		-1.923*** (0.266)
同学友好程度		-0.892*** (0.131)		-0.519*** (0.088)		-0.541*** (0.094)		-1.952*** (0.275)
寄宿（参照项：是）								
否		0.697** (0.268)		0.158 (0.180)		0.293 (0.192)		1.148* (0.563)
常数项	5.462*** (0.234)	13.053*** (1.130)	4.717*** (0.155)	7.840*** (0.760)	3.322*** (0.167)	8.716*** (0.809)	13.501*** (0.500)	29.608*** (2.376)
调整 R^2	-0.000110	0.181	-0.000328	0.152	0.000326	0.177	-0.0001	0.209
样本量					3044			

注：+代表 $p<0.1$，*代表 $p<0.05$，**代表 $p<0.01$，***代表 $p<0.001$。

表5-5b　留守时长对6岁及以后首次留守儿童心理健康影响的回归分析结果

变量	焦虑抑郁		退缩抑郁		躯体主诉		内化问题	
	模型1	模型2	模型3	模型4	模型5	模型6	模型7	模型8
自变量								
留守时长	0.011	0.029	0.029[+]	0.039**	-0.006	0.004	0.033	0.072*
	(0.022)	(0.021)	(0.015)	(0.014)	(0.016)	(0.015)	(0.038)	(0.036)
控制变量								
个体特征								
性别（参照项：男）								
女		0.967***		0.402***		0.493***		1.862***
		(0.148)		(0.099)		(0.107)		(0.312)
户口类型（参照项：农村户口）								
城市或居民户口		0.130		0.077		0.339*		0.545
		(0.221)		(0.148)		(0.159)		(0.467)
年龄		0.224***		0.208***		0.174***		0.606***
		(0.046)		(0.031)		(0.033)		(0.098)
身体健康		-1.471***		-0.869***		-1.298***		-3.639***
		(0.092)		(0.062)		(0.066)		(0.194)
家庭特征								
独生子女（参照项：是）								
否		-0.190		-0.238*		0.110		-0.318
		(0.179)		(0.120)		(0.129)		(0.378)

续表

变量	焦虑抑郁		退缩抑郁		躯体主诉		内化问题	
	模型 1	模型 2	模型 3	模型 4	模型 5	模型 6	模型 7	模型 8
父亲受教育程度（参照项：小学及以下）								
初中		0.047		0.063		0.044		0.154
		(0.164)		(0.109)		(0.118)		(0.345)
高中		0.068		-0.131		0.239		0.176
		(0.261)		(0.175)		(0.188)		(0.551)
大学及以上		0.562		0.568		0.052		1.182
		(0.547)		(0.366)		(0.394)		(1.154)
母亲受教育程度（参照项：小学及以下）								
初中		-0.031		-0.118		0.139		-0.010
		(0.163)		(0.109)		(0.117)		(0.343)
高中		-0.230		-0.232		-0.054		-0.516
		(0.322)		(0.216)		(0.232)		(0.680)
大学及以上		-0.232		-0.826^{+}		-0.106		-1.164
		(0.713)		(0.477)		(0.514)		(1.504)
父母感情（参照项：不好）								
好		-1.108***		-0.819***		-0.696***		-2.622***
		(0.166)		(0.111)		(0.119)		(0.349)
主要照料者（参照项：母亲）								
父亲		0.573*		0.444*		0.429*		1.446*
		(0.268)		(0.179)		(0.193)		(0.566)

续表

变量	焦虑抑郁		退缩抑郁		躯体主诉		内化问题	
	模型 1	模型 2	模型 3	模型 4	模型 5	模型 6	模型 7	模型 8
祖辈		-0.220		-0.078		-0.095		-0.393
		(0.186)		(0.125)		(0.134)		(0.393)
其他亲戚/无		0.459+		0.531**		0.141		1.101*
		(0.250)		(0.167)		(0.180)		(0.526)
学校特征								
学习成绩		0.030		0.040		0.088+		0.158
		(0.073)		(0.049)		(0.053)		(0.154)
老师关心程度		-1.048***		-0.535***		-0.530***		-2.112***
		(0.111)		(0.075)		(0.080)		(0.235)
同学友好程度		-0.806***		-0.470***		-0.421***		-1.698***
		(0.116)		(0.077)		(0.083)		(0.244)
寄宿（参照项：是）								
否		0.404+		-0.054		0.221		0.571
		(0.234)		(0.157)		(0.169)		(0.493)
常数项	5.128***	13.399***	4.390***	8.145***	3.112***	8.230***	12.629***	29.774***
	(0.187)	(0.994)	(0.123)	(0.665)	(0.134)	(0.717)	(0.402)	(2.097)
调整 R^2	-0.000201	0.191	0.000725	0.167	-0.000221	0.181	-0.000135	0.219
样本量	3868							

注：+代表 $p<0.1$，*代表 $p<0.05$，**代表 $p<0.01$，***代表 $p<0.001$。

二 留守转换对儿童心理健康的影响

1. 留守转换次数对儿童心理健康的影响

本节检验留守经历的另一重要特征不稳定性，即留守转换次数对儿童心理健康的影响。首先构建儿童 1~12 岁的留守转换次数对其心理健康影响的回归模型，模型 1、3、5、7 为未加入控制变量的初始模型，模型 2、4、6、8 为加入控制变量后的全模型。回归结果如表 5-6 所示，儿童留守转换次数增加对其在焦虑抑郁、退缩抑郁、躯体主诉以及整体内化问题方面的得分有显著的正向影响。一方面，此结果进一步佐证了上文中讨论的不稳定留守经历对儿童心理健康现状具有显著的消极影响。新时代背景下，相当一部分儿童可能会反复经历父母外出务工与返乡，此时留守作为压力源，不再是单一、稳定地出现在儿童生命历程中，而是反复频繁出现，儿童的压力源变为"与外出父母分离—与返乡父母团聚—再次与外出父母分离"的心理调适多重过程。另一方面，此类儿童的父母返乡与务工期间回家探亲不同，其往往返乡时处于无业状态，回家待上一年甚至更久后才再次外出，此时家庭经济功能可能也面临较大的风险。家庭结构反复变化最终会造成家庭功能的不平衡，进而降低家庭成员适应变化和家庭恢复正常功能的能力，而家庭经济和情感功能不稳定会使得留守儿童无法从家庭资源中获取有效保护。总的来说，留守转换次数是儿童留守经历的另一重要特征，是留守经历对儿童心理健康产生影响的重要机制。

表 5-6　留守转换次数对儿童心理健康影响的回归分析结果

变量	焦虑抑郁		退缩抑郁		躯体主诉		内化问题	
	模型 1	模型 2	模型 3	模型 4	模型 5	模型 6	模型 7	模型 8
留守转换次数	0.179 *** (0.045)	0.098 * (0.041)	0.102 *** (0.029)	0.046 * (0.024)	0.109 *** (0.033)	0.055 * (0.028)	0.390 *** (0.098)	0.198 * (0.088)
控制变量		已控制		已控制		已控制		已控制
常数项	4.717 *** (0.065)	11.402 *** (0.667)	4.278 *** (0.043)	7.427 *** (0.448)	2.815 *** (0.047)	6.989 *** (0.482)	11.810 *** (0.141)	25.818 *** (1.419)

续表

变量	焦虑抑郁		退缩抑郁		躯体主诉		内化问题	
	模型 1	模型 2	模型 3	模型 4	模型 5	模型 6	模型 7	模型 8
调整 R²	0.00176	0.179	0.00126	0.166	0.00123	0.175	0.00178	0.209
样本量	8283							

注: * 代表 p<0.05, *** 代表 p<0.001。

2. 不同年龄段内留守转换次数对儿童心理健康的影响

为进一步检验儿童不同年龄段内的留守转换次数,对其心理健康的影响是否具有差异,本小节构建了 6 岁前留守转换次数与 6 岁及以后留守转换次数两个虚拟变量验证其对儿童心理健康的影响。回归结果如表 5-7 所示,儿童 6 岁前留守转换次数增加,对其焦虑抑郁、退缩抑郁以及内化问题的得分具有显著正向影响;儿童 6 岁及以后的留守转换次数的多少对儿童当前心理健康并无显著影响。以上结果提示,首先,在儿童早期阶段(6 岁前)留守经历的反复与不稳定会给其心理健康带来更为严重的影响,此年龄阶段的儿童心理调适能力较弱,需要更多的安全感与稳定感,应对不稳定的压力源的能力较差。其次,儿童 6 岁及以后的留守转换次数对其心理健康并无显著影响,并不意味着此阶段儿童可以承受反复留守带来的不稳定压力源,相反,可能说明留守压力源对儿童的心理健康已造成一定程度的影响。

表 5-7 不同年龄段内留守转换次数对儿童心理健康影响的回归分析结果

变量	焦虑抑郁		退缩抑郁		躯体主诉		内化问题	
	模型 1	模型 2	模型 3	模型 4	模型 5	模型 6	模型 7	模型 8
6 岁前留守转换次数	0.269*** (0.080)	0.181* (0.073)	0.195*** (0.054)	0.131** (0.049)	0.136* (0.058)	0.075 (0.053)	0.601*** (0.174)	0.386* (0.156)
6 岁及以后留守转换次数	0.104 (0.071)	0.029 (0.065)	0.025 (0.047)	−0.024 (0.044)	0.087[+] (0.051)	0.039 (0.047)	0.216 (0.154)	0.044 (0.138)

变量	焦虑抑郁		退缩抑郁		躯体主诉		内化问题	
	模型 1	模型 2	模型 3	模型 4	模型 5	模型 6	模型 7	模型 8
控制变量		已控制		已控制		已控制		已控制
常数项	4.711 *** (0.065)	11.402 *** (0.667)	4.272 *** (0.043)	7.428 *** (0.448)	2.813 *** (0.047)	6.989 *** (0.482)	11.796 *** (0.141)	25.819 *** (1.419)
调整 R^2	0.00186	0.179	0.00167	0.167	0.00115	0.175	0.00192	0.209
样本量	8283							

注：+代表 $p<0.1$，＊代表 $p<0.05$，＊＊代表 $p<0.01$，＊＊＊代表 $p<0.001$。

3. 不同转换类型下的留守转换次数对儿童心理健康的影响

留守的性质不同导致留守转换包含多种情况，比如，儿童从非留守转向单留守和转向双留守并不相同，对其心理健康的影响程度也可能存在差异。为检验不同转换类型下的留守转换次数对儿童心理健康的影响是否具有显著差异，本小节分别构建非留守与单留守之间、非留守与双留守之间、单留守与双留守之间的转换次数对儿童心理健康影响的回归模型。回归结果依次如表5-8、表5-9、表5-10所示，非留守与单留守之间的转换次数对儿童各维度心理健康问题均没有显著影响，而非留守与双留守之间、单留守与双留守之间的转换次数则对儿童焦虑抑郁、退缩抑郁以及整体内化问题得分均有显著正向影响，即儿童经历非、双留守之间或是单、双留守之间转换的次数越多，其后期心理健康问题越严重。以上结果可能说明，单留守对于儿童的影响较小，在人口流动的家庭结构中，家里一人（多数情况下为父亲角色）的"出入"对整个家庭的惯习、规则造成的影响可能整体较小，儿童心理发展受到的影响依然来自父母外出务工此压力源事件本身。换句话说，当父母一人外出务工时，父母"出入"对儿童心理健康发展的影响可能是一定的，并不受"出入"次数的影响；然而，当父母双方均外出时，家庭不稳定对儿童心理健康发展的影响变大，无论是父母双方共同反复"出入"家庭还是其中一方反复"出入"，都会带来较大的家庭结构变化，使家庭不稳定的特征越发明显，从而给儿童心理健康发展带来更消极的影响。

表 5-8　非-单留守转换次数对儿童心理健康影响的回归分析结果

变量	焦虑抑郁		退缩抑郁		躯体主诉		内化问题	
	模型 1	模型 2	模型 3	模型 4	模型 5	模型 6	模型 7	模型 8
非-单留守转换次数	0.147 ** (0.053)	0.074 (0.049)	0.071 * (0.035)	0.021 (0.033)	0.098 * (0.038)	0.052 (0.035)	0.316 ** (0.115)	0.147 (0.103)
控制变量		已控制		已控制		已控制		已控制
常数项	4.778 *** (0.061)	11.453 *** (0.667)	4.319 *** (0.041)	7.467 *** (0.448)	2.848 *** (0.044)	7.007 *** (0.482)	11.945 *** (0.133)	25.926 *** (1.419)
调整 R^2	0.000798	0.179	0.000368	0.166	0.000661	0.175	0.000784	0.209
样本量	8283							

注：* 代表 $p<0.05$，** 代表 $p<0.01$，*** 代表 $p<0.001$。

表 5-9　非-双留守转换次数对儿童心理健康影响的回归分析结果

变量	焦虑抑郁		退缩抑郁		躯体主诉		内化问题	
	模型 1	模型 2	模型 3	模型 4	模型 5	模型 6	模型 7	模型 8
非-双留守转换次数	0.248 ** (0.084)	0.155 * (0.078)	0.173 ** (0.056)	0.109 * (0.052)	0.132 * (0.060)	0.062 (0.056)	0.552 ** (0.182)	0.326 * (0.165)
控制变量		已控制		已控制		已控制		已控制
常数项	4.794 *** (0.059)	11.494 *** (0.665)	4.314 *** (0.039)	7.461 *** (0.447)	2.866 *** (0.042)	7.047 *** (0.481)	11.973 *** (0.127)	26.002 *** (1.415)
调整 R^2	0.000932	0.179	0.00103	0.167	0.000452	0.175	0.000991	0.209
样本量	8283							

注：* 代表 $p<0.05$，** 代表 $p<0.01$，*** 代表 $p<0.001$。

表 5-10　单-双留守转换次数对儿童心理健康影响的回归分析结果

变量	焦虑抑郁		退缩抑郁		躯体主诉		内化问题	
	模型 1	模型 2	模型 3	模型 4	模型 5	模型 6	模型 7	模型 8
单-双留守转换次数	0.329 *** (0.092)	0.276 ** (0.084)	0.243 *** (0.062)	0.196 *** (0.057)	0.104 (0.067)	0.069 (0.061)	0.676 *** (0.201)	0.542 ** (0.180)
控制变量		已控制		已控制		已控制		已控制

续表

变量	焦虑抑郁		退缩抑郁		躯体主诉		内化问题	
	模型 1	模型 2	模型 3	模型 4	模型 5	模型 6	模型 7	模型 8
常数项	4.789 *** (0.058)	11.483 *** (0.664)	4.308 *** (0.039)	7.453 *** (0.447)	2.878 *** (0.042)	7.051 *** (0.481)	11.975 *** (0.125)	25.987 *** (1.414)
调整 R^2	0.00141	0.180	0.00175	0.167	0.000175	0.175	0.00125	0.210
样本量	8283							

注：** 代表 $p<0.01$，*** 代表 $p<0.001$。

第四节　本章小结

本章主要检验了不同留守经历对儿童心理健康的影响，同时考察了儿童留守经历特征的作用机制，深入分析了儿童留守经历对其心理健康影响的内在机理，主要研究发现如下。

第一，相比无留守经历，其他不同类别留守经历对儿童心理健康均有不利影响且影响程度不同。留守经历的持续性和反复性是儿童心理健康消极发展的主要压力来源与作用机制。

单留守经历、双留守经历以及不稳定经历儿童较非流动留守经历儿童，在焦虑抑郁、退缩抑郁以及整体内化问题方面得分显著更高。表明儿童在前期生命历程中，若大部分时间里一直被父母任意一方或双方留下，或是处于反复留守的不稳定经历中，将面临较严重的心理健康问题。其中，不稳定经历与双留守经历均对其焦虑抑郁维度以及整体内化问题的影响程度更高。已有研究对儿童留守经历，特别是双留守经历会对其今后心理健康造成消极影响的结果已有所讨论（王启忱、苏彦捷，2021），但对不稳定经历对儿童心理发展的影响缺乏关注。新时代背景下，人口流动新特征不仅体现在流动规模变大上，还体现在流动模式和流动频率进一步增加上。相当一部分儿童可能反复经历着父母外出务工与返乡，父母角色不断在家庭环境内进出，中断现有家庭环境的规律与规则，儿童需要反复调整与适应父母的返乡与再次外出。对于单、双留守经历儿童，他们面临长期、持续的父母流动，进而积累形成长期压力，导致其心理健康受到影响。不稳定经历儿童尽管未经历长期持续的留守，但此类儿童反复经历亲子分离—亲子关系重建，以及不稳定带来的其他挑战。面对不稳定的压力源和不稳定的家庭功能，他们甚至更容易出现心理问题。

第二，儿童无论是在 6 岁前首次留守，还是在 6 岁及以后首次留守，均会对其心理健康发展产生不利影响，其中 6 岁前首次留守对儿童心理健康的影响更大。一方面，留守经历对儿童心理健康的影响始终存在。另一方面，儿童在过小年龄经历留守可能对其心理健康发展更为不利。依恋理论强调，在儿童幼年时期，若父母陪伴在儿童身边，则更容易与其建立安全型、高质量的亲子关系，对于维护其今后心理健康具有重要意义。相反，若父母过早外出，则难以与其建立稳定高质量的亲子依恋关系，亲子间更易形成回避型或焦虑型的依恋模式，此类儿童在成长过程中面临外界压力时，常常无法获得父母情感支持，导致儿童产生难以依靠依恋关系处理困境的认识，容易引发其心理问题的产生。

第三，儿童留守经历中的留守时长较长对其心理健康具有显著不利影响，此影响机制在不同年龄段首次发生留守的儿童群体上具有作用差异性。

儿童前期留守时长较长对其心理健康会产生显著消极影响，这表明长期持续、积累的留守压力源会加大对儿童心理健康的影响。进一步将儿童划分为 6 岁前首次发生留守和 6 岁及以后首次发生留守两个群体，结果发现，留守时长对 6 岁及以后首次发生留守的儿童心理健康具有显著影响，但对 6 岁前首次发生留守的儿童心理健康影响并不显著。结合上文对儿童首次留守年龄段的检验结果，说明儿童 6 岁前首次发生留守会对其后期心理健康发展造成相对"固定"且"不可逆"的影响，甚至无须长期留守的效应机制"起效"。因此，父母应尽量避免在儿童 6 岁前外出，以防止压力源过早出现对儿童心理造成影响。对于 6 岁及以后首次发生留守的儿童而言，留守时长对其后期心理健康发展具有显著影响，随着时间推移，长期持续留守对其心理健康造成的影响会越发强烈。

第四，儿童留守经历中留守转换次数对其心理健康具有显著消极影响。同时，此不稳定影响机制具有作用差异性，一方面体现在不同年龄段内的留守转换次数对其心理健康的影响存在差异，另一方面体现在不同转换类型下的留守转换次数对儿童心理健康的影响存在差异。

首先，儿童留守经历中总体转换次数越多，其心理健康问题的得分越高。留守转换次数体现着儿童前期留守经历不稳定、反复的特征，留守压力源的不稳定性是其对儿童心理健康产生影响的重要机制。遭遇家庭不稳定的儿童不仅要面对不稳定的留守压力源，还要面临家庭功能中经济功能与情感功能的不稳定。一方面，流动父母返乡后，家庭收入中非农收入的部分减少，而这种情况可能会进一步推动其父母再次流动。另一方面，父母反复返回和外出也必定会进一步影响儿童与父母的关系，以及儿童对家庭作为支持来源的认知。许多父母在亲子关系恢复正常之前又再次外出，亲子关系被进一步破坏。此外，外出的父母返乡后，可能会对儿童采取更极端的教养方式，比如高度专制或放任不管，以上均会对其心理健康产生不利影响。

其次，留守压力源的不稳定对儿童心理健康的影响也存在异质性。此异质性主要体现在两个方面，一是儿童在不同年龄段内的留守转换次数。通过检验发现，儿童6岁前经历的留守转换次数越多，其心理健康问题得分越高，儿童幼年时期是与父母建立情感联结的关键时期，此时发生留守对其心理健康发展本就是较大挑战，而且此过程中，反复的亲子分离会让亲子间难以建立固定规律的情感联结。通常来说，增加一个父亲或母亲角色的家庭结构变化会减少情感伤害，甚至可能提高儿童的幸福感，但对于较小年龄、与父母情感联结较弱的儿童情况可能更为复杂。二是不同转换类型下的留守转换次数。除了非留守和单留守之间的转换次数，非留守和双留守之间的转换次数、单留守和双留守之间的转换次数均对儿童心理健康问题具有显著影响。此结果提示，留守经历不稳定影响机制中，父母一方外出务工改善家庭经济，另一方在家与儿童建立良好的亲子依恋关系，可以使当前家庭功能得到最大程度的平衡，能在一定程度上减轻反复留守在儿童成长过程中对其心理健康造成的危害。

第六章

儿童留守状态及其对儿童心理健康的影响研究

本章基于第三章总体分析框架，提出儿童留守状态及家庭功能对其心理健康影响的分析框架，利用2021年陕西省汉中市宁强县的儿童专项调查数据，首先考察不同留守状态对儿童心理健康的影响，以及儿童家庭功能在其中的调节作用。其次基于第四章对儿童留守经历和状态的识别结果，以及第五章研究内容的分析结果，最终检验留守轨迹对儿童心理健康的影响。本章不仅对家庭压力理论和家庭功能理论进行本土化修正与进一步丰富，还对儿童现有生命历程中的整体留守轨迹与心理健康的因果关系进行检验，为提升新时期留守儿童心理健康水平提供事实依据。

第一节　研究设计

一　研究目标

新型城镇化背景下，人口流动复杂多变，多种流动模式并存，儿童留守状态也越发多样。因此，结合当下现实社会情境与流动家庭特征，多角度细分考察儿童留守状态成为研究儿童留守问题的重点。同时，留守状态不同使儿童家庭功能状况进一步分化，研判与分析留守儿童家庭功能现状及其对儿童心理健康的影响对当前儿童留守问题研究具有重要意义。在第三章总体分析框架的指导下，本章构建儿童留守状态对儿童心理健康影响的分析框架，探究儿童当前留守状态对其心理健康的影响，以识别相对弱势的留守状态类型；进一步深入讨论家庭功能在不同留守状态下的差异以及其在留守状态对儿童心理健康影响中的调节作用。最终在以上基础上，综合考察留守轨迹对儿童心理健康的影响。本章研究目标具体包括以下四个方面。

第一，构建留守状态对儿童心理健康影响的分析框架。

第二，通过检验不同留守状态对儿童心理健康的影响，识别出更不利于儿童心理健康发展的留守状态，验证上述分析框架对儿童留守问题研究的有效性。

第三，针对不同留守状态儿童群体，描述其家庭功能现状；并进一步分析家庭功能对不同留守状态儿童心理健康的影响及其作用差异。

第四，深入探讨儿童留守轨迹对其心理健康的影响。一方面，综合儿童前期留守经历与留守状态，检验留守经历与留守状态对儿童心理健康影响的差异。另一方面，在不同留守经历视角下，考察不同留守状态对儿童心理健康的影响。目的是将留守经历和留守状态进一步结合，探究留守对儿童心理健康发展的深层影响。

二　研究内容与框架

根据前文提出的儿童留守轨迹及其对儿童心理健康影响的总体分析框架，儿童当前留守状态导致的亲子分离成为一种特殊家庭结构，在家庭生活和家庭关系中诱发压力，不利于儿童的心理健康发展。此过程尤其会扰乱与降低家庭功能，而儿童心理健康发展与家庭功能紧密相关。更重要的是，不同留守状态下家庭功能的现状以及其发挥的作用也存在差异。

在当前新型城镇化与西部县域地区发展进程中，第一，儿童留守状态会因父母外出角色、父母流动模式而不同，对儿童心理健康造成的影响也相应不同。究其原因，一是父母的家庭分工和责任承担侧重点有所不同。传统上，母亲对子女的日常养育承担更多，也更关注子女的心理发展，而父亲则对子女学业和社会化交往更有促进作用。因此，儿童对母亲的流动可能比对父亲的流动感受更强烈，心理反应更加严重。二是父母流动距离与模式不同带给儿童的心理感受也有所差异，相比远距离流动，近距离流动的亲子分离相对被弱化，父母回家频率提高，亲子心理距离被拉近。但距离的拉近也可能带来不利影响，父母对亲子分离有所轻视，反而可能会忽略孩子的感受，对儿童各方面关注不够。

第二，不同留守状态下的家庭功能状况与作用可能具有差异。首先，父母流动给家庭功能的不同方面带来的影响往往是相反的，进而造成家庭功能失衡。一方面，父母流动会使家庭经济资源增加，是改善家庭经济功能的有效家庭安排策略。家庭预算限制的减小，可以促进对儿童包括心理在内各方面发展的投资。另一方面，父母外出带来的亲子依恋缺失、亲子关系紧张，会引发家庭情感功能下降甚至失效，可能会抵消经济功能改善带来的潜在好处，特别是在儿童心理发展方面。其次，父母不同流动状况造成的家庭功能失衡程度并不一致。比如，父亲一方外出、母亲一方在家的外出安排被认为是能将亲子分离对儿童乃至整个家庭的负面影响降到最低的生计策略，此时家庭情感功能和经济功能失衡程度较低，二者均可以发挥有效作用保护儿童心理。但是，相比近距离流动，父亲远距离流动可能会进一步提升经济效益，但也会增强情感功能的负效应，此时家庭功能的失衡状况反而更加严重，导致至少一方面的家庭功能不再有效。总而言之，留守家庭功能失衡主要涉及经济与情感两方面，二者均能对儿童心理健康产生影响，但作用是具有差异的。

第三，留守状态与前期留守经历不尽一致而又密不可分。当前新时代背景下，对儿童留守问题及其相关后果的研究，应在儿童现有生命历程中从前期经历和当前状态整体考察儿童"留守"问题，否则可能会将当前留守状态中前期无留守经历和前期有留守经历的儿童混淆，进而误判整个留守轨迹对儿童心理健康的影响。二者区分并结合，才能全面探究留守轨迹对儿童心理健康的影响。

综上所述，本章分析框架如图6-1所示。首先，对留守状态对儿童心理健康产生的影响进行检验，讨论不同留守状态对儿童心理健康的影响是否不同，找出更不利于儿童心理健康的留守状态类型。其次，分别针对不同留守状态儿童，描述其家庭功能现状与差异，同时考察不同家庭功能对儿童心理健康的影响，比较家庭功能作用的差异性。最后，综合分析留守轨迹对儿童心理健康造成的影响。在上文的分析结果基础上，一方面，综合儿童留守经历与留守状态，检验留守轨迹对儿童心理健康的影响；另一方面，针对不同留守经历儿童群体，检验留守状态与儿童心理健康的因果关系。

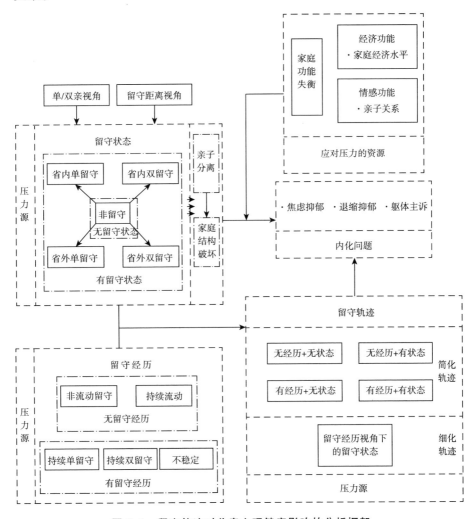

图 6-1 留守轨迹对儿童心理健康影响的分析框架

三 变量设置

1. 因变量

本章仍采用青少年自评量表（Youth Self-Report，YSR）中内化问题部分对儿童心理健康状况进行测量，此部分涉及三个维度：焦虑抑郁、退缩抑郁和躯体主诉。最终本章因变量心理健康共四个题项：焦虑抑郁、退缩抑郁、躯体主诉和内化问题。

2. 自变量

（1）留守状态

留守状态是儿童在当前生命时间节点处于的某种形式的留守状况。本章仍使用前文识别出的单/双亲视角下和留守距离视角下的留守状态儿童类别。

（2）家庭功能

家庭功能包括经济功能和情感功能。经济功能：询问"目前你家经济条件如何？"，选项为"1. 非常困难；2. 比较困难；3. 中等；4. 比较富裕；5. 很富裕"，形成1～5对应的连续变量，得分越高代表家庭经济功能越好。情感功能：询问关于父亲和母亲的各三个问题，分别为"你爱父/母吗？""你与父/母亲密吗？""你父/母关心你吗？"，答案均为五点李克特量表，1～5代表程度越来越高，分别将三个问题中母亲和父亲的分数平均，再将三个问题分数加总平均，形成取值范围为1～5的情感功能变量，得分越高代表家庭情感功能越好。

（3）留守轨迹

留守轨迹包括留守经历与留守状态。一方面，将前文识别的儿童留守经历即非流动留守经历、流动经历、单留守经历、双留守经历、不稳定经历进一步合并为无留守经历（包括非流动留守经历与流动经历）、有留守经历（包括单留守经历、双留守经历、不稳定经历），得到二分类变量；将儿童的留守状态即非留守、省内单留守、省内双留守、省外单留守、省外双留守进一步合并为非留守状态和有留守状态，得到二分类变量。最终得出留守轨迹为无经历无状态＝0、有经历无状态＝1、无经历有状态＝2、有经历有状态＝3。另一方面，在不同类别的留守经历下，对留守状态逐一进行考察，从而细化儿童的留守轨迹，具体考察每一类的留守经历中，不同的留守状态是如何对儿童心理健康产生影响的。

3. 控制变量

除上一章研究儿童留守经历的控制变量（个体特征、家庭特征、学校特征）外，本章还加入了个体压力认知变量。根据压力理论，当个体遇到压力源事件时，因为个体通常会主观性地评价压力事件，所以一些人会积极看待压力源，将事件视为挑战，想办法解决挑战；另外一些人则会消极看待压力源，将该事件视为危机。本书通过希望感测试量表中的题项"当遇到困境，我能够通过很多方式解决"来测量儿童遇到压力时，可能倾向的感知与评价，选项为1（从不）~6（总是），将1~4归为会消极认知压力，5~6归为会积极认知压力。

四　研究方法与策略

为研究不同留守状态对儿童心理健康的影响，以及不同家庭功能对每类留守状态儿童的心理健康影响，本节首先以焦虑抑郁、退缩抑郁、躯体主诉以及整体内化问题为因变量，以儿童留守状态为关键自变量，同时加入家庭功能、个体压力认知、个体特征、家庭特征、学校特征等控制变量进行 OLS 回归。其次，进一步针对各类留守状态儿童群体，构建以焦虑抑郁、退缩抑郁、躯体主诉以及整体内化问题为因变量，以经济功能、情感功能为关键自变量，并加入个体压力认知、个体特征、家庭特征、学校特征等控制变量的 OLS 回归模型。最后，检验留守轨迹对儿童心理健康的影响。具体地，构建以焦虑抑郁、退缩抑郁、躯体主诉以及整体内化问题为因变量，以留守轨迹为关键自变量，并加入个体压力认知、个体特征、家庭特征、学校特征等控制变量的 OLS 回归模型。同时，在不同留守经历类别下，分别构建留守状态对儿童心理健康影响的 OLS 回归模型。

此外，针对留守状态与儿童心理健康的回归估计，本章进一步使用倾向得分匹配法（PSM）进行敏感性和稳健性分析，以减小潜在的内生性偏差。处于不同留守状态的儿童可能在其他方面存在差异，从而影响其心理问题的产生。比如，留守儿童可能有某些无法观测到的特质，或暴露在其他环境因素中，使他们产生心理问题的风险较高或较低，与父母流动无关。如果不考虑这些因素，儿童父母流动带来的留守对其心理健康的影响可能被高估或低估。PSM 使我们能够比较那些除留守状态以外的各类特征相似的儿童，这通过对预测留守状态的因素进行总结性测量（即倾向性得分）来实现，如果具有不同留守状态的儿童在匹配中所包含的观察特征高度相似，则他们之间的剩余差异反映了父母流动带来的影响。本章 PSM 均呈现的是采用近邻匹配法的计算结果，本书也采用了其他匹配算法（如半径匹配、内核匹配）进行了额外的分析，结果具有一致性。

第二节　留守状态对儿童心理健康的影响

一　单/双亲视角下留守状态对儿童心理健康的影响

1. 回归结果分析

本小节构建以焦虑抑郁、退缩抑郁、躯体主诉、内化问题为因变量，以单/双亲视角下的不同留守状态为自变量，以家庭功能、个体压力认知、个体特征、家庭特征和学校特征为控制变量的回归模型，检验单/双亲视角下留守状态对儿童心理健康的影响。其中，模型 1、4、7、10 是未放入任何控制变量，仅有自变量和各维度因变量的初始模型。模型 2、5、8、11 是在以上的基础上，加入个体特征、家庭特征和学校特征三个方面的控制变量，考察单/双亲视角下留守状态对儿童心理健康的全面影响；模型 3、6、9、12 则是在上一步模型的基础上加入家庭功能、个体压力认知等变量，一方面考察单/双亲视角下留守状态对儿童心理健康的影响是否依旧存在；另一方面为下一步分析家庭功能对儿童心理的调节作用进行预先检验。回归结果见表 6-1。

首先，单留守和双留守均会对儿童心理健康产生显著影响。具体而言，相比非留守儿童，与母留守会对儿童的焦虑抑郁、退缩抑郁以及整体内化问题产生显著正向影响，即儿童在以上消极心理方面得分更高，心理健康状况较差；与父留守则对儿童所有心理维度具有显著正向影响；而双留守儿童除焦虑抑郁维度，其余心理维度上也显示出同样的影响结果。进一步对比不同留守类型在每个因变量下的系数大小发现，无论是否加入家庭功能与个体压力认知（即分别对比模型 2 与 3、模型 5 与 6、模型 8 与 9、

表6-1　单/双亲视角下留守状态对儿童心理健康影响的回归分析结果

变量	焦虑抑郁			退缩抑郁			躯体主诉			内化问题		
	模型1	模型2	模型3	模型4	模型5	模型6	模型7	模型8	模型9	模型10	模型11	模型12
留守状态（参照项：非留守）												
与母留守	0.464***	0.290*	0.230+	0.354***	0.200*	0.156+	0.281**	0.142+	0.110	1.100***	0.632*	0.495+
	(0.128)	(0.123)	(0.121)	(0.085)	(0.082)	(0.081)	(0.092)	(0.089)	(0.088)	(0.278)	(0.261)	(0.258)
与父留守	1.254***	0.834**	0.753**	0.972***	0.671***	0.608**	1.006***	0.752***	0.720***	3.232***	2.256***	2.081***
	(0.287)	(0.287)	(0.284)	(0.191)	(0.193)	(0.190)	(0.207)	(0.207)	(0.206)	(0.622)	(0.610)	(0.603)
双留守	0.305+	0.198	0.226	0.356***	0.281*	0.299*	0.256*	0.237	0.256*	0.917**	0.715*	0.781*
	(0.158)	(0.205)	(0.202)	(0.105)	(0.138)	(0.136)	(0.114)	(0.118)	(0.125)	(0.342)	(0.353)	(0.370)
控制变量												
家庭功能												
经济功能			-0.309***			-0.207***			-0.292***			-0.808***
			(0.092)			(0.061)			(0.067)			(0.195)
情感功能			-0.737***			-0.488***			-0.407***			-1.633***
			(0.086)			(0.058)			(0.062)			(0.182)
个体压力认知（参照项：消极）												
积极			-1.076***			-0.849***			-0.429***			-2.354***
			(0.114)			(0.077)			(0.083)			(0.243)
个体特征												
性别（参照项：男）												

续表

变量	焦虑抑郁			退缩抑郁			躯体主诉			内化问题		
	模型 1	模型 2	模型 3	模型 4	模型 5	模型 6	模型 7	模型 8	模型 9	模型 10	模型 11	模型 12
女		0.966*** (0.101)	0.935*** (0.101)		0.477*** (0.068)	0.446*** (0.067)		0.512*** (0.073)	0.514*** (0.073)		1.955*** (0.215)	1.895*** (0.214)
户口类型（参照项：农村户口）												
城市或居民户口		0.346* (0.145)	0.377** (0.144)		0.214* (0.097)	0.236* (0.096)		0.394*** (0.105)	0.420*** (0.104)		0.953** (0.309)	1.033*** (0.305)
年龄		0.287*** (0.032)	0.281*** (0.031)		0.249*** (0.021)	0.245*** (0.021)		0.220*** (0.023)	0.215*** (0.023)		0.755*** (0.067)	0.741*** (0.066)
身体健康		-1.500*** (0.062)	-1.349*** (0.063)		-0.934*** (0.042)	-0.825*** (0.042)		-1.287*** (0.045)	-1.211*** (0.046)		-3.721*** (0.133)	-3.384*** (0.133)
家庭特征												
独生子女（参照项：是）												
否		0.026 (0.119)	-0.010 (0.118)		-0.014 (0.080)	-0.038 (0.079)		0.157+ (0.086)	0.136 (0.086)		0.169 (0.253)	0.088 (0.250)
父亲受教育程度（参照项：小学及以下）												
初中		-0.048 (0.117)	-0.004 (0.115)		-0.018 (0.078)	0.012 (0.077)		-0.041 (0.084)	-0.009 (0.084)		-0.108 (0.248)	0.000 (0.245)
高中		0.366* (0.178)	0.450* (0.176)		0.069 (0.119)	0.127 (0.118)		0.276* (0.128)	0.333** (0.128)		0.711+ (0.378)	0.910* (0.374)

续表

变量	焦虑抑郁			退缩抑郁			躯体主诉			内化问题		
	模型 1	模型 2	模型 3	模型 4	模型 5	模型 6	模型 7	模型 8	模型 9	模型 10	模型 11	模型 12
大学及以上		0.306 (0.292)	0.449 (0.289)		0.130 (0.196)	0.230 (0.194)		-0.240 (0.211)	-0.141 (0.210)		0.196 (0.621)	0.538 (0.615)
母亲受教育程度（参照项：小学及以下）												
初中		-0.043 (0.115)	-0.006 (0.114)		-0.067 (0.077)	-0.041 (0.076)		0.083 (0.083)	0.113 (0.083)		-0.027 (0.244)	0.066 (0.242)
高中		0.148 (0.205)	0.222 (0.204)		-0.005 (0.138)	0.050 (0.137)		0.144 (0.148)	0.196 (0.148)		0.287 (0.437)	0.468 (0.433)
大学及以上		-0.365 (0.345)	-0.289 (0.342)		-0.436$^+$ (0.232)	-0.378$^+$ (0.229)		0.149 (0.250)	0.199 (0.248)		-0.651 (0.735)	-0.468 (0.726)
父母感情（参照项：不好）												
好		-0.991*** (0.117)	-0.509*** (0.124)		-0.717*** (0.078)	-0.388*** (0.083)		-0.523*** (0.084)	-0.257** (0.090)		-2.230*** (0.249)	-1.153*** (0.264)
主要照料者（参照项：母亲）												
父亲		0.043 (0.178)	0.078 (0.176)		-0.012 (0.120)	0.018 (0.118)		0.006 (0.129)	0.010 (0.128)		0.037 (0.379)	0.105 (0.375)
祖辈		-0.056 (0.197)	-0.142 (0.195)		-0.134 (0.132)	-0.192 (0.131)		-0.044 (0.142)	-0.090 (0.142)		-0.234 (0.419)	-0.424 (0.414)

续表

变量	焦虑抑郁			退缩抑郁			躯体主诉			内化问题		
	模型 1	模型 2	模型 3	模型 4	模型 5	模型 6	模型 7	模型 8	模型 9	模型 10	模型 11	模型 12
其他亲戚/无		0.185 (0.213)	0.101 (0.211)		0.108 (0.143)	0.049 (0.141)		-0.055 (0.154)	-0.101 (0.153)		0.238 (0.453)	0.048 (0.448)
学校特征												
学习成绩		0.006 (0.050)	0.089[+] (0.050)		0.011 (0.034)	0.074[*] (0.034)		0.065[+] (0.036)	0.104[**] (0.036)		0.083 (0.107)	0.268[*] (0.106)
老师关心程度		-0.798[***] (0.076)	-0.632[***] (0.076)		-0.459[***] (0.051)	-0.338[***] (0.051)		-0.462[***] (0.055)	-0.384[***] (0.055)		-1.719[***] (0.162)	-1.354[***] (0.162)
同学友好程度		-0.782[***] (0.079)	-0.635[***] (0.079)		-0.460[***] (0.053)	-0.353[***] (0.053)		-0.392[***] (0.057)	-0.320[***] (0.057)		-1.634[***] (0.168)	-1.308[***] (0.167)
寄宿（参照项：是）												
否		0.494[**] (0.150)	0.479[**] (0.149)		0.107 (0.101)	0.101 (0.100)		0.370[***] (0.109)	0.363[***] (0.108)		0.971[**] (0.320)	0.942[**] (0.317)
常数项	4.629[***] (0.075)	11.337[***] (0.668)	13.699[***] (0.755)	4.164[***] (0.050)	7.352[***] (0.449)	8.835[***] (0.506)	2.741[***] (0.054)	6.955[***] (0.483)	8.676[***] (0.549)	11.534[***] (0.164)	25.644[***] (1.421)	31.210[***] (1.604)
调整 R^2	0.00306	0.180	0.198	0.00458	0.168	0.190	0.00327	0.176	0.185	0.00430	0.211	0.230
样本量							8283					

注：+代表 $p<0.1$，* 代表 $p<0.05$，** 代表 $p<0.01$，*** 代表 $p<0.001$。

模型 11 与 12），在三个心理维度与总体内化问题的因变量下，得分最高的均是与父留守儿童，说明与父留守对儿童的心理健康发展有较大影响。父亲往往是权威型角色，同时不善表达，可能对儿童日常生活与心理感受有所忽视，对儿童学习与行为管教更加严厉。特别是在儿童与父亲单独在家时，缺少母亲角色调和，父子（女）矛盾容易激化，儿童心理更易出现各种问题。得分次之的是双留守儿童（除焦虑抑郁维度），这与以往研究一致，双留守儿童同时缺少父亲和母亲的关爱与陪伴，对其心理发展十分不利（Zhang et al.，2019）。但值得注意的是，双留守儿童在焦虑抑郁的心理方面与普通儿童并未存在显著差异。近年来，政府、社会各界、学校对留守儿童的关爱力度不断加大，尤其是双留守儿童群体受重视程度较高，可见对双留守儿童的多重关爱保护措施的效果在此处有所显现。其次，加入家庭功能（经济功能、情感功能）后可以显著降低儿童心理问题得分，说明家庭功能等因素是保护儿童心理健康发展的重要因素，但具体对不同类型的留守儿童影响大小如何，需要进一步分析。最后，儿童对压力的积极认知有利于其心理健康发展，其余控制变量对儿童心理健康的影响与上一章结果类似。

2. PSM 结果分析

本书采用倾向得分匹配法，将各类型留守状态（处理组）与非留守状态（对照组）进行匹配，以消除样本选择性偏误，使儿童其余条件保持一致，以获得留守状态对儿童心理健康的影响，进行稳健性检验。核密度曲线图是检验数据平衡性的重要方式，图 6-2 分别展示了各类留守儿童（与母留守/与父留守/双留守）数据匹配前后的平衡性改善情况。各类样本在匹配前核心密度具有明显差异，匹配后处理组与对照组倾向分数分布变得相似，表明数据匹配度较高。表 6-2 展示了各类留守儿童在不同心理健康因变量下的平均干预效果（ATT）。从样本匹配结果来看，与前文回归结果基本一致，无论是单留守还是双留守，均会显著提高儿童心理健康问题得分，影响儿童心理健康发展。以与父留守儿童的内化问题为例，匹配后处理组平均处理效应为 2.753，在 0.1% 的水平下显著，表明与非留守儿童相比，与父留守儿童内化问题得分会高出 2.753。

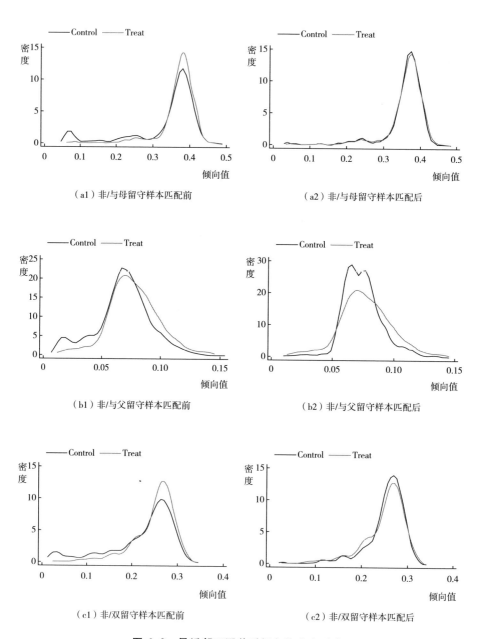

图 6-2 最近邻匹配前后倾向值分布对比

资料来源：2021 年陕西省汉中市宁强县儿童专项调查。

表 6-2 单/双亲视角下留守状态对儿童心理健康影响的 PSM 结果（ATT）

因变量	与母留守组	非留守组	差值	标准误
			非留守儿童 VS 与母留守儿童	
焦虑抑郁	5.093	4.676	0.417**	0.145
退缩抑郁	4.518	4.225	0.293**	0.097
躯体主诉	3.022	2.853	0.169	0.104
内化问题	12.633	11.755	0.878**	0.314
N	2310	4357		
因变量	与父留守组	非留守组	差值	标准误
			非留守儿童 VS 与父留守儿童	
焦虑抑郁	5.883	4.859	1.024**	0.338
退缩抑郁	5.136	4.273	0.863***	0.222
躯体主诉	3.747	2.881	0.866**	0.254
内化问题	14.765	12.012	2.753***	0.746
N	324	4357		
因变量	双留守组	非留守组	差值	标准误
			非留守儿童 VS 双留守儿童	
焦虑抑郁	4.933	4.663	0.270	0.174
退缩抑郁	4.520	4.262	0.258*	0.117
躯体主诉	2.997	2.756	0.241+	0.126
内化问题	12.450	11.681	0.769*	0.377
N	1292	4357		

注：+代表 p<0.1，*代表 p<0.05，**代表 p<0.01，***代表 p<0.001。

二 留守距离视角下留守状态对儿童心理健康的影响

1. 回归结果分析

检验留守距离视角下不同留守状态对儿童心理健康的影响，为保证结论的有效性，回归模型与上一小节相同，结果如表6-3所示。首先，不同留守状态对儿童心理健康的影响不同。具体来说，省内留守儿童无论是单留守还是双留守，在四个心理健康变量上均未表现出与非留守儿童的显著差异。而省外留守儿童（包括单/双留守）在退缩抑郁、躯体主诉以及整体内化问题上均较非留守儿童得分更高，即心理健康状况显著差于非留守儿童。此外，省外单留守对儿童焦虑抑郁也具有显著负向影响。以上结果提示，留守距离对儿童心理健康的影响差异明显，较短的留守距离对儿童心理健康影响较小，而较长的留守距离对儿童心理发展十分不利。新时代背景下，人口流动策略与模式的改变带来的是儿童留守状态的改变，儿童与父母地理距离的拉近，也进一步拉近了双方的心理距离。一方面，以往研究多关注异地城镇化背景下的留守儿童，因此多得出的是留守对儿童心理健康具有不利影响的研究结果。另一方面，若仅通过单/双亲视角分析留守儿童问题，可能会掩盖留守距离带来的影响差异。值得注意的是，省外双留守对儿童焦虑抑郁方面的心理并无显著影响，这一结果与在双留守视角下进行分析的结果一致，现有政策措施中对双留守儿童关注更多，对儿童焦虑心理的产生具有较好抑制效果，值得在今后的留守儿童关爱政策中借鉴。其次，模型3、6、9、12的结果表明，家庭功能（包括经济功能、情感功能）以及积极的个体压力认知对儿童心理健康具有显著的保护作用。其中，家庭功能中的情感功能对各个心理健康因变量的影响较经济功能更大，说明情感功能对儿童心理健康的影响更大。其余控制变量对儿童心理健康的影响与上一节结果类似。

2. PSM 结果分析

回归结果显示，无论是省内单留守还是省内双留守，均对儿童心理健康无显著影响；而省外单留守和省外双留守均会对儿童心理健康产生显著影响。因此，分别将省内留守儿童和省外留守儿童样本合并，同样使用倾

表6-3　留守距离视角下留守状态对儿童心理健康影响的回归分析结果

变量	焦虑抑郁			退缩抑郁			躯体主诉			内化问题		
	模型 1	模型 2	模型 3	模型 4	模型 5	模型 6	模型 7	模型 8	模型 9	模型 10	模型 11	模型 12
留守状态（参照项：非留守）												
省内单留守	0.208 (0.168)	0.072 (0.154)	-0.001 (0.153)	0.188$^+$ (0.112)	0.061 (0.104)	0.008 (0.103)	0.199$^+$ (0.121)	0.117 (0.112)	0.074 (0.111)	0.595 (0.364)	0.250 (0.329)	0.081 (0.325)
省内双留守	0.282 (0.240)	0.107 (0.259)	0.119 (0.256)	0.241 (0.160)	0.127 (0.174)	0.137 (0.172)	0.253 (0.173)	0.184 (0.187)	0.191 (0.186)	0.775 (0.520)	0.419 (0.551)	0.447 (0.544)
省外单留守	0.816*** (0.148)	0.582*** (0.137)	0.525*** (0.135)	0.605*** (0.099)	0.415*** (0.092)	0.372*** (0.091)	0.494*** (0.107)	0.310** (0.099)	0.286** (0.098)	1.914*** (0.321)	1.307*** (0.291)	1.184*** (0.288)
省外双留守	0.318$^+$ (0.190)	0.224 (0.228)	0.264 (0.226)	0.424*** (0.127)	0.350* (0.153)	0.376* (0.151)	0.258$^+$ (0.137)	0.231 (0.165)	0.258$^+$ (0.164)	1.000* (0.412)	0.805$^+$ (0.485)	0.898$^+$ (0.479)
控制变量												
家庭功能												
经济功能			-0.319*** (0.092)			-0.214*** (0.061)			-0.295*** (0.067)			-0.827*** (0.195)
情感功能			-0.737*** (0.086)			-0.489*** (0.057)			-0.407*** (0.062)			-1.633*** (0.182)
个体压力认知（参照项：消极）												
积极		-1.077*** (0.114)			-0.850*** (0.077)			-0.432*** (0.083)			-2.358*** (0.243)	

续表

变量	焦虑抑郁			退缩抑郁			躯体主诉			内化问题		
	模型 1	模型 2	模型 3	模型 4	模型 5	模型 6	模型 7	模型 8	模型 9	模型 10	模型 11	模型 12
个体特征												
性别（参照项：男）												
女		0.977***	0.947***		0.485***	0.454***		0.520***	0.522***		1.982***	1.922***
		(0.101)	(0.101)		(0.068)	(0.067)		(0.073)	(0.073)		(0.215)	(0.214)
户口类型（参照项：农村户口）												
城市或居民户口		0.344*	0.376**		0.213*	0.236*		0.395***	0.421***		0.952**	1.033***
		(0.145)	(0.144)		(0.097)	(0.096)		(0.105)	(0.105)		(0.309)	(0.305)
年龄		0.286***	0.280***		0.247***	0.243***		0.220***	0.214***		0.752***	0.738***
		(0.032)	(0.031)		(0.021)	(0.021)		(0.023)	(0.023)		(0.067)	(0.066)
身体健康		-1.495***	-1.344***		-0.931***	-0.821***		-1.286***	-1.209***		-3.712***	-3.374***
		(0.062)	(0.063)		(0.042)	(0.042)		(0.045)	(0.046)		(0.133)	(0.133)
家庭特征												
独生子女（参照项：是）												
否		0.023	-0.012		-0.015	-0.040		0.153+	0.132		0.161	0.081
		(0.119)	(0.118)		(0.080)	(0.079)		(0.086)	(0.086)		(0.253)	(0.250)
父亲受教育程度（参照项：小学及以下）												
初中		-0.058	-0.013		-0.026	0.005		-0.045	-0.013		-0.129	-0.021
		(0.117)	(0.115)		(0.078)	(0.077)		(0.084)	(0.084)		(0.248)	(0.245)

续表

变量	焦虑抑郁 模型 1	模型 2	模型 3	退缩抑郁 模型 4	模型 5	模型 6	躯体主诉 模型 7	模型 8	模型 9	内化问题 模型 10	模型 11	模型 12
高中		0.354* (0.178)	0.439* (0.176)		0.060 (0.119)	0.119 (0.118)		0.271* (0.129)	0.328* (0.128)		0.685+ (0.378)	0.886* (0.374)
大学及以上		0.295 (0.292)	0.440 (0.289)		0.119 (0.196)	0.221 (0.194)		-0.252 (0.211)	-0.153 (0.210)		0.162 (0.621)	0.507 (0.614)
母亲受教育程度（参照项：小学及以下）												
初中		-0.045 (0.115)	-0.008 (0.114)		-0.070 (0.077)	-0.043 (0.076)		0.084 (0.083)	0.115 (0.083)		-0.031 (0.244)	0.063 (0.242)
高中		0.148 (0.205)	0.223 (0.204)		-0.006 (0.138)	0.050 (0.137)		0.145 (0.148)	0.198 (0.148)		0.287 (0.437)	0.471 (0.433)
大学及以上		-0.364 (0.345)	-0.286 (0.342)		-0.435+ (0.232)	-0.376 (0.229)		0.146 (0.250)	0.196 (0.248)		-0.654 (0.734)	-0.466 (0.726)
父母感情（参照项：不好）												
好		-0.997*** (0.117)	-0.513*** (0.124)		-0.723*** (0.078)	-0.393*** (0.083)		-0.530*** (0.084)	-0.264** (0.090)		-2.249*** (0.248)	-1.170*** (0.264)
主要照料者（参照项：母亲）												
父亲		0.197 (0.157)	0.225 (0.155)		0.121 (0.105)	0.146 (0.104)		0.176 (0.113)	0.180 (0.113)		0.494 (0.333)	0.551+ (0.329)
祖辈		-0.006 (0.194)	-0.095 (0.192)		-0.093 (0.131)	-0.154 (0.129)		0.017 (0.140)	-0.029 (0.140)		-0.082 (0.413)	-0.278 (0.409)

续表

变量	焦虑抑郁			退缩抑郁			躯体主诉			内化问题		
	模型 1	模型 2	模型 3	模型 4	模型 5	模型 6	模型 7	模型 8	模型 9	模型 10	模型 11	模型 12
其他亲戚/无		0.228	0.141		0.143	0.082		-0.005	-0.052		0.366	0.171
		(0.212)	(0.209)		(0.142)	(0.140)		(0.153)	(0.152)		(0.450)	(0.445)
学校特征												
学习成绩		0.006	0.089+		0.011	0.074*		0.065+	0.104**		0.082	0.267*
		(0.050)	(0.050)		(0.034)	(0.034)		(0.036)	(0.036)		(0.107)	(0.106)
老师关心程度		-0.792***	-0.626***		-0.456***	-0.334***		-0.459***	-0.382***		-1.708***	-1.342***
		(0.076)	(0.076)		(0.051)	(0.051)		(0.055)	(0.055)		(0.162)	(0.162)
同学友好程度		-0.788***	-0.641***		-0.465***	-0.358***		-0.395***	-0.322***		-1.648***	-1.322***
		(0.079)	(0.079)		(0.053)	(0.053)		(0.057)	(0.057)		(0.168)	(0.167)
寄宿（参照项：是）												
否		0.483**	0.469**		0.100	0.094		0.362***	0.355**		0.945**	0.917**
		(0.150)	(0.149)		(0.101)	(0.100)		(0.109)	(0.108)		(0.320)	(0.317)
常数项	4.629***	11.323***	13.714***	4.164***	7.348***	8.853***	2.741***	6.930***	8.656***	11.534***	25.601***	31.223***
	(0.075)	(0.668)	(0.755)	(0.050)	(0.449)	(0.506)	(0.054)	(0.483)	(0.549)	(0.164)	(1.421)	(1.604)
调整 R^2	0.00323	0.180	0.198	0.00460	0.168	0.190	0.00228	0.175	0.184	0.00401	0.211	0.230
样本量	8283											

注：+代表 $p<0.1$，* 代表 $p<0.05$，** 代表 $p<0.01$，*** 代表 $p<0.001$。

向得分匹配法对不同留守状态儿童和非留守儿童进行匹配，以检验留守状态与儿童心理健康因果效应的稳健性。图6-3分别展示了省内留守儿童、省外留守儿童数据匹配前后的平衡性改善情况。匹配后数据倾向分数分布变得相似，表明匹配较好地改善了数据平衡性。表6-4展示了省内留守儿童和省外留守儿童分别在不同心理健康因变量下的平均干预效果（ATT）。从样本匹配结果来看，与前文回归结果基本一致，省内留守状态对儿童心理健康得分并无显著影响，而省外留守状态则会显著提升儿童在各个维度以及整体内化问题上的得分。

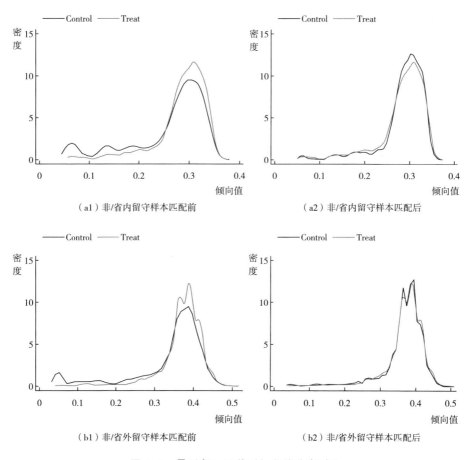

（a1）非/省内留守样本匹配前　　　　　（a2）非/省内留守样本匹配后

（b1）非/省外留守样本匹配前　　　　　（b2）非/省外留守样本匹配后

图6-3　最近邻匹配前后倾向值分布对比

资料来源：2021年陕西省汉中市宁强县儿童专项调查。

表6-4 留守距离视角下留守状态对儿童心理健康影响的PSM结果（ATT）

因变量	省内留守组	非留守组	差值	标准误
		非留守儿童 VS 省内留守儿童		
焦虑抑郁	4.862	4.708	0.154	0.187
退缩抑郁	4.369	4.179	0.190	0.126
躯体主诉	2.958	2.776	0.182	0.135
内化问题	12.189	11.663	0.526	0.407
N	1582	4357		

因变量	省外留守组	非留守组	差值	标准误
		非留守儿童 VS 省外留守儿童		
焦虑抑郁	5.272	4.862	0.410***	0.167
退缩抑郁	4.706	4.372	0.334***	0.112
躯体主诉	3.153	2.783	0.370**	0.116
内化问题	13.131	12.017	1.114***	0.359
N	2344	4357		

注：** 代表 $p<0.01$，*** 代表 $p<0.001$。

第三节 家庭功能对不同留守状态
儿童心理健康的影响

一 家庭功能对单/双亲视角下不同留守状态儿童心理健康的影响分析

1. 单/双亲视角下不同留守状态儿童的家庭功能现状

分别对非留守儿童、与母留守儿童、与父留守儿童以及双留守儿童的家庭经济功能、情感功能进行差异性检验，结果如表6-5所示。家庭经济功能方面，与母留守和与父留守儿童的家庭经济功能均显著差于非留守儿童与双留守儿童，非留守与双留守儿童的家庭经济功能不存在显著差异。由此可知，单留守儿童家庭经济功能较差，双留守儿童父母双方共同外出务工对家庭经济的提升程度较高，因此其家庭经济现状与非留守儿童家庭相似。以上结果提示，一方面，若县域家庭本身经济条件较好且收入稳定，则选择外出务工的偏好较低；另一方面，若选择外出，父母双方同时外出可能会给家庭经济带来更大的收入效应。家庭情感功能方面，非留守儿童与其他三类留守儿童在家庭情感功能上均存在显著差异；留守儿童群体内部，与父留守儿童和与母留守儿童家庭情感功能现状存在显著差异。结合各类儿童的家庭情感功能均值，可得出非留守儿童家庭情感功能最好，与母留守儿童次之，双留守儿童、与父留守儿童家庭情感功能最差。与以往研究一致的是，留守使得儿童与父母分离，亲子分离状态会影响亲子关系的发展、亲子沟通与互动等（刘红升等，2021）。更进一步发现，父亲外出与母亲外出对家庭情感功能的影响有所不同。母亲角色在平衡与稳定家庭三角关系中起着重要作用，母亲外出特别是母亲单独外出务工，在影响母子关系的同时，可能也不利于父子关系的发展。

表6-5 单/双亲视角下不同留守状态儿童家庭功能现状

儿童类型	经济功能		LR	情感功能		LR
非留守 VS 与母留守	2.82 (0.57)	2.75 (0.54)	***	4.46 (0.64)	4.39 (0.66)	***

儿童类型	经济功能		LR	情感功能		LR
非留守 VS 与父留守	2.82 (0.57)	2.73 (0.59)	**	4.46 (0.64)	4.33 (0.68)	***
非留守 VS 双留守	2.82 (0.57)	2.80 (0.53)	Ns	4.46 (0.64)	4.37 (0.67)	***
与母留守 VS 与父留守	2.75 (0.54)	2.73 (0.59)	Ns	4.39 (0.66)	4.33 (0.68)	*
与母留守 VS 双留守	2.75 (0.54)	2.80 (0.53)	**	4.39 (0.66)	4.37 (0.67)	Ns
与父留守 VS 双留守	2.73 0.59	2.80 (0.53)	*	4.33 (0.68)	4.37 (0.67)	Ns

注：Ns 代表不显著，+代表 p<0.1，* 代表 p<0.05，** 代表 p<0.01，*** 代表 p<0.001。

2. 家庭功能对单留守状态儿童心理健康的影响

首先，检验家庭功能对与母留守儿童心理健康的影响情况，与前文回归模型变量设置思路一致，为提高回归结果的可靠性与科学性，采用逐步回归方法，模型 1、3、5、7 分别为仅放入家庭经济功能和情感功能，未加入其他控制变量的初始模型，模型 2、4、6、8 则是在前一模型基础上加入其余控制变量的全模型。回归结果如表 6-6 所示，第一，家庭经济功能对儿童躯体主诉和整体内化问题具有显著的负向影响，家庭经济功能每提升 1 个单位，躯体主诉得分下降 0.360 个单位，内化问题的得分降低 0.772 个单位。对于与母留守儿童而言，较好的家庭经济状况可以有效减少其在躯体主诉上的问题，减少其内化问题的发生。第二，家庭情感功能对儿童三个心理健康维度以及整体心理健康状况均有显著影响，具体为家庭情感功能每提升 1 个单位，儿童焦虑抑郁得分下降 0.843 个单位，退缩抑郁得分下降 0.532 个单位，躯体主诉得分下降 0.377 个单位，整体内化问题得分下降 1.752 个单位。第三，控制变量方面，相比压力认知消极的儿童，

表6-6 家庭功能对与母留守儿童心理健康影响的回归分析结果

变量	焦虑抑郁		退缩抑郁		躯体主诉		内化问题	
	模型 1	模型 2	模型 3	模型 4	模型 5	模型 6	模型 7	模型 8
家庭功能								
经济功能	-0.510**	-0.267	-0.351**	-0.145	-0.525***	-0.360**	-1.386***	-0.772*
	(0.186)	(0.177)	(0.121)	(0.116)	(0.133)	(0.127)	(0.395)	(0.370)
情感功能	-1.820***	-0.843***	-1.153***	-0.532***	-1.092***	-0.377**	-4.064***	-1.752***
	(0.154)	(0.162)	(0.100)	(0.107)	(0.110)	(0.116)	(0.327)	(0.340)
控制变量								
个体压力认知（参照项：消极）								
积极		-1.145***		-0.837***		-0.498**		-2.480***
		(0.223)		(0.147)		(0.160)		(0.467)
个体特征								
性别（参照项：男）								
女		0.773***		0.303*		0.400**		1.476***
		(0.192)		(0.126)		(0.137)		(0.401)
户口类型（参照项：农村户口）								
城市或居民户口		0.117		0.029		0.513*		0.659
		(0.284)		(0.187)		(0.203)		(0.594)

续表

变量	焦虑抑郁		退缩抑郁		躯体主诉		内化问题	
	模型 1	模型 2	模型 3	模型 4	模型 5	模型 6	模型 7	模型 8
年龄		0.244*** (0.060)		0.242*** (C.039)		0.220*** (0.043)		0.706*** (0.125)
身体健康		-1.293*** (0.120)		-0.712*** (0.079)		-1.134*** (0.086)		-3.138*** (0.251)
家庭特征								
独生子女（参照项：是）								
否		-0.120 (0.230)		-0.211 (0.151)		0.243 (0.165)		-0.088 (0.482)
父亲受教育程度（参照项：小学及以下）								
初中		-0.052 (0.211)		-0.079 (0.139)		0.017 (0.151)		-0.114 (0.442)
高中		0.189 (0.327)		-0.296 (0.215)		0.235 (0.234)		0.128 (0.685)
大学及以上		-0.182 (0.819)		0.514 (0.538)		-0.495 (0.587)		-0.163 (1.715)

续表

变量	焦虑抑郁		退缩抑郁		躯体主诉		内化问题	
	模型 1	模型 2	模型 3	模型 4	模型 5	模型 6	模型 7	模型 8
母亲受教育程度（参照项：小学及以下）								
初中		0.162 (0.210)		0.118 (0.138)		0.109 (0.151)		0.389 (0.440)
高中		0.504 (0.428)		0.501$^+$ (0.281)		0.076 (0.307)		1.081 (0.897)
大学及以上		-0.639 (0.946)		-0.827 (0.622)		-0.334 (0.678)		-1.800 (1.982)
父母感情（参照项：不好）								
好		-0.557* (0.229)		-0.495** (0.151)		-0.461** (0.164)		-1.514** (0.480)
主要照料者（参照项：母亲）								
父亲		-0.397 (1.263)		-0.493 (0.830)		-0.308 (0.905)		-1.198 (2.645)
祖辈		0.962$^+$ (0.500)		0.324 (0.329)		0.552 (0.359)		1.838$^+$ (1.048)
其他亲戚/无		-0.725 (0.593)		0.222 (0.390)		-0.153 (0.425)		-0.656 (1.241)

续表

变量	焦虑抑郁		退缩抑郁		躯体主诉		内化问题	
	模型 1	模型 2	模型 3	模型 4	模型 5	模型 6	模型 7	模型 8
学校特征								
学习成绩		0.103 (0.097)		0.073 (0.064)		0.092 (0.069)		0.268 (0.202)
老师关心程度		-0.817*** (0.147)		-0.429*** (0.097)		-0.413*** (0.105)		-1.659*** (0.308)
同学友好程度		-0.609*** (0.154)		-0.351*** (0.101)		-0.417*** (0.110)		-1.377*** (0.323)
寄宿（参照项：是）								
否		0.434 (0.286)		0.056 (0.188)		0.622** (0.205)		1.112+ (0.599)
常数项	14.487*** (0.842)	15.288*** (1.434)	10.546*** (0.550)	9.172*** (0.943)	9.261*** (0.604)	8.980*** (1.028)	34.293*** (1.792)	33.440*** (3.004)
调整 R^2	0.0600	0.194	0.0572	0.180	0.0469	0.185	0.0674	0.226
样本量	2310							

注：+代表 $p<0.1$，* 代表 $p<0.05$，** 代表 $p<0.01$，*** 代表 $p<0.001$。

压力认知积极的儿童在各方面心理问题上得分会降低。具体的，分别在焦虑抑郁、退缩抑郁、躯体主诉、内化问题上得分下降 1.145 个单位、0.837 个单位、0.498 个单位、2.480 个单位，与前文总体样本检验结果基本一致。个体与家庭特征方面，性别为女、年龄较大、身体健康自评较差的儿童心理问题得分较高，父母感情较好的儿童心理问题得分较低。学校特征方面，老师关心程度和同学友好程度较高、寄宿对留守儿童心理健康具有保护作用。与总体样本回归结果不同的是，学习成绩和父亲受教育程度对儿童心理健康的影响不再显著。

其次，检验家庭功能对与父留守儿童心理健康的影响，回归结果如表 6-7 所示。第一，家庭经济功能对与父留守儿童所有心理健康变量均无显著影响，结合前文对各类儿童家庭功能的现状分析，可以发现与父留守儿童家庭经济功能失衡严重，无法对儿童心理健康产生保护作用。一方面，说明母亲单独外出难以给整个家庭带来较高的收入；另一方面，可能部分此类家庭本身存在劣势，不排除父亲重病、无劳动能力等情况。第二，家庭情感功能对儿童焦虑抑郁、退缩抑郁和整体内化问题具有显著负向作用，即与父留守儿童，家庭情感功能提高可以降低儿童心理问题的产生。但情感功能对儿童躯体主诉维度并无显著影响。躯体主诉是指个体会通过躯体来表达不良心理和情绪的现象，在抑郁、焦虑等心理健康疾病初期，个体通常最先表现出一系列身体上的不适，不易被察觉是心理疾病所致；即使是较好的亲子关系，也难以避免此类儿童躯体症状的出现，儿童可能对自身不良心理的发展尚未出现认知性反应或潜意识里不愿正视，应当引起重视。第三，其余变量方面，与其他留守儿童不同的是，个体压力认知、儿童年龄对与父留守儿童各方面心理问题并无显著影响。也就是说，大龄儿童心理问题得分显著高于低龄儿童，以及儿童积极认知压力可以保护其心理健康的结论在此并不适用，这进一步说明，与父留守对儿童心理健康十分不利。此外，老师关心程度对所有心理健康因变量都没有显著影响，说明此类儿童对老师关心的感知能力不足，可以进一步加强对其的关心。与父留守儿童在以往研究中较少被关注，且此类儿童家庭往往可能比较特殊，在下一步相关政策中，应加强对其的关注。

表6-7 家庭功能对与父留守儿童心理健康影响的回归分析结果

变量	焦虑抑郁		退缩抑郁		躯体主诉		内化问题	
	模型 1	模型 2	模型 3	模型 4	模型 5	模型 6	模型 7	模型 8
家庭功能								
经济功能	0.448	0.475	-0.111	-0.097	0.495	0.523	0.831	0.901
	(0.485)	(0.464)	(0.313)	(0.305)	(0.377)	(0.360)	(1.073)	(1.014)
情感功能	-2.175***	-1.076*	-1.388***	-0.696*	-1.336***	-0.364	-4.898***	-2.136*
	(0.421)	(0.457)	(0.272)	(0.300)	(0.327)	(0.354)	(0.931)	(0.996)
控制变量								
个体压力认知（参照项：消极）								
积极		-0.175		-0.571		0.063		-0.683
		(0.639)		(0.419)		(0.496)		(1.394)
个体特征								
性别（参照项：男）								
女		1.525**		1.019**		0.740+		3.283**
		(0.537)		(0.353)		(0.417)		(1.172)
户口类型（参照项：农村户口）								
城市或居民户口		0.177		0.511		0.082		0.770
		(0.776)		(0.510)		(0.602)		(1.693)

续表

变量	焦虑抑郁		退缩抑郁		躯体主诉		内化问题	
	模型 1	模型 2	模型 3	模型 4	模型 5	模型 6	模型 7	模型 8
年龄		-0.003 (0.166)		0.072 (0.109)		0.018 (0.129)		0.087 (0.362)
身体健康		-1.615*** (0.338)		-0.670** (0.222)		-1.416*** (0.262)		-3.702*** (0.738)
家庭特征								
独生子女（参照项：是）								
否		-0.762 (0.591)		-0.656+ (0.388)		0.587 (0.459)		-0.831 (1.290)
父亲受教育程度（参照项：小学及以下）								
初中		-0.016 (0.596)		-0.089 (0.391)		-0.238 (0.462)		-0.343 (1.300)
高中		1.376 (0.910)		0.650 (0.598)		0.998 (0.706)		3.024 (1.986)
大学及以上		-0.250 (2.137)		-0.249 (1.403)		-0.373 (1.658)		-0.871 (4.663)

续表

变量	焦虑抑郁		退缩抑郁		躯体主诉		内化问题	
	模型 1	模型 2	模型 3	模型 4	模型 5	模型 6	模型 7	模型 8
母亲受教育程度（参照项：小学及以下）								
初中		0.563		0.084		0.390		1.037
		(0.599)		(0.393)		(0.465)		(1.307)
高中		−0.852		−1.067		0.679		−1.240
		(1.208)		(0.793)		(0.938)		(2.637)
大学及以上		2.366		0.511		4.068*		6.945
		(2.660)		(1.747)		(2.065)		(5.806)
父母感情（参照项：不好）								
好		−0.807		−0.697+		−0.911+		−2.415+
		(0.600)		(0.394)		(0.466)		(1.309)
主要照料者（参照项：母亲）								
父亲		−3.257		−1.406		−2.602		−7.265
		(2.414)		(1.586)		(1.874)		(5.269)
祖辈		−2.899		−1.534		−1.976		−6.409
		(2.494)		(1.638)		(1.936)		(5.444)
其他亲戚/无		−4.234		−2.588		−2.959		−9.781
		(2.807)		(1.343)		(2.178)		(6.126)

续表

变量	焦虑抑郁		退缩抑郁		躯体主诉		内化问题	
	模型 1	模型 2	模型 3	模型 4	模型 5	模型 6	模型 7	模型 8
学校特征								
学习成绩		-0.178		-0.020		0.173		-0.025
		(0.271)		(0.178)		(0.210)		(0.591)
老师关心程度		0.193		0.059		-0.205		0.046
		(0.393)		(0.258)		(0.305)		(0.857)
同学友好程度		-1.927***		-1.208***		-1.216***		-4.351***
		(0.402)		(0.264)		(0.312)		(0.877)
寄宿（参照项：是）								
否		-1.612		-0.492		-1.513		-3.617
		(0.992)		(0.652)		(0.770)		(2.166)
常数项	14.067***	24.862***	11.443***	15.495***	8.171***	15.150***	33.681***	55.507***
	(2.119)	(4.916)	(1.369)	(3.229)	(1.649)	(3.815)	(4.691)	(10.728)
调整 R^2	0.0712	0.236	0.0724	0.212	0.0450	0.220	0.0736	0.260
样本量	324							

注：+代表 $p<0.1$，*代表 $p<0.05$，**代表 $p<0.01$，***代表 $p<0.001$。

3. 家庭功能对双留守状态儿童心理健康的影响

检验家庭功能对双留守儿童心理健康的影响，模型设置与上节相同，回归结果如表6-8所示。首先，双留守儿童的家庭经济功能并未对其心理健康产生显著影响。尽管父母双方共同外出对家庭经济功能的提升效应明显，但是家庭经济功能并不能很好地发挥作用，起码在儿童心理发展方面，对双留守儿童心理健康无法产生保护作用。其次，情感功能对双留守儿童所有心理健康因变量均有显著负向影响，表明家庭情感功能提升能减少双留守儿童心理问题的产生，有利于儿童心理健康发展。最后，在其余影响因素中，个体压力认知对留守儿童所有心理健康变量均具有显著负向影响，即相比消极认知，个体对压力积极认知能够降低其心理问题的得分。性别差异方面，双留守儿童在退缩抑郁方面并未表现出显著的性别差异，说明被双留守的男孩在社交心理上，表现出更多的退缩症状，父母双方均不在身边，更会导致男孩内向、不愿意接触外人等。模型4同时表明，母亲受教育程度提高会显著降低双留守儿童退缩抑郁的得分。相比母亲受教育程度在小学及以下的儿童，母亲受教育程度为初中、高中和大学及以上的双留守儿童退缩抑郁得分分别低0.439个单位、0.911个单位、1.877个单位。受教育程度越高的母亲可能越注意教养方式，善于运用更多的教育技巧，特别是不在孩子身边时，与子女联络时不仅会关注其基本生活情况，还会注重询问子女各方面的发展，如人际交往等。双留守儿童主要照料者差异同样对其退缩抑郁产生显著影响，相比母亲，父亲照料会提升儿童退缩抑郁得分。部分双留守儿童近半年照料者仍为父亲或母亲，说明部分儿童父母回家频率较高，就地就近城镇化发展使得外出务工的父母可以经常回家与子女团聚；需要注意的是，母亲经常回家对儿童的积极影响更大，特别是在儿童社会化方面具有显著影响，儿童会更加外向开朗，愿意与人交往。此外，父母感情仅显著降低双留守儿童焦虑抑郁的得分，而对儿童退缩抑郁和躯体主诉并无显著影响，这表明在儿童同时缺乏双亲陪伴时，即使是较好的父母情感对儿童心理健康的积极作用也十分有限，情感陪伴此时更加重要。学校老师和同学对双留守儿童心理健康发展同样关键，特别是老师关心程度对降低儿童心理问题得分具有较强作用。

表 6-8　家庭功能对双留守儿童心理健康影响的回归分析结果

变量	焦虑抑郁		退缩抑郁		躯体主诉		内化问题	
	模型 1	模型 2	模型 3	模型 4	模型 5	模型 6	模型 7	模型 8
家庭功能								
经济功能	-0.547* (0.250)	-0.211 (0.241)	-0.364* (0.167)	-0.120 (0.162)	-0.225 (0.185)	-0.055 (0.178)	-1.137* (0.538)	-0.386 (0.512)
情感功能	-1.664*** (0.198)	-0.612** (0.220)	-1.103*** (0.132)	-0.450** (0.148)	-1.058*** (0.147)	-0.343* (0.163)	-3.825*** (0.428)	-1.404** (0.468)
控制变量								
个体压力认知（参考项：消极）								
积极		-0.879** (0.293)		-0.906*** (0.196)		-0.524* (0.217)		-2.309*** (0.623)
个体特征								
性别（参照项：男）								
女		0.816** (0.255)		0.174 (0.171)		0.419* (0.188)		1.409** (0.542)
户口类型（参照项：农村户口）								
城市或居民户口		0.381 (0.398)		0.205 (0.267)		0.485+ (0.294)		1.070 (0.846)
年龄		0.219** (0.079)		0.161** (0.053)		0.141* (0.059)		0.520** (0.168)

续表

变量	焦虑抑郁		退缩抑郁		躯体主诉		内化问题	
	模型 1	模型 2	模型 3	模型 4	模型 5	模型 6	模型 7	模型 8
身体健康		-1.154*** (0.160)		-0.751*** (0.107)		-1.177*** (0.118)		-3.082*** (0.340)
家庭特征								
独生子女（参照项：是）								
否		-0.060 (0.307)		-0.179 (0.206)		0.272 (0.227)		0.033 (0.653)
父亲受教育程度（参照项：小学及以下）								
初中		-0.197 (0.282)		-0.120 (0.189)		-0.197 (0.208)		-0.515 (0.599)
高中		0.332 (0.480)		0.593+ (0.322)		0.268 (0.355)		1.193 (1.021)
大学及以上		0.153 (0.975)		0.325 (0.554)		-0.706 (0.721)		-0.227 (2.073)
母亲受教育程度（参照项：小学及以下）								
初中		-0.597* (0.283)		-0.439* (0.290)		0.113 (0.209)		-0.923 (0.601)

续表

变量	焦虑抑郁		退缩抑郁		躯体主诉		内化问题	
	模型 1	模型 2	模型 3	模型 4	模型 5	模型 6	模型 7	模型 8
高中		-0.766 (0.585)		-0.911* (0.393)		0.264 (0.433)		-1.414 (1.244)
大学及以上		-2.470+ (1.417)		-1.877* (0.950)		-0.654 (1.047)		-5.000+ (3.012)
父母感情（参照项：不好）								
好		-0.697* (0.316)		-0.321 (0.212)		-0.208 (0.234)		-1.226+ (0.673)
主要照料者（参照项：母亲）								
父亲		1.685 (1.570)		1.839+ (1.053)		0.691 (1.161)		4.215 (3.339)
祖辈		0.667 (1.017)		0.508 (0.682)		-0.227 (0.751)		0.948 (2.161)
其他亲戚/无		1.041 (1.027)		0.754 (0.689)		-0.072 (0.759)		1.724 (2.185)

续表

变量	焦虑抑郁		退缩抑郁		躯体主诉		内化问题	
	模型 1	模型 2	模型 3	模型 4	模型 5	模型 6	模型 7	模型 8
学校特征								
学习成绩		0.040		0.072		0.120		0.233
		(0.125)		(0.084)		(0.092)		(0.265)
老师关心程度		-0.897***		-0.436***		-0.544***		-1.877***
		(0.194)		(0.130)		(0.143)		(0.412)
同学友好程度		-0.562**		-0.287*		-0.267+		-1.116**
		(0.199)		(0.134)		(0.147)		(0.424)
寄宿（参照项：是）								
否		0.730		-0.042		0.688+		1.376
		(0.487)		(0.327)		(0.360)		(1.036)
常数项	13.733***	13.697***	10.356***	9.557***	8.250***	9.334***	32.338***	32.588***
	(1.079)	(2.118)	(0.720)	(1.421)	(0.798)	(1.566)	(2.326)	(4.503)
调整 R^2	0.0559	0.175	0.0552	0.166	0.0396	0.161	0.0623	0.203
样本量				1292				

注：+代表 $p<0.1$，*代表 $p<0.05$，**代表 $p<0.01$，***代表 $p<0.001$。

二 家庭功能对留守距离视角下不同留守状态儿童心理健康的影响分析

1. 留守距离视角下不同留守状态儿童家庭功能现状

对不同留守状态儿童的家庭功能进行差异性检验。在上文中检验不同留守状态对儿童心理健康的影响，发现相比非留守儿童，无论是单留守还是双留守，省内留守均未对儿童心理健康产生显著影响，相反省外留守对儿童心理健康有显著影响。因此，为方便下文研究，本小节将省内单、双留守儿童合并为省内留守儿童，省外单、双留守儿童合并为省外留守儿童进行家庭功能影响差异的分析。留守距离视角下不同留守状态儿童家庭功能差异显著性如表6-9所示，在家庭经济功能方面，省内留守儿童家庭经济功能显著低于非留守儿童、省外留守儿童；非留守与省外留守儿童的家庭经济功能则没有显著性差异。说明对于外出务工的家庭而言，相比在省内务工，远距离流动至省外务工的经济收入提升效应更大。这与西部省份的人口通常流动到东部沿海发达地区，而东部地区经济发展水平相对更高，平均工资水平也相应更高的情况相符。在家庭情感功能方面，省内留守与省外留守儿童的家庭情感功能均显著低于非留守儿童，而省内与省外留守儿童群体之间在家庭情感功能上无显著性差异。此结果表明，无论留守距离长还是短，留守导致的亲子分离都不可避免地会影响亲子关系。为防止合并留守状态对分析结果造成影响，进一步分析省内留守儿童和省外留守儿童群体内部的家庭功能差异，结果发现省内单留守与省内双留守儿童的家庭经济功能具有显著差异，其余均无显著性差异。因此，下文合并省外留守儿童群体，省内留守儿童仍分为省内单留守、省内双留守进行分析。

表6-9 留守距离视角下不同留守状态儿童家庭功能现状

儿童类型	经济功能		LR	情感功能		LR
非留守 VS 省内留守	2.82 (0.57)	2.72 (0.57)	***	4.46 (0.64)	4.37 (0.67)	***

续表

儿童类型	经济功能		LR	情感功能		LR
非留守 VS 省外留守	2.82 （0.57）	2.80 （0.52）	Ns	4.46 （0.64）	4.38 （0.66）	***
省内留守 VS 省外留守	2.72 （0.57）	2.80 （0.52）	***	4.37 （0.67）	4.38 （0.66）	Ns
省内单留守 VS 省内双留守	2.70 （0.58）	2.77 （0.55）	*	4.39 （0.65）	4.33 （0.70）	Ns
省外单留守 VS 省外双留守	2.78 （0.52）	2.82 （0.52）	Ns	4.38 （0.67）	4.39 （0.66）	Ns

注：Ns 代表不显著，* 代表 $p<0.05$，*** 代表 $p<0.001$。

2. 家庭功能对省内留守儿童心理健康的影响

首先，在省内单留守儿童群体中，检验家庭功能对其心理健康的影响，回归结果如表 6-10 所示。第一，家庭经济功能对所有心理健康变量均具有显著负向影响。第二，家庭情感功能对焦虑抑郁、退缩抑郁、内化问题三个心理健康变量均具有显著负向影响，良好的亲子关系可以保护此类儿童，避免其心理出现各种不良问题。第三，其余影响因素中，相比个体对压力的消极认知，积极认知可以显著降低儿童各方面不良心理问题得分。个体特征方面，性别差异在省内单留守儿童焦虑抑郁、内化问题上产生显著影响，这与以往研究认为女孩天生性格敏感，心理年龄较同龄男孩更大，因此留守时更易产生焦虑抑郁心理的结论类似。与所有儿童样本的结果一致，年龄越大儿童心理问题得分越高，身体健康自评得分越高儿童心理问题得分越低。在家庭特征方面，父母感情较好可以显著降低儿童躯体主诉的得分。在学校特征方面，儿童感知到的老师关心程度越高、同学友好程度越高，其各方面心理问题的得分越低。

其次，检验家庭功能对省内双留守儿童群体心理健康的影响，结果如表 6-11 所示。第一，家庭经济功能对省内双留守儿童各个方面的心理健康因变量均没有显著影响。经上文差异性检验，省内双留守儿童相比省内单留守儿童家庭经济状况更好，但是更好的家庭经济功能却没有在儿童心

表 6-10 家庭功能对省内单留守儿童心理健康影响的回归分析结果

| 变量 | 焦虑抑郁 | | 退缩抑郁 | | 躯体主诉 | | 内化问题 | |
	模型 1	模型 2	模型 3	模型 4	模型 5	模型 6	模型 7	模型 8
家庭功能								
经济功能	-0.613* (0.248)	-0.569* (0.232)	-0.356* (0.162)	-0.265+ (0.153)	-0.559** (0.186)	-0.518** (0.175)	-1.529** (0.535)	-1.353** (0.494)
情感功能	-1.642*** (0.222)	-0.711** (0.234)	-1.100*** (0.145)	-0.508** (0.154)	-1.036*** (0.166)	-0.232 (0.177)	-3.778*** (0.480)	-1.450** (0.498)
控制变量								
个体压力认知（参考项：消极）								
积极		-1.257*** (0.315)		-0.867*** (0.208)		-0.702** (0.238)		-2.826*** (0.670)
个体特征								
性别（参照项：男）								
女		0.698* (0.271)		0.178 (0.179)		0.271 (0.205)		1.147* (0.577)
户口类型（参照项：农村户口）								
城市或居民户口		0.247 (0.415)		-0.102 (0.274)		0.573+ (0.313)		0.719 (0.882)

续表

变量	焦虑抑郁		退缩抑郁		躯体主诉		内化问题	
	模型 1	模型 2	模型 3	模型 4	模型 5	模型 6	模型 7	模型 8
年龄		0.310*** (0.081)		0.279*** (0.053)		0.198** (0.061)		0.787*** (0.172)
身体健康		-1.523*** (0.172)		-0.797*** (0.114)		-1.209*** (0.130)		-3.529*** (0.366)
家庭特征								
独生子女（参照项：是）								
否		-0.031 (0.320)		-0.158 (0.211)		0.311 (0.242)		0.122 (0.681)
父亲受教育程度（参照项：小学及以下）								
初中		0.114 (0.296)		-0.213 (0.195)		0.081 (0.223)		-0.018 (0.629)
高中		0.281 (0.482)		-0.048 (0.318)		0.553 (0.364)		0.786 (1.024)
大学及以上		0.843 (1.134)		1.172 (0.748)		-0.037 (0.856)		1.977 (2.412)

续表

变量	焦虑抑郁 模型 1	焦虑抑郁 模型 2	退缩抑郁 模型 3	退缩抑郁 模型 4	躯体主诉 模型 5	躯体主诉 模型 6	内化问题 模型 7	内化问题 模型 8
母亲受教育程度（参照项：小学及以下）								
初中		0.093 (0.300)		0.126 (0.198)		0.021 (0.226)		0.240 (0.638)
高中		0.654 (0.636)		0.048 (0.420)		0.243 (0.480)		0.946 (1.353)
大学及以上		-0.536 (1.350)		-1.333 (0.891)		0.464 (1.019)		-1.405 (2.870)
父母感情（参照项：不好）								
好		-0.114 (0.325)		-0.224 (0.215)		-0.581* (0.246)		-0.918 (0.692)
主要照料者（参照项：母亲）								
父亲		0.465 (0.429)		0.518+ (0.283)		0.516 (0.324)		1.499 (0.913)
祖辈		1.121+ (0.648)		0.025 (0.428)		0.685 (0.490)		1.831 (1.379)
其他亲戚/无		-1.000 (0.808)		-0.238 (0.533)		-0.551 (0.610)		-1.788 (1.718)

续表

变量	焦虑抑郁		退缩抑郁		躯体主诉		内化问题	
	模型 1	模型 2	模型 3	模型 4	模型 5	模型 6	模型 7	模型 8
学校特征								
学习成绩		-0.050		-0.092		0.032		-0.110
		(0.138)		(0.091)		(0.104)		(0.294)
老师关心程度		-0.659***		-0.428**		-0.427**		-1.514***
		(0.209)		(0.138)		(0.158)		(0.444)
同学友好程度		-0.567**		-0.241+		-0.357*		-1.165**
		(0.212)		(0.140)		(0.160)		(0.450)
寄宿（参照项：是）								
否		0.416		0.261		0.372		1.049
		(0.417)		(0.275)		(0.315)		(0.887)
常数项	13.700***	14.646***	10.139***	9.045***	8.996***	9.462***	32.835***	33.154***
	(1.142)	(1.958)	(0.745)	(1.292)	(0.855)	(1.479)	(2.466)	(4.164)
调整 R^2	0.0537	0.213	0.0547	0.097	0.0431	0.191	0.0619	0.244
样本量				1103				

注：+ 代表 $p<0.1$，* 代表 $p<0.05$，** 代表 $p<0.01$，*** 代表 $p<0.001$。

表 6-11 家庭功能对省内双留守儿童心理健康影响的回归分析结果

变量	焦虑抑郁		退缩抑郁		躯体主诉		内化问题	
	模型 1	模型 2	模型 3	模型 4	模型 5	模型 6	模型 7	模型 8
家庭功能								
经济功能	-0.070	0.304	-0.232	0.033	-0.073	0.069	-0.375	0.406
	(0.406)	(0.388)	(0.274)	(0.266)	(0.299)	(0.286)	(0.889)	(0.841)
情感功能	-0.933**	0.239	-0.823***	-0.190	-0.751**	0.068	-2.506***	0.118
	(0.321)	(0.352)	(0.217)	(0.241)	(0.237)	(0.259)	(0.703)	(0.762)
控制变量								
个体压力认知（参考项：消极）								
积极		-0.553		-0.794*		-0.334		-1.681
		(0.484)		(0.331)		(0.356)		(1.047)
个体特征								
性别（参照项：男）								
女		0.355		-0.182		0.167		0.340
		(0.432)		(0.295)		(0.318)		(0.935)
户口类型（参照项：农村户口）								
城市或居民户口		0.488		0.380		0.716		1.584
		(0.668)		(0.457)		(0.492)		(1.446)

续表

变量	焦虑抑郁		退缩抑郁		躯体主诉		内化问题	
	模型 1	模型 2	模型 3	模型 4	模型 5	模型 6	模型 7	模型 8
年龄		0.236 (0.133)		0.126 (0.091)		0.104 (0.098)		0.465 (0.287)
身体健康		-1.403*** (0.258)		-0.830*** (0.177)		-1.295*** (0.190)		-3.527*** (0.560)
家庭特征								
独生子女（参照项：是）								
否		-0.117 (0.545)		-0.485 (0.373)		0.521 (0.401)		-0.081 (1.179)
父亲受教育程度（参照项：小学及以下）								
初中		0.037 (0.468)		-0.389 (0.320)		-0.160 (0.345)		-0.513 (1.013)
高中		0.814 (0.824)		0.461 (0.564)		0.717 (0.607)		1.991 (1.784)
大学及以上		-0.988 (1.875)		-1.663 (1.282)		-1.235 (1.381)		-3.886 (4.059)

续表

变量	焦虑抑郁		退缩抑郁		躯体主诉		内化问题	
	模型 1	模型 2	模型 3	模型 4	模型 5	模型 6	模型 7	模型 8
母亲受教育程度（参照项：小学及以下）								
初中		-1.347** (0.503)		-0.865* (0.344)		-0.556 (0.370)		-2.768* (1.089)
高中		0.222 (1.057)		0.022 (0.723)		1.062 (0.778)		1.307 (2.288)
大学及以上		-3.396+ (2.026)		-1.308 (1.385)		-1.090 (1.492)		-5.795 (4.386)
父母感情（参照项：不好）								
好		-1.245* (0.527)		-0.404 (0.360)		-0.686+ (0.388)		-2.335* (1.141)
主要照料者（参照项：母亲）								
父亲		0.064 (1.853)		1.216 (1.267)		-0.322 (1.365)		0.959 (4.011)
祖辈		0.860 (1.155)		0.480 (0.790)		-0.232 (0.851)		1.109 (2.501)
其他亲戚/无		1.076 (1.179)		0.880 (0.806)		-0.072 (0.868)		1.884 (2.552)

续表

变量	焦虑抑郁		退缩抑郁		躯体主诉		内化问题	
	模型 1	模型 2	模型 3	模型 4	模型 5	模型 6	模型 7	模型 8
学校特征								
学习成绩		-0.314		-0.143		0.027		-0.429
		(0.204)		(0.140)		(0.151)		(0.443)
老师关心程度		-1.080***		-0.562**		-0.632**		-2.374***
		(0.312)		(0.214)		(0.230)		(0.676)
同学友好程度		-0.384		-0.084		-0.197		-0.665
		(0.328)		(0.224)		(0.241)		(0.710)
寄宿（参照项：是）								
否		0.961		-0.334		1.238*		1.865
		(0.760)		(0.520)		(0.560)		(1.646)
常数项	9.143***	10.796**	8.611***	10.088***	6.448***	8.785***	24.201***	29.669***
	(1.784)	(3.367)	(1.203)	(2.303)	(1.315)	(2.480)	(3.905)	(7.289)
调整 R^2	0.0134	0.166	0.0270	0.154	0.0168	0.170	0.0224	0.192
样本量					479			

注：+代表 $p<0.1$，* 代表 $p<0.05$，** 代表 $p<0.01$，*** 代表 $p<0.001$。

理健康上发挥保护作用。第二，家庭情感功能对省内双留守儿童各个方面的心理健康因变量均没有显著的影响。与经济功能不同的是，尽管省内双留守与省内单留守儿童亲子关系并没有显著差异，但省内双留守儿童得分低于省内单留守儿童。综合来看，省内单留守儿童家庭情感功能相对较高，经济功能相对较低，而省内双留守儿童家庭情感功能相对较低，经济功能相对较高。但从两类儿童的回归结果来看，对于省内双留守儿童而言，家庭功能失衡且无法正常运作的后果更为严重。该结果印证了第四章对省内双留守儿童的分析，父母省内流动往往务工地离家距离较近，回家频率较高；但正是因为此特征，父母不在家时，学校、家庭对儿童的监管与关注均有所忽略，儿童日常生活处在"交叉盲区"。此外，省内双留守儿童中还存在部分父母一方在省内务工、一方在省外务工的儿童，该情形可能会加重此类儿童的劣势。第三，其他影响因素方面，个体对压力的积极认知除对儿童退缩抑郁有显著的负向影响外，对儿童其余心理方面均没有显著影响。除此之外，其余许多影响因素在省内双留守儿童群体中均没有显著影响。个体特征方面，性别、年龄对儿童各个方面的心理健康因变量均没有显著影响。家庭特征方面，母亲受教育程度十分重要，对儿童心理健康具有显著影响。相比小学及以下的受教育程度，母亲受教育程度为初中对儿童焦虑抑郁、退缩抑郁、内化问题得分具有显著负向作用。母亲受教育程度较高会更加注重教养方式，对儿童发展全面关注，从而对儿童的忽略程度也相应会有所降低。重要的影响因素还包括父母之间的感情状况，回归结果显示，较好的父母感情能有效降低儿童焦虑抑郁、躯体主诉、内化问题得分。学校特征方面，同学友好程度通常对儿童心理健康有显著保护作用，但对省内双留守儿童群体却并无显著影响。再次表明，省内双留守儿童处于容易被学校或家长忽视的境地，难免会面对同学的一些不友好态度或行为。

3. 家庭功能对省外留守儿童心理健康的影响

检验家庭功能对省外留守儿童的心理健康影响情况，回归结果如表6-12所示。第一，家庭经济功能对省外留守儿童所有心理健康变量均没有显著影响。基准模型1、3、5、7结果显示，家庭经济功能对省外留守儿童所有心理健康变量均有显著影响；但放入其余控制变量后，家庭经济功能的影

表6-12 家庭功能对省外留守儿童心理健康影响的回归分析结果

变量	焦虑抑郁		退缩抑郁		躯体主诉		内化问题	
	模型 1	模型 2	模型 3	模型 4	模型 5	模型 6	模型 7	模型 8
家庭功能								
经济功能	-0.482*	-0.090	-0.395**	-0.126	-0.301*	-0.059	-1.178**	-0.274
	(0.193)	(0.185)	(0.126)	(0.122)	(0.139)	(0.133)	(0.410)	(0.389)
情感功能	-2.061***	-1.013***	-1.264***	-0.583***	-1.203***	-0.490***	-4.528***	-2.086***
	(0.152)	(0.163)	(0.099)	(0.107)	(0.110)	(0.117)	(0.323)	(0.342)
控制变量								
个体压力认知（参考项：消极）								
积极		-0.940***		-0.824***		-0.400*		-2.164***
		(0.224)		(0.147)		(0.161)		(0.470)
个体特征								
性别（参照项：男）								
女		0.986***		0.477***		0.534***		1.996***
		(0.192)		(0.126)		(0.138)		(0.403)
户口类型（参照项：农村户口）								
城市或居民户口		0.137		0.180		0.359+		0.675
		(0.284)		(0.187)		(0.204)		(0.595)

续表

变量	焦虑抑郁		退缩抑郁		躯体主诉		内化问题	
	模型 1	模型 2	模型 3	模型 4	模型 5	模型 6	模型 7	模型 8
年龄		0.177** (0.061)		0.185*** (0.040)		0.190*** (0.044)		0.552*** (0.128)
身体健康		-1.140*** (0.121)		-0.668*** (0.079)		-1.138*** (0.087)		-2.946*** (0.253)
家庭特征								
独生子女（参照项：是）								
否		-0.237 (0.227)		-0.239 (0.149)		0.191 (0.163)		-0.285 (0.476)
父亲受教育程度（参照项：小学及以下）								
初中		-0.156 (0.214)		0.039 (0.141)		-0.114 (0.154)		-0.231 (0.448)
高中		0.306 (0.331)		0.027 (0.218)		0.147 (0.239)		0.480 (0.695)
大学及以上		-0.244 (0.773)		0.355 (0.509)		-0.409 (0.556)		-0.298 (1.620)

续表

变量	焦虑抑郁		退缩抑郁		躯体主诉		内化问题	
	模型 1	模型 2	模型 3	模型 4	模型 5	模型 6	模型 7	模型 8
母亲受教育程度（参照项：小学及以下）								
初中		0.131 (0.208)		0.024 (0.137)		0.326* (0.150)		0.481 (0.437)
高中		-0.389 (0.419)		-0.168 (0.276)		-0.053 (0.301)		-0.611 (0.878)
大学及以上		-0.494 (1.028)		-0.853 (0.677)		-0.003 (0.740)		-1.349 (2.156)
父母感情（参照项：不好）								
好		-0.760*** (0.230)		-0.560*** (0.151)		-0.313+ (0.165)		-1.632*** (0.482)
主要照料者（参照项：母亲）								
父亲		0.587 (0.386)		0.427+ (0.254)		0.566* (0.278)		1.580+ (0.809)
祖辈		-0.291 (0.226)		-0.332 (0.149)		0.056 (0.163)		-0.267 (0.474)
其他亲戚/无		0.037 (0.296)		0.120 (0.195)		0.081 (0.213)		0.239 (0.621)

续表

变量	焦虑抑郁		退缩抑郁		躯体主诉		内化问题	
	模型 1	模型 2	模型 3	模型 4	模型 5	模型 6	模型 7	模型 8
学校特征								
学习成绩		0.180+		0.170**		0.168*		0.518**
		(0.096)		(0.063)		(0.069)		(0.201)
老师关心程度		-0.728***		-0.338***		-0.405***		-1.471***
		(0.147)		(0.097)		(0.106)		(0.309)
同学友好程度		-0.808***		-0.523***		-0.495***		-1.826***
		(0.155)		(0.102)		(0.111)		(0.324)
寄宿（参照项：是）								
否		0.282		-0.055		0.437+		0.664
		(0.314)		(0.207)		(0.226)		(0.659)
常数项	15.651***	16.463***	11.354***	10.087***	9.266***	9.057***	36.270***	35.606***
	(0.844)	(1.477)	(0.552)	(0.972)	(0.610)	(1.063)	(1.798)	(3.098)
调整 R^2	0.0758	0.193	0.0690	0.179	0.0507	0.179	0.0809	0.223
样本量					2344			

注：+代表 $p<0.1$，* 代表 $p<0.05$，** 代表 $p<0.01$，*** 代表 $p<0.001$。

响不再显著，如模型 2、4、6、8 所示，表明家庭经济功能被其余变量解释。前文对不同类型留守儿童家庭经济功能进行差异性检验时发现，省外留守儿童家庭经济功能与非留守儿童无异，且二者均好于省内留守儿童，但是省外留守儿童家庭经济功能的提升对其心理健康发展并无显著影响，表明在此类儿童家庭中，外出务工"收入效应"无法很好地发挥其作用。

第二，家庭情感功能对省外留守儿童各个心理健康变量均有显著负向影响，即亲子关系越好，此类儿童在焦虑抑郁、退缩抑郁、躯体主诉以及整体内化问题上得分越低。与家庭经济功能不同，省外留守与省内留守儿童在家庭情感功能上并无显著差异。一定程度上表明，省外留守儿童的父母虽远距离外出务工，但十分重视亲子关系和与子女间的沟通，弥补了亲子依恋缺失给儿童带来的伤害，从而对儿童心理健康产生了一定的保护作用。

第三，控制变量方面，与总样本情况相似，个体对压力认知的差异、性别差异、年龄差异均会显著影响省外留守儿童心理健康；对于省外留守儿童而言，对压力持消极态度、性别为女、年龄较大等会显著提高其心理问题的得分。除母亲受教育程度为初中对儿童躯体主诉有显著正向影响外，其余父母受教育程度对儿童心理健康均无显著影响。一方面说明，母亲受教育程度为初中可能相比小学出省务工的概率更高；另一方面说明，与父母近距离外出务工不同，远距离外出情况下父母的部分特征，比如受教育程度、夫妻感情对儿童心理健康很难起到保护作用。影响省外留守儿童心理健康的重要因素还有主要照料者，相比父亲照料，母亲照料能够显著降低儿童在躯体主诉问题上的得分。此外，老师关心程度与同学友好程度提高对省外留守儿童有积极意义，老师关心与同学友好对儿童心理健康具有显著保护作用。

第四节　留守轨迹对儿童心理健康的影响

1. 儿童留守轨迹对其心理健康的影响

在儿童的现有生命历程中，前期留守经历与当前留守状态形成了纵向的留守轨迹。儿童留守经历与留守状态的差异使得其留守轨迹不同，而不同的留守轨迹对其当前心理健康具有不同的影响。本小节构建以儿童心理健康为因变量、以留守轨迹为自变量的回归模型，检验留守轨迹对儿童心理健康的影响，结果如表6-13所示。与无留守经历和留守状态的儿童相比，儿童有留守经历无留守状态、有留守经历有留守状态均会显著提高其焦虑抑郁、退缩抑郁、躯体主诉以及整体内化问题的得分。其中，同时有留守经历和留守状态的留守轨迹对儿童各维度心理健康问题影响程度更高。此外，值得注意的是，儿童无留守经历有留守状态的留守轨迹仅对其躯体主诉维度具有显著影响，对其余维度心理健康影响并不显著。这可能一方面是因为留守状态对儿童心理健康的影响还未显现（这也正是留守对儿童心理健康影响的长期作用更强的佐证），另一方面是因为上文检验中发现的部分留守状态（如省内留守状态）对儿童心理健康无显著影响，因此"中和"了整体留守状态对儿童心理健康的影响。由以上结果可以看出，留守经历和留守状态同时存在对儿童心理健康的影响最大，留守经历和留守状态两类留守压力源对儿童心理健康造成"双重"影响。同时，留守经历较留守状态而言，对儿童心理健康的影响更大，留守经历作为压力源显著影响儿童心理健康的发展。

2. 留守经历视角下留守状态对儿童心理健康的影响

本节进一步检验在不同留守经历下，留守状态对儿童心理健康的影响差异，结果如表6-14所示。

第一，在非流动留守经历儿童中，不同留守状态对其心理健康的影响并无显著差异。

第二，在流动经历儿童中，留守状态为省内双留守会显著提高其退缩抑郁、躯体主诉以及内化问题的得分。此类留守轨迹儿童群体，0~2岁大部分时间与父母一起流动，而当前回到县域内生活学习，是近期受到学界关注的回流儿童。新型城镇化背景下，回流儿童群体规模正在进一步扩大，一方面，由于就地就近城镇化模式的发展，许多远距离流动的务工人员选择返乡就地就近务工生活，而跟随父母外出的儿童则回到县域学习生活，可称其为父母就地就近城镇化的回流儿童。另一方面，由于流动儿童就读大中城市初、高中仍存在一定难度，所以许多流动儿童返回县域中学就读，但父母一方或双方并未返乡或就地就近务工，可称其为返乡就读的回流

表6-13 留守轨迹对儿童心理健康影响的回归分析结果

变量	焦虑抑郁		退缩抑郁		躯体主诉		内化问题	
	模型1	模型2	模型3	模型4	模型5	模型6	模型7	模型8
留守轨迹（参照项：无经历无状态）								
有经历无状态	0.572** (0.177)	0.406* (0.161)	0.381** (0.118)	0.236* (0.108)	0.343** (0.127)	0.232* (0.117)	1.296*** (0.383)	0.874* (0.343)
无经历有状态	0.390** (0.147)	0.143 (0.138)	0.324*** (0.098)	0.102 (0.092)	0.406*** (0.106)	0.233* (0.100)	1.120*** (0.318)	0.478 (0.293)
有经历有状态	0.797*** (0.138)	0.631*** (0.132)	0.639*** (0.092)	0.476*** (0.089)	0.422*** (0.099)	0.310** (0.096)	1.858*** (0.298)	1.416*** (0.281)
控制变量		已控制		已控制		已控制		已控制
常数项	4.492*** (0.085)	10.422*** (0.668)	4.073*** (0.058)	6.642*** (0.448)	2.659*** (0.062)	6.543*** (0.486)	11.223*** (0.187)	23.607*** (1.421)
调整 R^2	0.00336	0.191	0.00565	0.183	0.00265	0.179	0.00471	0.222
样本量	4177							

注：* 代表 $p<0.05$，** 代表 $p<0.01$，*** 代表 $p<0.001$。

表6-14 留守经历视角下留守状态对儿童心理健康影响的回归分析结果

变量	非流动留守经历							
	焦虑抑郁		退缩抑郁		躯体主诉		内化问题	
	模型 1	模型 2	模型 3	模型 4	模型 5	模型 6	模型 7	模型 8
留守状态（参照项：非留守）								
省内单留守	-0.155 (0.241)	-0.320 (0.220)	0.046 (0.162)	-0.130 (0.148)	0.171 (0.176)	0.061 (0.162)	0.062 (0.527)	-0.389 (0.474)
省内双留守	0.701** (0.259)	0.276 (0.237)	0.486** (0.174)	0.118 (0.160)	0.540** (0.189)	0.235 (0.175)	1.727** (0.566)	0.629 (0.510)
省外单留守	0.616 (0.378)	0.407 (0.397)	0.235 (0.254)	0.152 (0.267)	0.474+ (0.276)	0.271 (0.292)	1.325 (0.828)	0.829 (0.853)
省外双留守	0.192 (0.405)	-0.008 (0.427)	0.029 (0.273)	-0.092 (0.288)	0.531+ (0.296)	0.292 (0.315)	0.752 (0.887)	0.192 (0.919)
控制变量		已控制		已控制		已控制		已控制
常数项	4.483*** (0.091)	11.140*** (1.072)	4.067*** (0.062)	7.710*** (0.722)	2.647*** (0.067)	7.251*** (0.790)	11.197*** (0.200)	26.102*** (2.304)
调整 R²	0.00160	0.188	0.00103	0.186	0.00209	0.170	0.00182	0.216
样本量	4177							

续表

变量	非流动留守经历							
	焦虑抑郁		退缩抑郁		躯体主诉		内化问题	
	模型 1	模型 2	模型 3	模型 4	模型 5	模型 6	模型 7	模型 8
留守状态（参照项：非留守）								
省内单留守	0.958 (0.592)	0.690 (0.542)	0.221 (0.393)	0.047 (0.362)	0.632 (0.419)	0.422 (0.383)	1.810 (1.281)	1.159 (1.148)
省内双留守	0.821[+] (0.448)	0.614 (0.418)	0.854** (0.297)	0.679* (0.279)	0.672* (0.317)	0.508[+] (0.295)	2.347* (0.969)	1.802* (0.884)
省外单留守	0.628 (0.723)	0.446 (0.758)	0.663 (0.479)	0.515 (0.506)	0.643 (0.512)	0.486 (0.535)	1.935 (1.564)	1.448 (1.604)
省外双留守	0.072 (0.489)	0.433 (0.604)	0.317 (0.325)	0.473 (0.403)	-0.180 (0.347)	0.094 (0.427)	0.209 (1.059)	1.000 (1.279)
控制变量		已控制		已控制		已控制		已控制
常数项	4.558*** (0.263)	18.113*** (2.305)	4.116*** (0.174)	10.736*** (1.539)	2.747*** (0.186)	10.460*** (1.628)	11.421*** (0.569)	39.309*** (4.880)
调整 R^2	0.00154	0.193	0.00548	0.186	0.00480	0.201	0.00402	0.230
样本量								

续表

变量	单留守经历							
	焦虑抑郁		退缩抑郁		躯体主诉		内化问题	
	模型 1	模型 2	模型 3	模型 4	模型 5	模型 6	模型 7	模型 8
留守状态（参照项：非留守）								
省内单留守	0.220	0.075	0.013	-0.078	-0.125	-0.273	0.107	-0.276
	(0.465)	(0.423)	(0.308)	(0.285)	(0.322)	(0.297)	(0.982)	(0.876)
省内双留守	0.229	0.287	0.108	0.128	0.329	0.287	0.666	0.702
	(0.413)	(0.374)	(0.274)	(0.252)	(0.286)	(0.262)	(0.872)	(0.775)
省外单留守	-0.177	-0.419	-0.142	-0.542	-0.041	-0.223	-0.360	-1.185
	(1.025)	(1.037)	(0.680)	(0.699)	(0.710)	(0.727)	(2.166)	(2.149)
省外双留守	0.563	-0.310	0.569	-0.242	0.135	-0.358	1.267	-0.909
	(0.816)	(0.920)	(0.541)	(0.620)	(0.565)	(0.645)	(1.724)	(1.906)
控制变量		已控制		已控制		已控制		已控制
常数项	4.937 ***	16.104 ***	4.502 ***	11.599 ***	2.841 ***	10.193 ***	12.280 ***	37.895 ***
	(0.315)	(2.342)	(0.209)	(1.578)	(0.218)	(1.642)	(0.667)	(4.852)
调整 R^2	-0.00385	0.203	-0.00317	0.178	-0.00154	0.185	-0.00338	0.234
样本量				846				

续表

变量	双留守经历							
	焦虑抑郁		退缩抑郁		躯体主诉		内化问题	
	模型 1	模型 2	模型 3	模型 4	模型 5	模型 6	模型 7	模型 8
留守状态（参照项：非留守）								
省内单留守	0.444 (0.752)	-0.224 (0.692)	0.238 (0.492)	-0.063 (0.466)	-0.236 (0.547)	-0.662 (0.500)	0.446 (1.609)	-0.949 (1.438)
省内双留守	1.009+ (0.582)	0.428 (0.551)	0.533 (0.380)	0.245 (0.371)	0.337 (0.423)	-0.110 (0.398)	1.879 (1.243)	0.562 (1.145)
省外单留守	-0.906 (0.631)	-0.700 (0.618)	-0.389 (0.413)	-0.391 (0.416)	-0.402 (0.459)	-0.180 (0.447)	-1.697 (1.348)	-1.270 (1.285)
省外双留守	0.668 (0.495)	0.860+ (0.513)	0.705* (0.324)	0.689* (0.345)	0.686+ (0.360)	0.888* (0.371)	2.059* (1.059)	2.438* (1.066)
控制变量		已控制		已控制		已控制		已控制
常数项	4.794*** (0.395)	16.467*** (2.554)	4.333*** (0.259)	9.427*** (1.718)	2.776*** (0.288)	11.241*** (1.846)	11.903*** (0.846)	37.134*** (5.308)
调整 R^2	0.00889	0.237	0.00893	0.194	0.00686	0.246	0.0101	0.280
样本量	767							

续表

变量	不稳定经历							
	焦虑抑郁		退缩抑郁		躯体主诉		内化问题	
	模型 1	模型 2	模型 3	模型 4	模型 5	模型 6	模型 7	模型 8
留守状态（参照项：非留守）								
省内单留守	0.047 (0.369)	0.098 (0.330)	0.177 (0.244)	0.174 (0.219)	0.183 (0.266)	0.255 (0.244)	0.407 (0.796)	0.528 (0.700)
省内双留守	0.320 (0.516)	0.015 (0.572)	0.382 (0.341)	0.233 (0.380)	0.106 (0.373)	0.211 (0.422)	0.808 (1.114)	0.459 (1.213)
省外单留守	0.647* (0.307)	0.661* (0.274)	0.507* (0.202)	0.523** (0.182)	0.164 (0.221)	0.144 (0.202)	1.318* (0.662)	1.327* (0.581)
省外双留守	-0.713+ (0.428)	-0.843 (0.519)	-0.174 (0.283)	-0.214 (0.345)	-0.683* (0.309)	-0.377 (0.383)	-1.570+ (0.923)	-1.434 (1.101)
控制变量		已控制		已控制		已控制		已控制
常数项	5.180*** (0.195)	15.694*** (1.716)	4.467*** (0.129)	9.216*** (1.140)	3.120*** (0.141)	9.324*** (1.266)	12.767*** (0.420)	34.235*** (3.638)
调整 R^2	0.00395	0.222	0.00296	0.211	0.00240	0.185	0.00370	0.248
样本量	1592							

注：+代表 $p<0.1$，*代表 $p<0.05$，**代表 $p<0.01$，***代表 $p<0.001$。

儿童。留守状态为省内留守的儿童大部分属于第一种情况，而留守状态为省外留守的儿童则大部分属于第二种情况。由表 6-14 中结果可知，父母就地就近城镇化的回流儿童面临更严重的心理问题。值得说明的是，省外双留守状态并未显示出对儿童心理健康的显著影响。父母双方均未陪伴子女返乡，此类返乡就读的回流儿童再次发生流动的可能性较高，儿童对与父母团聚抱有积极想法。因此，当前省外双留守儿童心理健康状况与非留守儿童并无显著差异。但若再次流动迟迟未发生，儿童心理问题可能就会进一步显现，控制变量中，年龄越大儿童各方面心理问题得分显著越高也佐证了此猜想。

第三，单留守经历儿童群体中，不同留守状态对儿童心理健康并无显著影响。结合上文单留守经历儿童心理健康表现较非留守经历儿童显著较差的结论，说明前期持续单留守对儿童造成的心理影响相对固定，无论当前是否留守都已经对其心理造成了不可磨灭的影响。当然，若此时父母能及时返乡，亲子重新团聚，可能会降低其今后出现心理健康问题的概率。相反，若儿童留守状态仍继续存在，可能会对儿童成年后的心理健康有持久的不利影响。

第四，双留守经历儿童群体中，相比当前状态为非留守的儿童，省外双留守儿童各方面心理问题得分显著较高。儿童成长过程中持续经历双亲陪伴缺失，会导致儿童心理产生问题的概率提高，若儿童此时仍继续经历双亲远距离外出务工，将持续放大双留守给儿童带来的心理影响，这一影响很可能难以扭转且持续至其成年后。对此类儿童而言，在 0~12 岁持续经历双留守已经对其心理造成极大伤害，与其说此时父母省内流动或省外单独流动可以弥补前期造成的心理伤害，不如说若父母双方继续省外流动会对儿童造成不可挽回的心理伤害。

第五，前期不稳定经历儿童群体中，当前留守状态为省外单留守的儿童在焦虑抑郁、退缩抑郁和内化问题方面得分显著高于非留守儿童。前期不稳定经历儿童是心理健康（特别是焦虑抑郁与退缩抑郁方面）受影响最大的儿童群体。反复经历多重留守状态对儿童心理发展会造成极大影响，若此时儿童父母仍远距离外出务工更加不利于儿童心理健康的发展。但值得注意的是，省外双留守儿童并未出现更高的心理问题得分，甚至在原始模型中显示出较当前非留守状态儿童更低的心理问题得分。本书认为，对于不稳定经历儿童而言，不断交错反复的单、双留守与非留守的经历，提升了部分儿童的心理韧性即抗逆力水平，特别是省外双留守儿童。不稳定经历儿童虽反复经历各种留守状态，但相比持续单留守或持续双留守的儿童，与父母相处的时间整体而言更多，也更容易理解父母外出务工的不易与艰辛，因此当前父母双方仍选择远距离流动时，儿童能更加理解父母的务工策略，以更积极的态度应对此现状。同时，本书检验了此类儿童中，不同留守状态儿童对压力的认知状况，结果发现省外双留守儿童积极认知压力的比例最高，一定程度上佐证了上述结论。

第五节　本章小结

本章首先考察留守状态对儿童心理健康的影响，其次进一步探究不同留守状态儿童家庭功能现状及其对儿童心理健康的影响，最后综合检验留守轨迹对儿童心理健康的影响，主要发现和结论如下。

第一，单留守和双留守状态均会对儿童心理健康产生消极影响。其中，与父留守对儿童心理健康的影响值得关注。

首先，与母留守会对儿童的焦虑抑郁、退缩抑郁以及整体内化问题产生显著正向影响，即与母留守会提升儿童消极心理问题产生的概率。母亲一人留在家中照料儿童时，负担相对更重，其可能会将压力在无形中传递给子女，从而导致儿童容易产生抑郁、悲观、退缩等消极心理。但母亲对儿童的照料更为细致，是家庭的主要照料者，因此在躯体主诉方面，与母留守儿童并未表现出与非留守儿童有显著的差异。其次，与父留守对儿童各个维度的心理健康均会产生消极影响。同时，在所有留守儿童中，此类儿童各心理问题得分最高，意味着儿童与父留守面临更严重的心理问题。这可能是由于父亲角色的分工使其更注重儿童学业等客观方面的发展，对儿童情绪等主观感受关注较少，往往会忽略儿童心理健康的发展，特别是青春期女孩性别观念进一步增强，与父亲沟通可能更受限制。最后，双留守对儿童心理健康的影响呈现出两个特点：一是双留守对儿童包括退缩抑郁、躯体主诉在内的心理问题具有显著消极影响；二是双留守儿童在焦虑抑郁方面得分并未显著高于非留守儿童，本书认为这得益于当前政府、社会、学校对此类留守儿童关注和关爱更多。

第二，留守距离差异成为儿童留守状态影响其心理健康的关键。其中，省外单留守、省外双留守对儿童心理健康发展尤为不利。

具体地，省内单留守和省内双留守对儿童心理健康并无显著影响，包括焦虑抑郁、退缩抑郁、躯体主诉等各个方面。但省外单留守和省外双留守对儿童心理健康均有不同程度的显著影响，可见，父母异地远距离流动成为影响儿童心理健康发展的关键。一方面，以往研究多关注异地城镇化背景下的留守儿童，因此多得出的是留守对儿童心理健康产生不利影响的研究结果。另一方面，若仅通过单/双亲视角分析儿童留守问题，可能会掩盖新时代背景下留守距离带来的影响差异。值得注意的是，省外双留守对儿童焦虑抑郁方面的心理并无显著影响，这一结果与在双留守视角下进行分析的结果一致，现有政策措施中对双留守儿童关注更多，对儿童焦虑心理的产生具有较好抑制效果，值得在今后的留守儿童关爱政策中借鉴。

第三，单/双亲视角下不同留守状态儿童中，单留守儿童家庭经济功能和情感功能均显著较低，双留守儿童家庭情感功能显著较低。不同家庭功能对不同留守状态儿童心理健康的影响不同。

家庭经济功能方面，无论是与母留守儿童还是与父留守儿童，家庭经济功能均显著低于非留守儿童和双留守儿童。这表明单人流动对儿童家庭经济水平的提升作用有限，双人流动更能有效提高家庭经济水平。家庭情感功能方面，单留守与双留守儿童家庭情感功能均显著低于非留守儿童，特别是双留守儿童和与父留守儿童。进一步地，家庭功能在以上三类留守儿童群体中失衡状况不同，使得其在影响儿童心理健康方面发挥的作用具有较大差异。首先，在与母留守儿童中，家庭经济功能的作用部分有效，而情感功能全部有效。具体来看，经济功能的提升仅对儿童躯体主诉及整体内化问题方面的得分具有显著的负向作用，而情感功能较高则对儿童各维度的心理健康均具有保护作用。其次，在与父留守儿童中，家庭经济功能对儿童心理健康无显著作用，而情感功能对儿童焦虑抑郁、退缩抑郁和整体内化问题的产生具有抑制作用。最后，在双留守儿童中，家庭经济功能对儿童心理健康无显著作用，而情感功能对减少儿童各维度心理健康问题均有显著积极作用。总的来说，家庭经济功能在儿童心理健康发展上发挥的作用有限，仅在"父亲外出务工，母亲在家照料子女"的策略安排中起到部分保护作用。但是，家庭经济功能在双留守和与父留守儿童中作用失效的内在逻辑可能并不相同，与父留守儿童在所有儿童中家庭经济水平最低，因而家庭经济功能难以很好地发挥作用；而双留守儿童不同，其家庭经济水平与非留守儿童并无差异，说明此类留守安排对儿童心理健康影响较大，不是金钱可以弥补的。家庭情感功能对儿童心理健康发展十分重要，无论在何种留守类型中，都对儿童心理健康具有积极作用。

第四，留守距离视角下不同留守状态儿童家庭功能失衡状况不同。省内留守儿童家庭经济功能显著低于非留守和省外留守儿童。省内留守和省外留守儿童的家庭情感功能均显著低于非留守儿童。经济功能仅对省内单留守儿童心理健康具有积极作用，情感功能则对省内单留守和省外留守儿童心理健康均具有积极作用。

首先，省内留守与非留守儿童家庭经济功能存在显著差异，特别是省内单留守儿童家庭经济水平相对更低；省外留守儿童与非留守儿童家庭经济功能则无显著差异。说明父母省内流动特别是省内单人流动对家庭经济功能的提升作用十分有限，而省外流动对家庭经济功能的提升作用相对较大。其次，儿童无论是处于省内还是省外留守状态，其家庭情感功能均显著低于非留守状态，但在各类留守状态内部此功能并不存在显著差异，说明无论父母流动距离远还是近，亲子分离对亲子关系的消极影响都无法避免。最后，不同留守状态儿童家庭功能对其心理健康的影响具有显著差异。省内单留守儿童的家庭经济功能虽较低，但对其心理健康发展仍具有显著作用，情感功能同样能够保护其心理健康发展；省内双留守儿童虽家庭经济功能较省内单留守儿童好，但其经济功能和情感功能均无法对儿童心理健康起到积极作用，说明此类留守儿童的家庭功能失衡严重。省外留守状态（包括省外单/双留守）下，仅儿童家庭情感功能对其心理健康发展具有显著作用。这与省内双留守儿童家庭功能作用发挥的内在逻辑相似，即使家庭经济水平较高，家庭经济功能也无法对儿童心理健康发挥保护作用。

第五，不同留守轨迹对儿童心理健康的影响不同。一方面，留守轨迹中留守经历和留守状态并存对儿童心理健康的影响最大，且留守经历对儿童心理健康产生的影响大于留守状态。另一方面，留守经历视角下，不同留守状态对儿童心理健康的影响存在较大差异。

首先，将儿童留守经历与留守状态进一步结合，发现有留守经历有留守状态的留守轨迹对儿童心理健康影响显著且影响较大。而儿童仅有留守经历比仅有留守状态的留守轨迹对其心理健康的影响更为显著。留守轨迹对儿童的心理健康影响结果体现出，留守经历与留守状态对儿童心理健康影响的差异性。本书发现，儿童现有生命历程中留守经历对儿童心理健康的影响要强于当前留守状态，儿童留守经历值得重点关注。其次，分别在不同留守经历儿童中，考察留守状态对儿童心理健康的影响。一是流动经历儿童中，当前处于省内双留守状态的儿童心理健康问题得分显著更高，而处于省外双留守状态的儿童未出现显著消极心理，本书认为是由于此类儿童有再次流动的可能。二是单留守经历儿童中，无论当前处于何种留守状态，其各方面心理健康都未表现出显著差异。此结果表明，单留守经历的压力源对此类儿童造成的心理影响相对"固定"，无论当前留守状态如何，即便是亲子重新团聚，儿童可能也需要一定时间去适应。当然，若儿童继续处于留守状态，即压力源持续存在，可能对儿童心理健康的不利影响会进一步累积。三是双留守经历儿童中，当前若处于省外双留守状态，其心理健康显著差于非留守状态。持续双留守经历本就对儿童心理健康造成了较大影响，若此压力源继续存在，可能会对儿童后期心理发展造成不可逆转的影响。四是不稳定经历儿童中，当前处于省外单留守状态的儿童的心理健康状况更差。说明父母一方远距离流动对此类留守轨迹儿童尤为不利。值得注意的是，当前省外双留守儿童并未表现出显著的心理健康问题，这可能是因为儿童在前期反复动荡的留守经历中，抗逆力水平进一步提高。但这并不代表不需要重视此类儿童，相反，对前期留守经历不稳定且父母当前仍在远距离流动的儿童应加强关注。

第七章

结论、建议与展望

首先，本章对本书的研究工作和主要结论进行总结和提炼；其次，根据前文第四章至第六章的实证研究发现，提出关爱留守儿童以及促进留守儿童心理健康发展的政策建议；最后，讨论本书研究中存在的不足，并对未来研究进行展望。

第一节　主要结论

儿童留守问题来源于城镇化发展过程中亟须解决的"三农"问题之一，推进城镇化与县域地区快速发展离不开对留守儿童健康成长问题的解决。其中，心理健康是儿童生存质量与全面发展的基础，是国家未来发展的关键。然而，目前对新时代背景下儿童留守及其对儿童心理健康影响的相关问题并未进行足够深入与全面的研究。本书引入生命历程视角，结合相关理论，并对国外理论进行本土化修正，基于新型城镇化和地区发展差异的背景，着眼于县域流动家庭和留守儿童群体特征，拓展了儿童"留守"的概念，构建了儿童留守轨迹及其对儿童心理健康影响的分析框架。本书结合西部典型县域地区适龄儿童的调查数据，采用定量分析方法对儿童包括留守经历和留守状态在内的留守轨迹进行识别与分析；检验留守经历对儿童心理健康的影响，并对不同影响机制进行了系统验证和差异性分析；检验留守状态对儿童心理健康的影响，考察不同留守状态儿童家庭功能的现状，并讨论家庭功能对儿童心理健康的影响；验证留守轨迹对儿童心理健康的影响。本书的主要结论有以下几个。

第一，随着新型城镇化、乡村振兴等战略的不断推进，儿童留守问题进一步复杂化。留守作为压力源不仅包含静态的当前留守状态，还包含长期或反复变化的前期留守经历，进而在儿童现有生命历程中形成纵向留守轨迹。回顾西部县域儿童现有生命历程，儿童留守状况异质性不断增强，留守状态和留守经历形式多样，群体特征差异显著。留守经历中，一方面，儿童首次留守低龄化趋势明显，超过半数县域儿童在出生后的 12 年内至少经历过一次留守，幼儿期（1～2 岁）经历过留守的儿童比例高达23.73%。另一方面，前期任何形式的留守或流动都可能对儿童产生不利影响，使其表现出相对较差的心理健康状况。儿童前期（1～12 岁）留守经历可分为非留守经历（非流动留守与流动经历）、单留守经历、双留守经历以及不稳定经历。其中，前期有持续流动、单留守以及双留守经历的儿童共有近三成，这些儿童父母流动情况相对稳定。不稳定经历儿童约占两成，此类儿童主要经历了父母流动不稳定和多次家庭结构变化，留守压力源反复发生。留守状态下，与父留守、省内双留守、省外留守儿童群体尤为值得关注。省内双留守儿童群体可能处在家庭与学校的"交叉盲区"，在校人际交往显著差于其他儿童。而与父留守、省外留守儿童心理健康状况显著差于非留守儿童以及其他留守类型儿童。

第二，结合儿童留守经历与留守状态发现，新时期西部县域儿童留守呈现出留守经历丰富、父母"就地就近流动"新趋势与持续"异地流动"旧选择并存、回流儿童留守可能性高三个特征。首先，当前非留守状态儿童中，近 1/4 有过留守经历。其次，当前为省内单/双留守的儿童中，占比最高的均是前期无流动留守经历儿童，反映出县域家庭当前流动呈现"就地就近流动"的新趋势。再次，在省外单留守和省外双留守儿童中，前期单留守、双留守儿童分别占比最高。说明流动人口"异地流动"的旧选择表现出较强的持续性。最后，前期有不稳定经历的儿童在各类留守儿童中占比始终较高，表明留守经历不稳定成为儿童留守的重要特征。此外，前期有流动经历的儿童中，在当前各类留守状态儿童中均占有一定比例，特别是在当前省外双留守状态儿童中，前期有流动经历的儿童占比近 20%，表明回流儿童当前也可能面临留守问题。

第三，单留守经历、双留守经历以及不稳定经历均显著影响儿童心理健康，留守经历的持续性与反复性成为影响儿童心理健康发展的压力来源。具体地，前期单留守、双留守与不稳定经历对儿童焦虑抑郁、退缩抑郁以及整体内化问题的产生具有显著正向影响，但不同留守经历影响的内在机理可能有所不同。单留守、双留守经历儿童受到不完整家庭结构的影响，尤其是父母双方均外出时，长期持续的压力源会使儿童更易出现心理问题。不稳定经历儿童则受到的是家庭结构不完整（可能程度较低）和家庭结构不稳定的双重影响。不稳定是当前县域发展特殊阶段赋予儿童的留守新特征，反复亲子分离的压力源会削弱儿童适应家庭结构的能力以及情绪调节能力，进而导致亲子团聚时的适应过程往往充满冲突。

第四，留守时长与留守转换次数分别为留守经历长期性和不稳定性的具体特征表现，二者显著影响儿童心理健康发展，并且其作用发挥受儿童首次发生留守年龄段的影响。首先，儿童留守时长较长，会显著提升其心理问题的产生概率。压力源长期存在会对儿童心理健康发展产生持续影响，不断降低其心理健康水平。进一步研究发现，儿童首次留守发生在不同年龄段时，留守时长对其心理健康的影响存在差异，6岁前首次发生留守的儿童，留守时长对其心理健康并不存在显著影响。本书同时验证了6岁前、6岁及以后首次发生留守对儿童心理健康的影响，结果发现首次留守发生在6岁前的儿童心理问题得分相应更高。以上结果表明，留守时长对儿童心理健康产生影响的前提在于儿童未在低龄阶段经历留守，儿童过小年龄经历留守对其心理健康发展会造成相对"固定"且"不可逆"的伤害，甚至无须长期留守的效应机制"起效"。其次，儿童留守转换次数越多，对其心理健康发展的消极影响越严重。父母反复流动对家庭功能会产生严重影响，特别是在家庭凝聚力和适应性方面。因此，经历父母反复流动的留守儿童不太可能经历持续的高质量养育和拥有支持性的家庭环境。同时，本书发现留守的不稳定影响机制的作用存在差异。一方面，儿童6岁前经历的留守转换次数较多，对其心理健康发展会造成显著的不利影响。此结果提示，留守对儿童心理健康影响的不稳定机制在儿童低龄阶段更加明显，父母反复外出与返乡无法弥补留守对儿童心理造成的创伤，反而可能会加重其心理问题。另一方面，儿童在非留守和双留守以及单留守和双留守之间频繁转换对其心理健康发展不利，父母双方同时外出带来的不稳定影响效应更强，对儿童心理健康发展会造成更大的冲击。

第五，不同留守状态均显著影响儿童心理健康状况。其中，与父留守对儿童所有心理健康维度均有不利影响，且影响最大；与母留守与双留守对儿童部分心理健康维度具有不利影响，与母留守对儿童心理健康的躯体主诉维度影响并不明显，双留守儿童可能因国家、社会、学校等的关爱进一步加强，焦虑抑郁维度并未受到显著影响。同时，留守距离是留守状态影响儿童心理健康的关键因素，省外与省内留守状态对儿童心理健康的影响具有显著区别，省外留守无论是单留守还是双留守均不利于儿童心理健康，省内留守对儿童心理健康则未表现出显著影响。总的来说，单留守和双留守对儿童心理健康的影响差异体现在影响的程度与心理健康维度上，省内留守和省外留守对儿童心理健康的影响差异则体现在是否存在影响上。

第六，不同留守状态下儿童家庭功能失衡状况不同，并且家庭功能对儿童心理健康的影响机制也有所不同。首先，单/双亲视角下，家庭功能失衡最严重的是与父留守儿童，其家庭经济与情感功能均处于低水平，且经济功能对儿童心理健康无显著影响；与母留守儿童家庭经济与情感功能均处于较低水平，但两方面功能对儿童心理健康均起到保护作用；双留守儿童家庭情感功能处于低水平，但经济功能处于高水平，然而仅情感功能对儿童心理健康具有显著正向影响，经济功能未起任何作用。其次，留守距离视角下，省内单留守儿童家庭经济与情感功能均处于低水平，但两方面功能均对儿童心理健康具有显著正向影响；省内双留守儿童家庭经济功能虽稍好于省内单留守儿童，但仍处于较低水平，同时其家庭情感功能也处于低水平，且两方面功能在儿童心理健康发展上完全失效；省外留守儿童内部（即省外单留守和省外双留守儿童）家庭经济与情感功能并不存在显著差异，家庭功能呈现出经济功能水平较高、情感功能水平低的特征，但此类儿童仅家庭情感功能显著正向影响其心理健康发展。可以看出，留守状态异质性会使家庭功能失衡程度存在差异，同时功能的作用发挥也不相同，功能失效的内在逻辑也完全不同：家庭系统内部各功能水平过低是一种失衡，各功能之间差异过大也是一种失衡。比如，家庭情感功能水平过低时，即使经济功能水平较高，二者也会因差异过大而失效。本书将以上结论进一步总结，具体见表7-1。

表 7-1　不同留守状态下儿童家庭功能状况及作用

儿童类型	经济功能	作用	情感功能	作用
单/双亲视角下留守状态				
与母留守	较低	部分有效	较低	有效
与父留守	低	无效	低	部分有效
双留守	高	无效	低	有效
留守距离视角下留守状态				
省内单留守	低	有效	低	部分有效
省内双留守	较低	无效	低	无效
省外（单/双）留守	较高	无效	低	有效

　　第七，结合儿童前期留守经历与当前留守状态，综合分析留守轨迹对儿童心理健康的影响后发现，首先，留守轨迹中留守经历与留守状态同时存在会给儿童心理带来双重压力，二者中留守经历对儿童心理健康的影响更大。其次，单留守经历对儿童心理健康会造成一定的长期影响，无论当前在何种留守状态下。双留守经历儿童，若当前父母双方仍持续在省外务工，影响的长期效应会进一步增强，对儿童心理发展造成十分不利的影响。不稳定经历儿童长期处于家庭结构的不稳定之中，其父母当前若仍然异地远距离流动，会继续放大对儿童心理的伤害，从而加大对儿童心理健康发展的不利影响。值得注意的是，此类儿童中，当前省外双留守状态的儿童的心理健康未表现出明显问题，可能是其抗逆力在此过程中被进一步提升，但这并不意味着这部分儿童心理健康不需要被重视，相反，更应该着重关注。

第二节 政策建议

一 采取积极福利思想应对留守儿童心理问题，形成留守轨迹意识，在理念与行动上做到"由守转攻"

我国针对留守儿童问题出台了一系列政策，各地政府在中央领导下形成合力，以加强制度设计、完善管理条例、健全关爱机制、鼓励多方参与为重点，深入推进留守儿童关爱工程，形成了良好的工作经验。相关政策文件中的措施，如《国务院关于加强农村留守儿童关爱保护工作的意见》中的措施，在本质上属于"防守型"措施，即以解决问题为导向，强调问题浮出水面后的"事后补救"。然而，这种措施存在一定片面性与滞后性，难以全面系统地掌握留守儿童问题的动态发展。一方面，目前大部分措施并没有细致与全面关注儿童心理健康层面，无法深刻认识留守儿童心理问题的隐患；另一方面，当前政策与措施仅关注当前处于留守状态的儿童，忽略了儿童整个生命历程的留守轨迹，难以满足全面促进留守儿童健康发展的要求。因此，在已有治理理念上，应倡导"事前预防"理念，形成留守轨迹意识，充分发挥治理主体的个体能动性，凸显"需求导向"，提升现代化教育治理能力。

首先，在"事后补救"措施中引入"事前预防"机制，形成政策互补。在政策制定过程中，除了针对当前留守儿童问题提出解决措施之外，更需要探索该问题背后的内在机制，从根源上进行切入，进而"对症下药"，这不仅是留守儿童问题解决的长远做法，也是教育治理体系与治理能力现代化建设的必要过程。本书印证了家庭功能在不同类型儿童中的作用差异，"事前预防"机制应关注家庭功能层面，特别是强化情感功能意识，为提升家庭情感功能提供政策保障。本书发现，具有持续留守经历、不稳定经历的儿童在心理健康上表现出较大的劣势。因此，留守儿童的保障政策不仅要关注当前处于留守状态的儿童，也要重视儿童的流动、留守经历，针对这些儿童进行提前预防与早期干预，形成留守轨迹意识，转变只强调当前留守身份的现有政策。

其次，进一步加强解决儿童留守问题的"需求导向"，对福利的需求侧进行改革。以往大多数政策秉持成年人视角，从供给侧角度给出留守儿童问题的解决方案，忽视了儿童主体的需求。留守儿童问题表面上是以"点"的形式呈现，但其背后逻辑往往带有"线"或"面"的特征，容易产生一系列连锁问题。"供给导向"的政策虽可以解决一时的问题，但无法应付后续产生的连锁问题。政府应在策略制定上"由守转攻"，强化"需求导向"的政策理念，要求基层人员长期对县域儿童进行田野跟踪调查，了解这些儿童最真实的需求，达到"识别需求，定位需求，服务需求"的政策效果。例如，本书发现亲子依恋关系的建立、家庭社会资源的提升等都可以有效规避风险，充分发掘这些需求对于切实解决儿童留守问题具有重要指导意义。

最后，在"需求导向"定位的基础上，充分调动儿童的个体能动性，帮助其实现自我突破。当前留守儿童关爱政策将工作重心放在如何借助外力解决留守儿童的发展问题上，但忽略了儿童本身的调节作用。笔者在调研中发现，很多儿童并没有意识到自己已陷入内化问题之中，虽然很多老师已经把关爱工作尽力做到最好，但留守儿童并不理会老师的付出。因此，在未来的服务工作中需要关注留守儿童自身的个体能动性，充分引导其投入其中，激励其自我改变，鼓励其依靠自己解决问题，减少福利资源的浪费。

二 持续推进"以人为本"的新型城镇化，以县域为政策执行单元增加留守儿童社会资源，让流动父母有更多的机会陪伴子女

亲子依恋关系在儿童成长过程中发挥了重要作用，父母的陪伴是儿童健康成长的重要保护因素。然而，就当前西部县域儿童整个生命历程来看，儿童留守状态多样，留守经历丰富，父母陪伴缺失现象严重，亲子依恋关系容易产生断裂或不稳定。造成这一现象的主要原因在于，城乡间的经济发展落差使得儿童父母不得不离开家乡外出务工。本书发现，省外留守对儿童心理造成的影响更大，对于具有持续双留守与不稳定经历的儿童，若当前父母持续在省外务工，会进一步加重对儿童心理健康发展的不

利影响。因此，缩小地域差异、优化异地就读政策、转变儿童留守的家庭生计策略，让流动父母有更多的机会陪伴孩子，是解决当下留守儿童问题的制度性举措。

一方面，进一步完善县域儿童的异地求学制度，加强政策保障，形成由"留守"向"流动"过渡的运行机制。推进户籍制度改革，缩小城乡差异与地域差距，充分保障农村人口在城市中享有的各项权利，合理引导农村剩余劳动力向城市转移流动，鼓励农村儿童随迁至父母工作的城市学习与生活。进一步完善儿童异地求学制度，为流动父母陪伴孩子创造机会；精简各类证件办理流程，让留守儿童在短时间内就可以完成入学手续；充分协调各类教育资源，要求城市学校增加农村儿童的入学指标，降低留守儿童的入学门槛；完善城市学校的扶贫机制，鼓励更多农村的优秀学生进入城市。

另一方面，在乡村振兴战略的驱动下，大力发展县域与农村产业经济，积极引导农民工返乡就业创业，进一步促进更多父母选择就地就近就业的生计策略。本书发现，留守距离缩短可以在一定程度上缓解留守压力，就地就近流动相比异地流动有利于父母给予儿童更多陪伴与关怀。因此，有必要进一步带动引导农民工返乡就业创业。政府需要为返乡农民工提供政策支持，协调多方社会资源，创造良好的本地就业创业环境。在财政条件允许的范围内，鼓励在县域范围内建设农民创业园，为工程建设提供资金补助与专项用地指标。政府要进一步推动线上线下产业融合，充分结合线上市场预测、信用评价、产品营销等服务，构建县域电子商务生态链，吸引流动父母回流。

三 增加对县域儿童心理教育的资金投入，优化县域地区中小学心理教育的资源配置，化解城乡间教育的"不平衡"与"不充分"矛盾

本书发现，新时期西部县域儿童父母流动模式已由过去的远距离"异地流动"模式逐渐转化为"就地就近流动"新趋势与持续"异地流动"旧选择并存的模式，未来父母"就地就近流动"将达到更高比例，这就意味着西部县域中小学在未来有着更高的入学需求。然而，当前我国县域地

区中小学教育处于一种边缘化的状态，资源外流问题较为凸显。尽管政府近些年不断加强对农村中小学教育的重视，但城乡教育资源的差距仍在逐步扩大，造成"乡村弱、城镇挤"的教育局面。因此，在对农村中小学进行教育资源投入的过程中要紧密契合乡村振兴的战略定位，系统解决城乡间中小学教育的"不平衡"与"不充分"矛盾。这里的"不平衡"是指区域之间教育资源配置的不平衡，而"不充分"主要指农村中小学教育资源投入不足以及资源流失问题。

一方面，进一步加大县域与农村中小学教育经费的投入力度、中央和省级政府的转移支付力度，特别是要对留守儿童学生多的地区给予政策倾斜。国家财政关于农村中小学教育的转移性支付是当前农村教育最主要的经济来源，解决农村教育经费的不充分问题需要国家进一步加大农村中小学教育经费投入的力度，同时为农村中小学提供政策保障，促进农村中小学教育的正常运转。我国县域政府应在地方财政中划拨更大比例的教育经费，设立用于中小学教育发展的专项教育资金，为县域中小学提供更多的支持。同时，县域政府应积极与其他社会主体互动，争取更多经费来源，让更多的优秀企业家参与到农村学校的建设中来。

另一方面，进一步改善农村地区中小学的办学条件，让不同农村地区的儿童可以享有相同的就读环境。相比城市学校，农村地区中小学的办学条件仍旧较为落后，这种不平衡问题在西部地区更为凸显。在乡村振兴战略驱动下，应集中国家力量解决农村中小学办学条件差的问题，立足于"保基本、兜网底"，提升农村贫困地区的办学条件，促进教育公平。与此同时，重视"两类学校"的办学，一是农村寄宿学校，二是小规模学校。部分县域地区山路崎岖，寄宿学校成为许多农村儿童的选择。政府应着力改善农村地区寄宿学校的住宿条件，保障每一名儿童健康成长。另外，进一步优化关于小规模学校建设的资源配置，邀请相关专家、学者对撤点并校情况进行判断，部分地区在撤点并校过程中应允许一部分农村小规模学校保留并优化其建设，这有助于增加父母对儿童的陪伴，进而促进儿童身心健康发展。

四　充分发挥学校育人作用，加强对具有留守轨迹儿童群体心理健康的关注，形成从"漫灌"向"滴灌"转变的关怀格局

学校是儿童最重要的学习场域，除了父母，陪伴学生时间最长的就是老师。在农村，很多老师扮演了父母的角色，无论是生活起居还是上课学习，老师都是孩子最重要的陪伴者。农村学校老师对学生的关爱对于那些平时缺少父母关爱的留守儿童而言更为重要。充分发挥基层教育工作者的育人作用，加强老师对留守儿童的心理关爱，有利于帮助留守儿童解决内化问题，形成自尊、自爱的健康心理，增强其社会融入感。

首先，学校进一步明确对现留守与曾留守儿童的教育意识，充分发挥其监护责任。本书发现，前期留守经历比当前留守状态对儿童心理健康造成的影响更大，学校不仅需要了解儿童当前的留守身份，更需要充分收集学生的留守轨迹信息，并根据不同留守轨迹的儿童群体专门建立责任机制，将本校儿童父母的流动情况记入档案，并对这些儿童每年进行跟踪管理。学校可对每个学生的留守、流动经历进行记录，勾画出其成长路径，并在学生毕业时将这些记录作为礼物交予学生。学校要增设心理教育的相关课程，推进课程思政建设，在传导课程知识的同时对拥有留守轨迹的儿童进行正确引导，坚定学生们的理想信念，让每一名学生都充分理解自己的父母，走出抑郁，摆脱负面心理。在教师入职时，学校需要对每一位新教师进行专业培训，使教师可以更好地关注学生心理健康，及时发现学生的内心波动。教师需要学会通过心理疏导为留守儿童解决困惑，减轻留守儿童的精神负担。

其次，在学校举办多种教育活动，丰富课外教学。在基础课程之外，学校应进一步丰富课外教学活动。以班级或年级为单位，定期举办班会、校会、讲座等活动，对留守儿童进行安全与心理教育，让儿童敞开心扉，展示自我，加强与同学、老师的沟通，培养团队协作意识，消除父母缺位的孤独感，加强自我保护。鼓励地方高校与县域中学合作开展学生活动，培养学生的学习兴趣，坚定其自身理想信念。例如，西安交通大学新型城镇化与可持续发展课题组每年开展夏令营活动，邀请宁强县的中学老师与学生来学校参观。这一做法对于宁强县教育产生了较大的影响，来参观的

学生表示对未来的学习生活均充满了期望。

最后，构建完善的家校沟通平台，畅通老师与家长的沟通渠道。由于部分学生父母在外地打工，很难到学校开家长会，所以他们很难在第一时间掌握孩子信息。学校应要求班主任、年级组长专门开设不同事务的微信群，并经常在群里推送信息。定期开展"亲子共情热线""心理辅导热线""家庭会议"等活动，让打工在外的父母及时了解子女在校情况，也为孩子创造更多的机会与父母沟通，增强亲子依恋。开设相应的微信公众号，在公众号上推送有利于增进亲子感情的文章，同时分享儿童的校园生活与学校情况。学校应重视与不稳定家庭的沟通，尽管这类儿童的家长也会不时陪伴孩子，但家庭结构的不稳定会给孩子带来压力，他们很难把真正的想法告诉父母。所以需要班主任和家长展开更深入的沟通与交流，让家长充分体会孩子的感受。

五　进一步强化家庭功能意识，树立正确的教育观念，让父母成为儿童的重要领路人

父母是子女最好的老师，在儿童成长之路上父母扮演着最重要的角色，不仅为儿童的身体发育提供物质基础，更为儿童的心理成长提供情感支持。家庭功能，特别是情感功能，对于留守儿童心理健康水平的提升具有显著的影响。家长树立正确的教育观念，强化家庭情感功能意识，将更多的精力放在孩子身上，对于孩子心理表现的提升具有重要作用。

一方面，进一步强化外出务工父母的儿童监护意识，使其重视与孩子的沟通与互动。处于中小学阶段的留守儿童心智尚未成熟，价值观容易受到周边人、事、物的影响，父母在这一阶段是儿童树立正确价值观的重要领路人。在农村有许多留守儿童被隔代照料，祖辈照料者通常采用"低要求、高回应"的方式溺爱孙子（女），不利于孩子的身心健康。由于长时间亲子分离，部分儿童不理解父母的艰辛，甚至与父母产生了陌生感。因此，父母即使出门在外也要坚持每天与子女联系，避免亲子依恋关系断裂。同时，父母要通过与老师沟通，及时了解自己孩子的心理状况与压力，与孩子保持紧密的亲子关系，在一定程度上弥补父母的缺位。本书同时发现，6岁前首次发生留守以及6岁前的留守转换次数较多对儿童后期

的心理健康具有显著的不利影响。很多年轻的父母不重视对孩子的陪伴，往往把孩子交给老人进行隔代照料，而这会对孩子的身心健康发展造成不利的影响。在儿童的幼年期与学前期，父母要尽可能多陪伴儿童，并为其提供一个稳定、温馨的家庭。

另一方面，进一步完善关爱留守儿童的相关宣传和培训机制。部分地区已开展了留守儿童关爱政策宣讲进村活动，县域政府与学校应进一步落实政策宣传，真正做到关爱意识进入每一户村民的家门。在县域以及农村社区设置留守儿童关爱政策的宣传栏，并组织儿童照料者参加儿童心理辅导的讲座。由于不同的留守状态对家庭功能的影响具有异质性，相关宣传与讲座也应依据不同类型的留守家庭进行设置。例如，对省外留守儿童的父母应多给予电话与网络咨询，而对省内留守儿童的父母应尽可能多举办线下宣讲活动。部分家长由于受教育程度较低，缺乏正确的教育理念，甚至采取暴力的方式教养孩子。特别是具有持续留守经历的儿童本身与家长就存在隔阂，加之他们的心理健康水平要显著低于非留守儿童，如果父母和照料者不能掌握正确的教育方法，留守儿童将会更加逆反，进而导致亲子关系破裂，儿童抑郁程度提高。基层政府应对儿童教养方式做出进一步规范，严格执行法律法规，杜绝照料者虐待、伤害留守儿童。基层政府也需要特别关注留守经历不稳定的儿童，这部分儿童由于反复经历亲子分离会对父母产生心理上的排斥，存在亲子沟通障碍等问题，针对这些儿童父母的知识讲座与亲子沟通培训有其必要性。

六 针对儿童留守问题形成多元主体参与的治理体系，强化县域地区基层组织与社区对儿童的保护

西部县域儿童的留守状态与经历在新时期表现出了更多样化、更复杂化的特征，依靠单一的政府部门难以有效解决这一类公共管理问题。现代化的社会治理体系要求采取以政府为主导、多元主体共同参与的治理模式，社会福利的供给不能仅依赖政府的统包统揽，还需要着力构建多元主体共同发力的留守儿童问题治理体系，形成政府统领，非政府组织、企业、公民个体共同参与的发展格局。

一方面，搭建全社会参与的留守儿童关爱服务网络，形成不同机构齐心合力、不同部门协同发力、不同群体凝心聚力的多元治理体系。进一步完善"政府-学校-社区-家庭-社会组织-学生个体"留守儿童问题治理系统，促进各主体之间的关系搭建，形成全联通的复式网络，在每一个环节都保证结果输出合理。政府针对已搭建的留守儿童关爱平台、学校关爱服务工作平台、社区宣传工作平台等不同阵地进行优化，不断完善留守儿童福利制度条例，明确各主体的职能，保证服务工作不冗余、投入资源不浪费、多方阵地无短板的协同治理效果。政府各职能部门要充分明确自身职责，建立好与社会组织以及社会成员的沟通渠道，充分发挥社会力量。强调民政使力，统计与核对每一名儿童的留守轨迹与家庭经济状况，对符合规定的家庭进行登记，并提供相关福利补贴。强调教育着力，县域教体局进一步完善儿童关爱的长效机制，督促各中小学关注现留守与曾留守儿童，一旦发现儿童存在厌学、旷课、辍学等问题，按照相关规定做好劝返工作。拉动社会资源在县域开设儿童心理咨询室，提早预防儿童心理问题，并对已经出现的问题行为及时进行治疗与干预。

另一方面，增强基层与社区服务功能，在街道或社区建立起一套完善的留守儿童托管制度。由村小组统管，充分利用社会的闲散教育资源，成立专门的儿童关怀小组，对留守儿童的生活起居与学业完成情况进行监管，特别是要重视儿童的心理健康状况，定期与儿童父母、老师进行交流。县域政府与村委会为儿童关怀小组的成员提供专业培训，提升小组成员的专业素质，使其把关怀留守儿童工作做到位。村委进一步组织离休的老师对留守儿童进行辅导，为学校的课外教育提供补充。同时，在这些离休老师当中聘用兼职辅导员，为留守儿童提供帮扶。进一步加强社区文化建设，开展多样化的活动，鼓励留守儿童参加社区实践，充分发挥他们的特长，为留守儿童打造一个健康向上的幸福家园。

七　建构以父母流动家庭儿童留守轨迹为导向的大数据平台，跟踪流动家庭状况、儿童留守状态与经历，提升留守儿童福利政策的精准性

大数据为生活带来便利的同时，也为留守儿童问题治理能力的提升带

来了契机。本书已验证了发掘儿童留守轨迹的必要性，政府应充分认识到大数据的作用，在已有管理信息系统的基础上，以家庭为单位构建大数据平台，及时掌握儿童的留守状态与经历，提升留守儿童政策制定的精准性。

首先，引导多方主体共建留守儿童大数据平台。政府与高校、研究所应形成紧密的战略合作体系，共同建立可运行的儿童留守轨迹研究实验室。参与主体采用大数据分析与计算社会科学相关方法，对儿童留守轨迹数据进行不同维度的处理，进而依据数据构建社会福利模型。政府应充分与不同参与主体进行有效沟通，在留守儿童领域的多个方面达成共识，避免分析结果相互矛盾、构建指标缺乏统合性等问题。

其次，在大数据驱动下，以家庭为基本单位，对儿童留守轨迹及其家庭状况进行分析，为不同家庭提供不同的关爱措施。在大数据信息管理系统中，可以通过联网查询政府、学校、社区所承担的具体工作以及服务效果，进而为完善相关政策提供依据。大数据的信息平台同时可以为县域政府与学校提供线上服务，政府可依据数据对比，及时进行分类政策的制定，而学校也可通过不同学校间的数据对比，及时对自身教育工作进行调整。例如，若某社区留守儿童关爱工作业绩较为凸显，当地政府可联网当地政务平台对该社区进行奖励，同时把优秀经验推广至其他社区。而学校之间也可以依据信息平台进行经验分享，由县域教体局统管，针对课程设置、活动组织、家校平台建设等问题进行研讨。

最后，针对不同留守状态、经历的儿童进行精准识别，进而提供差异化服务。本书研究发现，在留守对儿童心理内化问题的影响中，父母流动距离发挥重要的作用，因此在大数据平台中不仅要收集儿童是否被留守、是不是单留守或双留守的信息，也要收集是否为省内留守或省外留守的信息，进而针对不同留守距离的儿童，提出不同的指导方案。此外，系统还需要对儿童家庭的流动经历进行记录，精准识别每名儿童的前期留守经历。进一步通过特殊算法挖掘儿童留守经历信息，对持续留守家庭与不稳定家庭进行分类，形成不同的关爱模式。此外，还应收集儿童及其家庭信息，如家庭经济状况、父母受教育程度、父母从事职业类型等，为每一个家庭制定帮扶措施，进而实现因户施策。

第三节　研究展望

本书对新型城镇化背景下西部县域儿童留守对其心理健康的影响进行了较为全面、深入的分析，并取得了一些创新性且有价值的研究成果。本书的研究局限性和未来的研究空间主要包括以下几个方面。

首先，本书实证分析部分采用的儿童调查数据是横截面数据，儿童的心理健康与家庭功能等仅测量了调查截止时的状况。一方面，这可能会对本书研究中潜在的内生性偏差产生影响。因此，本书利用倾向得分匹配法来进一步检验结果的稳健性，相关的研究发现均基本成立，即结果不完全由内生性驱动。另一方面，未测量儿童初始家庭功能状况。对父母流动对家庭功能的整体性变化观测不足，导致只对当前不同儿童家庭功能的差异进行比较，没有控制儿童自身家庭功能的变化过程。在未来的研究中，可以利用更加完整的儿童成长过程中的个人信息、家庭信息的纵向数据进行研究，以得到更准确的估计结果。

其次，本书的研究数据仅限于陕西省汉中市宁强县一地的留守儿童数据，但鉴于选取的调查地属于我国西部的典型县域以及陕西省的主要人口流动输出地区，具备一定代表性，本书相关结果提供了一些初步的证据。在未来的研究中，应该收集我国西部地区多个省份的数据，以评估研究结果的普遍性。此外，本书未能深入分析留守轨迹对儿童心理健康影响的区域差异，可在以后收集我国东部地区代表性省份的数据，进一步探索不同区域的儿童留守特征与心理健康发展差异。

再次，本书没有足够大的样本量，因此未在留守经历中区分与母留守和与父留守的儿童。本书样本中绝大多数单留守儿童为与母留守儿童，因此本书留守经历部分关于单留守经历的发现很大程度上描述的是与母留守儿童的情况。已有研究和本书研究结果表明，与父留守比与母留守对儿童的不利影响更大，今后研究需要更多考察与父留守和与母留守的儿童留守经历的特征和影响差异。

最后，本书对我国情境下的儿童留守问题进行了研究。随着全球范围内移民数量的增加，可能世界各地更多的儿童会面临因父母国内或跨国流动而与其分离的问题。我国人口流动的社会背景与环境十分独特，可能在其他国家并没有类似的父母流动模式。例如，在大规模国际移民（尤其是无证移民）的背景下，儿童可能更容易经历父母长期不在身边的情况，而在产生大量临时移民的国家，儿童可能更容易受到家庭不稳定的影响。即使我国情境下的人口流动模式不具有普遍性，本书采用的概念和分析框架仍可以应用于其他情境，以帮助学者更好地了解父母移民对儿童整个童年的发展及其成长的影响。

安莉娟、冯江平，2015，《农村初中生父母外出务工状况及对其心理安全感的影响》，《教育研究与实验》第 4 期。

白勤、林泽炎、谭凯鸣，2012，《中国农村留守儿童培养模式实验研究——基于现场干预后心理健康状况前后变化的数量分析》，《管理世界》第 2 期。

蔡昉，2001，《劳动力迁移的两个过程及其制度障碍》，《社会学研究》第 4 期。

曹述蓉，2006，《农村留守儿童学校适应的实证研究——以湖北省 6 县 304 名留守儿童为例》，《青年探索》第 3 期。

陈晨、向石花、林红等，2016，《高校志愿者对留守儿童心理健康问题的路径探索——以涪陵区为例》，《市场周刊（理论研究）》第 10 期。

陈晶晶、任玉洁，2021，《父母教养方式对留守儿童学业成就的影响：未来取向的中介作用》，《中国健康心理学杂志》第 5 期。

陈秋珠、向璐瑶，2021，《儿童问题行为研究热点领域构成及演变——基于 1999-2019 年 CNKI 数据库 1050 篇文献的可视化分析》，《宁波大学学报》（教育科学版）第 1 期。

陈在余，2009，《中国农村留守儿童营养与健康状况分析》，《中国人口科学》第 5 期。

初向华，2015，《我国城镇化滞后的成因及对策研究》，《理论学刊》第 9 期。

单松、潘敏，2016，《县域治理的问题域、发展重点与基本方向——首届中国县域治理高层论坛综述》，《江汉论坛》第 4 期。

邓纯考，2013，《农村留守儿童社区支持的资源与路径——基于西部地区四省两区的调研》，《教育发展研究》第 1 期。

邓林园、赵鑫钰、方晓义，2016，《离婚对儿童青少年心理发展的影响：父母冲突的重要作用》，《心理发展与教育》第 2 期。

邓伟志、徐新，2011，《家庭社会学导论》，上海大学出版社。

董才生、马志强，2017，《留守儿童关爱保护政策需要从"问题回应"型转向"家庭整合"型》，《社会科学研究》第 4 期。

杜海峰、张若晨、刘朔，2018，《就地就近城镇化背景下"流动中的留守儿童"在校状况与适应》，《西安交通大学学报》（社会科学版）第 3 期。

段成荣、赖妙华、秦敏，2017，《21 世纪以来我国农村留守儿童变动趋势研究》，《中国青年研究》第 6 期。

段成荣、吕利丹、郭静等，2013，《我国农村留守儿童生存和发展基本状况——基于第六次人口普查数据的分析》，《人口学刊》第 3 期。

段成荣、杨舸，2008，《我国农村留守儿童状况研究》，《人口研究》第 3 期。

段成荣、周福林，2005，《我国留守儿童状况研究》，《人口研究》第 1 期。

樊有镇、杨梦婷，2020，《从问题到优势：农村留守儿童的学校社会工作实践》，《湖北广播电视大学学报》第 4 期。

范兴华、范志宇，2020，《亲子关系与农村留守儿童幸福感：心理资本的中介与零花钱的调节》，《中国临床心理学杂志》第 3 期。

范兴华、余思、彭佳等，2017，《留守儿童生活压力与孤独感、幸福感的关系：心理资本的中介与调节作用》，《心理科学》第 2 期。

范志宇、吴岩，2020，《亲子关系与农村留守儿童孤独感、抑郁：感恩的中介与调节作用》，《心理发展与教育》第 6 期。

费孝通，1998，《乡土中国 生育制度》，北京大学出版社。

傅小兰、张侃，2021，《心理健康蓝皮书：中国国民心理健康发展报告（2019~2020）》，社会科学文献出版社。

高亚兵，2009，《不同监护类型留守儿童心理健康状况和人格特征比较》，《中国学校卫生》第 3 期。

高永金、张瑜、余欣欣等，2020，《初中留守儿童积极心理品质发展现状调查》，《中国特殊教育》第 8 期。

郭申阳、孙晓冬、彭瑾等，2019，《留守儿童的社会心理健康——来自陕西省泾阳县一个随机大样本调查的发现》，《人口研究》第 6 期。

郭宇鹏、史永涛、杨洋，2015，《不同地区农村留守儿童心理健康水平的比较》，《新西部（理论版）》第 11 期。

国务院第七次全国人口普查领导小组办公室，2021，《2020 年第七次全国人口普查主要数据》，中国统计出版社。

韩晓明、李雪平，2013，《农村留守儿童心理问题研究综述》，《山西农业大学学报》（社会科学版）第 1 期。

何资桥，2009，《亲子分离特征对农村留守儿童人格发展影响分析》，《中国健康心理学杂志》第 11 期。

贺雪峰，2014，《城市化的中国道路》，东方出版社。

侯珂、刘艳、屈智勇等，2015，《班级结构对留守儿童心理健康的影响：同化还是对比效应？》，《心理发展与教育》第 2 期。

侯洋、李施漫、李毕琴等，2009，《留守儿童心理健康水平的情绪管理团体咨询效果研究》，《中国学校卫生》第 3 期。

胡芳、马迎华、龚盛根等，2011，《留守中学生主观幸福感与家庭功能关系》，《中国公共卫生》第 6 期。

胡昆、丁海燕、孟红，2010，《农村留守儿童心理健康状况调查研究》，《中国健康心理学杂志》第 8 期。

黄斌欢，2018，《课程干预与不平等社会结构的扭转：皖东村校的尝试》，《中国农业大学学报》（社会科学版）第 1 期。

黄潇潇、张亚利、俞国良，2022，《2010～2020 中国内地小学生心理健康问题检出率的元分析》，《心理科学进展》第 5 期。

黄雪竹、郭兰婷、唐光政等，2005，《青少年自评量表 1991 版本信度和效度研究》，《四川大学学报》（医学版）第 4 期。

江立华，2011，《乡村文化的衰落与留守儿童的困境》，《江海学刊》第 4 期。

姜佳将、张帆，2020，《半脱嵌的成长：家庭结构与青少年发展的性别差异——基于"母权制病理学"假设的审视与反思》,《浙江学刊》第4期。

姜姝、朱莹、杨云江等,2020,《农村留守儿童的教育困境与对策》,《经济研究导刊》第 17 期。

姜松,2014,《西部农业现代化演进过程及机理研究》,博士学位论文,西南大学。

蒋承、李笑秋,2014,《留守儿童成绩表现的差异性研究——以西部某县为例》,《青少年研究(山东省团校学报)》第 1 期。

金灿灿、刘艳、陈丽,2012,《社会负性环境对流动和留守儿童问题行为的影响:亲子和同伴关系的调节作用》,《心理科学》第 5 期。

邝宏达,2019,《农村初中留守儿童心理资本:个体、家庭和学校的影响》,《上海教育科研》第 6 期。

李飞、杜云素,2019,《不确定性与农民工非永久迁移》,《中国农业大学学报(社会科学版)》第 1 期。

李根寿、廖运生,2005,《农村"留守子女"教育问题及对策思考》,《前沿》第 12 期。

李国强、陈杰、王旭红等,2018,《348 例 9~16 岁城乡结合部青少年家庭社会资本与心理弹性关系》,《中国健康心理学杂志》第 5 期。

李佳樾、何莉、郭金仙等,2014,《甘肃农村留守儿童生活质量现状分析》,《中国儿童保健杂志》第 12 期。

李靖辉,2014,《农村小学留守儿童学校适应问题及对策——以吉林省汪清县东光学校为例》,《现代教育科学》第 12 期。

李梦龙、任玉嘉、蒋芬,2019,《中国农村留守儿童社交焦虑状况的meta 分析》,《中国心理卫生杂志》第 11 期。

李娜、庄玉昆,2022,《处境不利学生歧视知觉与心理健康的关系:基于本土样本的元分析》,《教育研究与实验》第 1 期。

李强,1999,《生命的历程:重大社会事件与中国人的生命轨迹》,浙江人民出版社。

李强、陈振华、张莹,2015,《就近城镇化与就地城镇化》,《广东社会科学》第 1 期。

李强、邓建伟、晓筝，1999，《社会变迁与个人发展：生命历程研究的范式与方法》，《社会学研究》第 6 期。

李强、臧文斌，2011，《父母外出对留守儿童健康的影响》，《经济学》（季刊）第 1 期。

李小琴、王晓星，2020，《子女随迁对流动人口创业的影响》，《中国经济问题》第 4 期。

李晓凤、林佳鹏、何昕，2020，《ABC-X 模型的构建与运用：基于综融取向的新生代农民工工作压力干预》，《社会工作》第 1 期。

李晓凤、周思思、李忠路，2021，《新生代农民工生活压力源及群体差异——以深圳市产业工人为例》，《当代青年研究》第 2 期。

李云森，2013，《自选择、父母外出与留守儿童学习表现——基于不发达地区调查的实证研究》，《经济学》（季刊）第 3 期。

李钟帅、苏群，2014，《父母外出务工与留守儿童健康——来自中国农村的证据》，《人口与经济》第 3 期。

联合国儿童基金会驻华办事处，2021，《青少年心理健康——联合国儿童基金会 2021-2025 年工作重点》6 月，https：//www.unicef.cn/reports/adolescent-mental-health。

梁梦宇，2021，《新时代城乡融合发展的理论逻辑与实现路径研究》，博士学位论文，吉林大学。

梁在、李文利，2021，《留守经历与农村儿童教育发展》，《教育科学》第 3 期。

廖丽萍、张呈磊，2020，《"重男轻女"会损害女孩的健康状况吗？——来自中国家庭追踪调查的证据》，《经济评论》第 2 期。

廖永伦，2015，《就地就近城镇化：新型城镇化的现实路径选择》，《贵州社会科学》第 11 期。

林崇德、杨治良、黄希庭，2003，《心理学大辞典》（下），上海教育出版社。

林丹华，2018，《积极青少年发展视角下的心理健康预防与促进》，《中国学校卫生》第 6 期。

林美珍，1990，《成人子女对与父母同住关系之研究》，《教育与心理研究》第 13 期。

凌辉、张建人、易艳等，2012，《分离年龄和留守时间对留守儿童行为和情绪问题的影响》，《中国临床心理学杂志》第 5 期。

刘佰桥，2011，《农村留守儿童心理健康状况研究评述》，《继续教育研究》第 12 期。

刘伯霞、刘东洋，2014，《西部城镇化进程推进与质量提升问题研究》，《甘肃社会科学》第 6 期。

刘传江，2006，《中国农民工市民化研究》，《理论月刊》第 10 期。

刘冠生，2005，《城市、城镇、农村、乡村概念的理解与使用问题》，《山东理工大学学报：社会科学版》第 1 期。

刘光阳、李根，2019，《国内县域经济研究 30 年之全景展示——基于 CNKI1985—2017 年数据的可视化分析》，《兰州学刊》第 7 期。

刘国斌、杨富田，2017，《新型城镇化背景下县城的"亚核心"作用机理研究》，《当代经济研究》第 3 期。

刘红升、靳小怡，2017，《西部农村留守儿童的家庭教育主体研究》，《教育评论》第 11 期。

刘红升、靳小怡，2018，《教养方式与留守儿童心理弹性：特征和关系——来自河南省叶县的调查证据》，《西南民族大学学报》（人文社科版）第 1 期。

刘红升、靳小怡、陈洲，2019，《留守儿童的心理弹性：分化、归因、干预》，《西南交通大学学报》（社会科学版）第 1 期。

刘红升、刘利鸽、靳小怡，2021，《农村留守家庭的亲子关系类型：识别、特征和分化》，《新疆社会科学》第 3 期。

刘红艳、常芳、岳爱等，2017，《父母外出务工对农村留守儿童心理健康的影响：基于面板数据的研究》，《北京大学教育评论》第 2 期。

刘华锦、叶正茂、阮恒，2015，《初中阶段农村留守儿童心理健康状况调查与分析》，《教育评论》第 6 期。

刘丽娟，2020，《新生代农民工就近城镇化形成机制、实践基础及发展路径》，《重庆社会科学》第 10 期。

刘琴、孙敏红、赵勇等，2011，《影响我国留守儿童心理健康相关因素的系统评价》，《中国循证医学杂志》第 12 期。

刘腾龙，2021，《家庭文化资本、"影子教育"与文化再生产——基于县城儿童和村庄儿童对照的视角》，《当代青年研究》第 4 期。

刘霞、范兴华、申继亮，2007，《初中留守儿童社会支持与问题行为的关系》，《心理发展与教育》第 3 期。

刘贤臣、郭传琴、刘连启等，1997，《Achenbach 青少年行为自评量表的信度和效度研究》，《中国心理卫生杂志》第 4 期。

刘香娥、葛会美、黄绍利，2021，《"互联网+"背景下对农村留守儿童心理健康精准帮扶模式的探索》，《产业与科技论坛》第 16 期。

刘燕，2012，《农村留守儿童心灵危机干预的校校合作机制研究》，博士学位论文，湖南科技大学。

刘志军，2022，《留守经历与退缩型人格——基于新生代外来工的实证分析》，《华东师范大学学报》（教育科学版）第 3 期。

陆红芬、吴佳璐，2018，《我国农村留守儿童保护政策的演变与发展——基于对 2004 年以来相关政策的文本分析》，《青少年研究与实践》第 1 期。

吕利丹，2014，《从"留守儿童"到"新生代农民工"——高中学龄农村留守儿童学业终止及影响研究》，《人口研究》第 1 期。

吕绍清，2005，《150 个访谈个案的分析报告（上）孩子在老家 农村留守儿童：生活与心理的双重冲突》，《中国发展观察》第 8 期。

吕绍清，2006，《中国农村留守儿童问题研究》，《中国妇运》第 6 期。

吕绍清，2007，《留守还是流动："民工潮"中的儿童研究》，中国农业出版社。

〔美〕马克·赫特尔，1988，《变动中的家庭——跨文化的透视》，宋践、李茹等译，浙江人民出版社。

毛哲山，2016，《"人的城镇化"理论的建构与创新研究》，《河南师范大学学报》（哲学社会科学版）第 1 期。

茅海燕、吕顺、寇利，2014，《进城务工人员与子女沟通现状的调查与思考》，《科教文汇》（下旬刊）第 10 期。

梅红、王璇、司如雨，2019，《西部农村家庭父母教育卷入现状及成效——基于陕西省宁强县 4643 份数据的实证研究》，《西北农林科技大学学报》（社会科学版）第 2 期。

潘璐、叶敬忠，2009，《农村留守儿童研究综述》，《中国农业大学学报》（社会科学版）第 2 期。

彭荣胜，2016，《传统农区就地就近城镇化的农民意愿与路径选择研究》，《学习与实践》第 4 期。

戚务念，2017，《农村留守儿童的学校关爱模式及其讨论》，《当代教育科学》第 2 期。

乔东平、廉婷婷、苏林伟，2019，《中国儿童福利政策新发展与新时代政策思考——基于 2010 年以来的政策文献研究》，《社会工作与管理》第 3 期。

秦敏、朱晓，2019，《父母外出对农村留守儿童的影响研究》，《人口学刊》第 3 期。

清华大学社会学系课题组，2013，《“短工化”：农民工就业趋势研究》，沈原主编《清华社会学评论第 6 辑》，社会科学文献出版社。

全国妇联课题组，2013，《全国农村留守儿童城乡流动儿童状况研究报告》，《中国妇运》第 6 期。

任远，2010，《由“进城”和“返乡”共同构成的城市化》，《江苏社会科学》第 3 期。

任运昌，2017，《农村留守儿童教育问题的当前态势、应对模式与缓解策略——基于 13 年跟踪研究的判断与建议》，《广西师范大学学报》（哲学社会科学版）第 6 期。

阮梅，2008，《世纪之痛——中国农村留守儿童调查》，人民文学出版社。

邵美玲、张权，2021，《父母迁移模式对农村留守儿童问题行为的影响》，《中国儿童保健杂志》第 1 期。

申继亮、刘霞、赵景欣等，2015，《城镇化进程中农民工子女心理发展研究》，《心理发展与教育》第 1 期。

盛广耀，2016，《中国城镇化的态势与转型发展》，《中国党政干部论坛》第 4 期。

石兰月，2016，《农村留守儿童关爱服务：成效、问题与对策》，《河南师范大学学报》（哲学社会科学版）第 3 期。

宋国恺、陈欣蕾，2021，《农民工城镇化转变：从"乡—城"到"乡—县—城"——以农民工落户城市层级选择意愿为视角》，《西安交通大学学报》第 5 期。

宋淑娟、张影，2009，《班级人际环境对留守儿童自尊的影响》，《教育研究与实验》第 2 期。

宋月萍、张耀光，2009，《农村留守儿童的健康以及卫生服务利用状况的影响因素分析》，《人口研究》第 6 期。

隋海梅、宋映泉，2014，《留守经历影响中职学生的考学行为、辍学行为和升学意愿吗——基于浙江、陕西两省的跟踪数据》，《北京大学教育评论》第 3 期。

孙文凯、王乙杰，2016，《父母外出务工对留守儿童健康的影响——基于微观面板数据的再考察》，《经济学》（季刊）第 3 期。

孙妍、林树明、邢春冰，2020，《迁移、男孩偏好与教育机会》，《经济学》（季刊）第 1 期。

谭深，2011，《中国农村留守儿童研究述评》，《中国社会科学》第 1 期。

唐灿，2010，《家庭现代化理论及其发展的回顾与评述》，《社会学研究》第 3 期。

唐光政、郭兰婷、黄雪竹，2005，《青少年自评量表问题部分成都市区常模》，《中国心理卫生杂志》第 3 期。

唐有财、符平，2011，《亲子分离对留守儿童的影响——基于亲子分离具体化的实证研究》，《人口学刊》第 5 期。

陶然、周敏慧，2012，《父母外出务工与农村留守儿童学习成绩——基于安徽、江西两省调查实证分析的新发现与政策含义》，《管理世界》第 8 期。

〔德〕乌尔里希·贝克，2004，《风险社会》，向傅闻译，译林出版社。

〔德〕乌尔里希·贝克、〔英〕安东尼·吉登斯、〔英〕斯科特·拉什，2014，《自反性现代化：现代社会秩序中的政治、传统与美学》，赵文书译，商务印书馆。

王道阳、朱丽娟、姚本先，2009，《压力源研究的理论模式》，第十一次全国行为医学学术会议暨广东省行为医学分会首次学术年会。

王东宇、王丽芬，2005，《影响中学留守孩心理健康的家庭因素研究》，《心理科学》第 2 期。

王桂新、胡健，2015，《城市农民工社会保障与市民化意愿》，《人口学刊》第 6 期。

王启忱、苏彦捷，2021，《留守经历与儿童心理理解发展的相关因素及其干预》，《苏州大学学报》（教育科学版）第 4 期。

王润程、王孟成、高一点等，2013，《Achenbach 青少年自评量表（2001 年版）中文版的信度和效度》，《中国临床心理学杂志》第 6 期。

王树涛、毛亚庆，2015，《寄宿对留守儿童社会情感能力发展的影响：基于西部 11 省区的实证研究》，《教育学报》第 5 期。

王新波、姚力、赵小杰等，2021，《儿童青少年心理危机评估综合定级体系的构建》，《北京师范大学学报》（自然科学版）第 4 期。

王雪、刘平青，2014，《进城务工人员婚姻家庭亲密关系疏离问题研究》，《经济研究参考》第 19 期。

王亚军、郑晓冬、方向明，2021，《留守经历对农村儿童长期发展影响的研究进展》，《中国农业大学学报》第 9 期。

王瑶、景维民、张雪凯，2019，《留守儿童获得了更多的家庭教育投入吗？——基于 CEPS 数据的实证分析》，《南方人口》第 6 期。

王玉龙、张智慧、罗忆，2021，《留守儿童亲子沟通与生活满意度的交叉滞后分析》，《中国临床心理学杂志》第 4 期。

王玉香、吴立忠，2016，《我国留守儿童政策的演进过程与特点研究》，《青年探索》第 5 期。

魏昶、许倩、陈晓明等，2014，《留守儿童问题行为与感戴、社会支持的关系》，《中国儿童保健杂志》第 6 期。

魏后凯，2019，《在区域发展新格局中实现西部高质量发展》，《新西部》第 34 期。

魏贤玉、朱蔼、朱相华，2013，《心理干预对农村留守儿童心理状况的影响》，《中国健康心理学杂志》第 2 期。

吴帆、李建民，2012，《家庭发展能力建设的政策路径分析》，《人口研究》第 4 期。

吴帆、王琳，2016，《社会治理视阈下的留守儿童社会政策分析》，《社会治理》第 6 期。

吴霓，2004，《农村留守儿童问题调研报告》，《教育研究》第 10 期。

吴霓，2021，《我国农村留守儿童关爱服务体系的政策、实践与对策研究》，《湖南师范大学教育科学学报》第 5 期。

吴培材，2020，《父母外出务工对农村留守儿童身心健康的影响研究》，《南方经济》第 1 期。

吴要武、侯海波，2017，《校园欺凌的影响与对策——来自农村寄宿制小学的证据》，《劳动经济研究》第 6 期。

吴愈晓、王鹏、杜思佳，2018，《变迁中的中国家庭结构与青少年发展》，《中国社会科学》第 2 期。

夏海鹰、向慧、谭平，2019，《"三农三化"：从源头消除"三留守"的治本之路》，《西部论坛》第 4 期。

谢其利，2020，《班级心理环境与留守儿童心理健康的关系》，《贵州师范学院学报》第 7 期。

谢勇、赵晓倩，2022，《留守经历对高等教育获得的影响》，《教育与经济》第 2 期。

邢慧斌、杨青、朱彦伊，2019，《教育扶贫视角下农村留守儿童"精神扶贫"研究——以河北省为例》，《教育文化论坛》第 6 期。

熊雯，2016，《中西部地区就近城镇化的理论内涵、现实意义及路径选择》，《学习与实践》第 6 期。

胥大伟，2020，《2019 年度〈中国留守儿童心灵状况白皮书〉发布》，《清风》第 16 期。

徐夫真、张玲玲、魏星等，2015，《青少年早期内化问题的稳定性及其与母亲教养的关系》，《心理发展与教育》第 2 期。

徐志坚、慈志敏、姜岩涛等，2016，《留守儿童抑郁症状的检出率——2000-2015 年发表本书的 meta 分析》，《中国心理卫生杂志》第 12 期。

许传新，2007，《"留守儿童"教育的社会支持因素分析》，《中国青年研究》第 9 期。

许怀雪、秦玉友，2020，《我国农村留守儿童研究的现状与前瞻——基于2004-2020年农村留守儿童研究的文本分析》，《四川师范大学学报》（社会科学版）第3期。

许琪，2018，《父母外出对农村留守儿童学习成绩的影响》，《青年研究》第6期。

薛威峰、马艺丹，2021，《留守儿童心理韧性研究述评》，《乐山师范学院学报》第8期。

杨传开、朱建江，2018，《乡村振兴战略下的中小城市和小城镇发展困境与路径研究》，《城市发展研究》第11期。

杨汇泉、朱启臻，2011，《农村留守儿童家庭抚育策略的社会学思考——一项生命历程理论视角的个案考察》，《人口与发展》第2期。

杨菊华、段成荣，2008，《农村地区流动儿童、留守儿童和其他儿童教育机会比较研究》，《人口研究》第1期。

杨菊华、何炤华，2014，《社会转型过程中家庭的变迁与延续》，《人口研究》第2期。

杨丽、陈卫星，2014，《不同类型监护人缺失的农村留守幼儿生存现状对比》，《中国妇幼保健》第22期。

杨潇、郭惠敏、王玉洁等，2018，《农村留守儿童关爱服务体系建设研究——基于陕西省的调研》，《社会政策研究》第4期。

姚计海、毛亚庆，2008，《西部农村留守儿童学业心理特点及其学校管理对策研究》，《教育研究》第2期。

姚嘉、张海峰、姚先国，2016，《父母照料缺失对留守儿童教育发展影响的实证分析》，《教育发展研究》第8期。

姚远、张顺，2018，《持久的"心灵烙印"：留守时间如何影响青年早期的主观福祉》，《青年研究》第3期。

叶敬忠，2019，《农村留守人口研究：基本立场、认识误区与理论转向》，《人口研究》第2期。

叶敬忠、莫瑞，2005，《关注留守儿童：中国中西部农村地区劳动力外出务工对留守儿童的影响》，社会科学文献出版社。

易斌、翟国方、丁琳，2013，《经济驱动下的人口省际流动研究——

以安徽为例》，《华东经济管理》第 12 期。

张保仓、曾一军，2020，《流动人口家庭化迁移模式的影响因素——基于河南省流动人口监测数据》，《调研世界》第 12 期。

张春阳、徐慰，2022，《儿童期创伤与有留守经历大学生负性情绪：心理韧性的调节作用》，《心理发展与教育》第 4 期。

张连云，2011，《农村留守儿童社会支持与孤独感的关系》，《中国特殊教育》第 5 期。

张毛宁、冯海英，2015，《家庭功能与青少年抑郁心理关系研究述评》，《重庆与世界》（学术版）第 5 期。

张婷皮美、石智雷，2021，《父母外出务工对农村留守儿童心理健康的影响研究》，《西北人口》第 4 期。

张卫、林崇德，2002，《论儿童发展的新皮亚杰理论》，《华南师范大学学报》（社会科学版）第 4 期。

张显宏，2009，《农村留守儿童教育状况的实证分析——基于学习成绩的视角》，《中国青年研究》第 9 期。

张小屏，2018，《不同监护类型下的民族地区农村留守儿童社会化现状的比较研究——基于贵州省 5 个民族自治县的实证调查》，《山东青年政治学院学报》第 2 期。

张晓华，1996，《"单身赴任"与日本现代社会》，《外国问题研究》第 4 期。

张孝义，2010，《小学高年级留守儿童创造性思维与创造性人格的调查与分析》，《中国特殊教育》第 8 期。

张孝义，2012，《社会干预对农村留守儿童心理健康的影响——基于"留守儿童之家"社会干预实验数据》，《湖南农业大学学报》（社会科学版）第 1 期。

张亚利、靳娟娟、俞国良，2022，《2010～2020 中国内地初中生心理健康问题检出率的元分析》，《心理科学进展》第 5 期。

张耀军、岑俏，2014，《中国人口空间流动格局与省际流动影响因素研究》，《人口研究》第 5 期。

赵景欣、刘霞、申继亮，2008，《留守青少年的社会支持网络与其抑郁、孤独之间的关系——基于变量中心和个体中心的视角》，《心理发展与教育》第 1 期。

赵景欣、刘霞、张文新，2013，《同伴拒绝、同伴接纳与农村留守儿童的心理适应：亲子亲合与逆境信念的作用》，《心理学报》第 7 期。

赵景欣、王焕红、王世风，2010，《压力性生活事件与农村留守儿童的抑郁、反社会行为的关系》，《青少年研究（山东省团校学报）》第 2 期。

赵苗苗、李慧、李军等，2012，《父母外出务工对农村留守儿童心理健康的影响研究》，《中国卫生事业管理》第 1 期。

赵如婧、周皓，2018，《儿童健康发展的比较研究》，《青年研究》第 1 期。

赵雪雁、李东泽、李巍等，2018，《西北地区农村儿童日常生活时空间特征研究》，《人文地理》第 3 期。

郑晓冬、刘剑波、沈政等，2022，《儿童期留守经历对新生代农民工城市融入的影响》，《社会学评论》第 2 期。

周晨、赵丽云、于冬梅，2020，《中国留守儿童营养健康状况》，《卫生研究》第 6 期。

周春芳、苏群、张立冬，2021，《乡村振兴视域下农村留守儿童人力资本质量研究》，《江海学刊》第 3 期。

周丽兰、熊燕、刘洋等，2022，《心理弹性中介负性生活事件对留守儿童亲社会倾向的作用：基于贝叶斯结构方程模型的研究》，《现代预防医学》第 7 期。

周全德、齐建英，2006，《对农村"留守儿童"问题的理性思考》，《中州学刊》第 1 期。

周镇忠、蔡芸、顾天安等，2019，《大数据支持下的农村留守儿童福利政策研究》，《社会保障研究》第 5 期。

朱竑、张博、马凌，2019，《新型城镇化背景下中国流动人口研究：议题与展望》，《地理科学》第 1 期。

朱敬先，2002，《健康心理学》，教育科学出版社。

朱俊芳，2006，《关注农村"留守儿童"的思想道德教育》，《贵州教育》第 10 期。

朱婷婷、刘东玲、张璟等，2019，《留守儿童问题行为的研究进展》，《中华护理教育》第 3 期。

朱旭东、薄艳玲，2020，《农村留守儿童全面发展及其综合支持系统的建构》，《北京大学教育评论》第 3 期。

朱战辉，2021，《欠发达地区县域城镇化对农民家庭生计的影响机制研究》，《华中农业大学学报》（社会科学版）第 6 期。

Abrego, L. 2009. " Economic Well-Being in Salvadoran Transnational Families: How Gender Affects Remittance Practices. "*Journal of Marriage and Family* 71 (4): 1070-1085.

Achenbach, T. M. , Edelbrock, C. 1991. " Child Behavior Checklist. " *Burlington (Vt)* 7: 371-392.

Achenbach, T. M. 1966. "The Classification of Children's Psychiatric Symptoms: A Factor-Analytic Study. "*Psychological Monographs: General and Applied* 80 (7): 1-37.

Ainsworth, M. D. S. , Bell, S. M. , Steinberg, L. D. 1981. *Attachment, Exploration, and Separation: Illustrated by the Behavior of One-Year-Olds in a Strange Situation.* Columbia University Press.

Amato, P. R. , Keith, B. 1991. "Parental Divorce and the Well-Being of Children: A Meta-Analysis. "*Psychological Bulletin* 110 (1): 26.

Amuedo-Dorantes, C. , Pozo, S. 2010. "Accounting for Remittance and Migration Effects on Children's Schooling. " *World Development* 38 (12): 1747-1759.

Aseltine Jr R. H. 1996. "Pathways Linking Parental Divorce with Adolescent Depression. "*Journal of Health and Social Behavior* 37 (2): 133-148.

Beavers, R. , Hampson, R. B. 2000. "The Beavers Systems Model of Family Functioning. "*Journal of Family Therapy* 22 (2): 128-143.

Beck, A. N. , Cooper, C. E. , McLanahan, S. , et al. 2010. "Partnership Transitions and Maternal Parenting. " *Journal of Marriage and Family* 72 (2): 219-233.

Belsky, J. 1981. "Early Human Experience: A Family Perspective. "

Developmental psychology 17(1): 3–23.

Bernard, J. M., Nesbitt, S. 1982. "Divorce: An Unreliable Predictor of Children's Emotional Predispositions." *Journal of Divorce* 4(4): 31–42.

Boss, P. 1992. "Primacy of Perception in Family Stress Theory and Measurement." *Journal of Family Psychology* 6(2): 113–119.

Botezat, A., Pfeiffer, F. 2020. "The Impact of Parental Labour Migration on Left-Behind Children's Educational and Psychosocial Outcomes: Evidence from Romania." *Population, Space and Place* 26(2): e2277.

Bowlby, J. 1969. *Attachment and Loss: Volume I: Attachment.* London: The Hogarth Press and the Institute of Psycho-Analysis.

Brown, R. P. C., Poirine, B. 2005. "A Model of Migrants' Remittances with Human Capital Investment and Intrafimilial Transfers." *International Migration Review* 39(2): 407–438.

Brown, S. L., Stykes, J. B., Manning, W. D. 2016. "Trends in Children's Family Instability, 1995–2010." *Journal of Marriage and Family* 78(5): 1173–1183.

Brown, S. L., Wright, M. R. 2017. "Marriage, Cohabitation, and Divorce in Later Life." *Innovation in Aging* 1(2).

Brown, S. L. 2006. "Family Structure Transitions and Adolescent Well-Being." *Demography* 43(3): 447–461.

Brumariu L. E., Kerns K. A. 2010. "Parent-Child Attachment and Internalizing Symptoms in Childhood and Adolescence: A Review of Empirical Findings and Future Directions." *Development and Psychopathology* 22(1): 177–203.

Bzostek, S. H., Beck, A. N. 2011. "Familial Instability and Young Children's Physical Health." *Social Science & Medicine* 73(2): 282–292.

Cebotari, V., Mazzucato, V., Appiah, E. 2018. "A Longitudinal Analysis of Well-Being of Ghanaian Children in Transnational Families." *Child Development* 89(5): 1768–1785.

Cerrutti, M., Massey, D. S. 2001. "On the Auspices of Female Migration from Mexico to the United States." *Demography* 38(2): 187–200.

Chen, M., Sun, X. 2015. "Parenting and Grandparenting of Left-Behind

Children in Rural China. "*Chinese Migration and Families at Risk* 37.

Coleman, M., Ganong, L., Fine, M. 2000. "Reinvestigating Remarriage: Another Decade of Progress. "*Journal of Marriage and Family* 62(4): 1288-1307.

Compas, B. E. 1987. "Stress and Life Events During Childhood and Adolescence. "*Clinical Psychology Review* 7(3): 275-302.

Compas, B. E., Howell, D. C., Phares, V., Williams, R. A., Ledoux, N. 1989. "Parent and Child Stress and Symptoms: An Integrative Analysis. " Developmental Psychology 25(4): 550-559.

Constant, A., Massey, D. S. 2002. "Return Migration by German Guestworkers: Neoclassical Versus New Economic Theories. " *International Migration* 40 (4): 5-38.

Corsaro, W. A. 2017. *The Sociology of Childhood*. Sage Publications.

Dannefer, D. 2003. "Cumulative Advantage/Disadvantage and the Life Course: Cross-Fertilizing Age and Social Science Theory. "*The Journals of Gerontology Series B: Psychological Sciences and Social Sciences* 58(6): S327-S337.

de Oliveira, S. C., Pavarini, S. C. I., de Souza Orlandi, F., et al. 2014. "Family Functionality: A Study of Brazilian Institutionalized Elderly Individuals. " *Archives of Gerontology and Geriatrics* 58(1): 170-176.

de Brauw, A., Mu, R. 2011. "Migration and the Overweight and Underweight Status of Children in Rural China. "*Food Policy* 36(1): 88-100.

Dreby, J. 2007. "Children and Power in Mexican Transnational Families. " *Journal of Marriage and Family* 69(4): 1050-1064.

Dreby, J. 2010. *Divided by Borders: Mexican Migrants and Their Children*. University of California Press.

D'Onofrio, B., Emery, R. 2019. "Parental Divorce or Separation and Children's Mental Health. "*World Psychiatry* 18(1): 100.

Elder, G. H. 2018. *Children of the Great Depression: Social Change in Life Experience*. Chicago: University of Chicago Press.

Epstein, N. B., Baldwin, L. M., Bishop, D. S. 1983. "The McMaster Family Assessment Device. "*Journal of Marital and Family Therapy* 9(2): 171-180.

Epstein, N. B. , Bishop, D. S. , Levin, S. 1978. "The Mcmaster Model of Family Functioning. "*Journal of Marital and Family Therapy* 4(4): 19-31.

Fomby, P. , Cherlin, A. J. 2007. "Family Instability and Child Well-Being. " *American Sociological Review* 72(2): 181-204.

Friedmann, J. 1968. "The Strategy of Deliberate Urbanization. "*Journal of the American Institute of Planners* 34(6): 364-373.

Garfinkel, I. , McLanahan, S. 1986. *Single Mothers and Their Children: A New American Dilemma.* Washington, DC: Urban Institute Press.

Gassmann, F. , Siegel, M. , Vanore, M. , et al. 2018. "Unpacking the Relationship Between Parental Migration and Child Well-Being: Evidence from Moldova and Georgia. "*Child Indicators Research* 11(2): 423-440.

Graham, E. , Jordan, L. P. 2011. "Migrant Parents and the Psychological Well-Being of Left-Behind Children in Southeast Asia. "*Journal of Marriage and Family* 73(4): 763-787.

Hadfield, K. , Amos, M. , Ungar, M. , et al. 2018. "Do Changes to Family Structure Affect Child and Family Outcomes? A Systematic Review of the Instability Hypothesis. "*Journal of Family Theory & Review* 10(1): 87-110.

Halpin, B. 2017. "SADI: Sequence Analysis Tools for Stata. "*The Stata Journal* 17 (3): 546-572.

Ham, B. D. 2004. "The Effects of Divorce and Remarriage on the Academic Achievement of High School Seniors. "*Journal of Divorce & Remarriage* 42(1-2): 159-178.

Harris, J. , Todaro M. 1970. "Migration, Unemployment and Development: A Two Sector Analysis. "*American Economic Review* 60(1): 126-142.

Heinz, W. R. , Krüger, H. 2001. "Life Course: Innovations and Challenges for Social Research. "*Current Sociology* 49(2): 29-45.

Hennig, C. , Liao, T. F. 2010. "Comparing Latent Class and Dissimilarity Based Clustering for Mixed Type Variables with Application to Social Stratification. " Technical Report.

Hetherington, E. M. , Clingempeel, W. G. , Anderson, E. R. , et al. 1992.

"Coping with Marital Transitions: A Family Systems Perspective." *Monographs of the Society for Research in Child Development*.

Heyse, P. 2011. "A Life Course Perspective in the Analysis pf Self-Experiences of Female Migrants in Belgium: The Case of Ukrainian and Russian Women in Belgium." *Migracijske I Etničke Teme* 27(2): 199-225.

Hirschman, A. 1958. *The Strategy of Economic Development*. New Haven: Yale University Press.

Holmes, T. H., Rahe, R. H. 1967. "The Social Readjustment Rating Scale." *Journal of Psychosomatic Research* 11(2): 213-218.

Hobbs, A. H. 1950. "Families Under Stress: Adjustment to the Crises of War Separation and Reunion." *Social Forces* 29(1): 102-104.

Howes, C. 1999. "Attachment Relationships in the Context of Multiple Caregivers." In Cassidy, J., Shaver, P. R. (Eds.), *Handbook of Sttachment: Theory, Research, and Clinical Applications*. The Guilford Press.

Hu, H., Lu, S., Huang, C. C. 2014. "The Psychological and Behavioral Outcomes of Migrant and Left-Behind Children in China." *Children and Youth Services Review* 46: 1-10.

Huang, B. 2014. "Double Disembeddedness and the Class Formation of New Generation of Migrant Workers." *Sociological Studies* 2: 170-188.

Hugo, G. J. 1982. "Circular Migration in Indonesia." *Population and Development Review* 61(2): 59-83.

Huurre, T., Junkkari, H., Aro, H. 2006. "Long-Term Psychosocial Effects of Parental Divorce." *European Archives of Psychiatry and Clinical Neuroscience* 256 (4): 256-263.

Jampaklay, A., Vapattanawong, P. 2013. "The Subjective Well-Being of Children in Transnational and Non-Migrant Households: Evidence from Thailand." *Asian and Pacific Migration Journal* 22(3): 377-400.

Jordan, L. P., Graham, E. 2012. "Resilience and Well-Being Among Children of Migrant Parents in South-East Asia." *Child Development* 83(5): 1672-1688.

Jorgenson, D. W. 1961. "The Development of a Dual Economy." *The Economic Journal* 71(282): 309-334.

Kandel, W. 2003. "The Impact of Us Migration on Mexican Children's Educational Attainment." Education, Family and Population Dynamics, CICRED, Paris.

Kelly, R. R., Wildsmith, E. 2004. "Cohabitation and Children's Family Instability."*Journal of Marriage and Family* 66(1): 210-219.

Kerr, M. E., Bowen, M. 1988. *Family Evaluation: An Approach Based on Bowen Theory*. New York: Norton.

Kulu, H. 2008. "Fertility and Spatial Mobility in the Life Course: Evidence from Austria."*Environment and Planning A* 40(3): 632-652.

Lazarus, R. S., Folkman, S. 1984. *Stress, Appraisal, and Coping*. New York: Springer.

Lee, D., McLanahan, S. 2015. "Family Structure Transitions and Child Development: Instability, Selection, and Population Heterogeneity." *American Sociological Review* 80(4): 738-763.

Levitt, P. 1998. "Social Remittances: Migration Driven Local-Level Forms of Cultural Diffusion."*International Migration Review* 32(4): 926-948.

Lewis, W. A. 1954. "Economic Development with Unlimited Supplies of Labour."*Manchester School* 22(2): 139-191.

Lu, Y., Yeung, J. W. J., Liu, J., et al. 2019. "Migration and Children's Psychosocial Development in China: When and Why Migration Matters."*Social Science Research* 77: 130-147.

Lu, Y. 2014. "Parental Migration and Education of Left-Behind Children: A Comparison of Two Settings."*Journal of Marriage and Family* 76(5): 1082-1098.

MacIndoe, H., Abbott, A. 2004. "Sequence Analysis and Optimal Matching Techniques for Social Science Data." In Hardy, M., Bryman, A. (Eds.), *Handbook of Data Analysis. London*, UK: Sage Publications.

Main, M., Solomon, J. 1986. "Discovery of an Insecure-Disorganized/Disoriented Attachment Pattern." In Brazelton, T. B., Yogman, M. W. (Eds.),

Affective Development in Infancy. Ablex Publishing.

Marks, G. N. 2006. "Family Size, Family Type and Student Achievement: Cross-National Differences and the Role of Socioeconomic and School Factors. " *Journal of Comparative Family Studies* 37 (1): 1−24.

Masarik , A. S. , Conger, R. D. 2017. "Stress and Child Development: A Review of the Family Stress Model. " *Current Opinion in Psychology* 13: 85−90.

Mastrotheodoros, S. , Canário, C. , Cristina, G. , M. , et al. 2020. "Family Functioning and Adolescent Internalizing and Externalizing Problems: Disentangling Between-, and Within-Family Associations. " *Journal of Youth and Adolescence* 49 (4): 804−817.

Mazzucato, V. , Cebotari, V. 2017. "Psychological Well-Being of Ghanaian Children in Transnational Families. " *Population, Space and Place* 23 (3): e2004.

Mazzucato, V. , Schans, D. , Caarls, K. , et al. 2018. *Migrant Families between Africa and Europe: Comparing Ghanaian, Congolese and Senegalese Migration Flows*. Migration between Africa and Europe. Springer, Cham.

Mazzucato, V. , Schans, D. 2011. "Transnational Families and the Well-Being of Children: Conceptual and Methodological Challenges. " *Journal of Marriage and the Family* 73 (4): 704.

McCubbin, H. I. , Joy, C. B. , Cauble, A. E. , et al. 1980. "Family Stress and Coping: A Decade Review. " *Journal of Marriage and the Family* 42 (4): 855−871.

McMahon, S. D. , Grant, K. E. , Compas, B. E. , et al. 2003. "Stress and Psychopathology in Children and Adolescents: Is There Evidence of Specificity? " *Journal of Child Psychology and Psychiatry* 44 (1): 107−133.

Merton, R. K. 1996. *On Social Structure and Science*. University of Chicago Press.

Miller, I. W. , Ryan, C. E. , Keitner, G. I. , et al. 2000. "The Mcmaster Approach to Families: Theory, Assessment, Treatment and Research. " *Journal of Family Therapy* 22 (2): 168−189.

Miller, I. W. , Ryan, C. E. , Keitner, G. I. , et al. 2000. "The Mcmaster Approach to Families: Theory, Assessment, Treatment and Research. " *Journal of*

Family Therapy 22(2): 168–189.

Muhtadie, L., Zhou, Q., Eisenberg, N., et al. 2013. "Predicting Internalizing Problems in Chinese Children: The Unique and Interactive Effects of Parenting and Child Temperament." *Development and psychopathology* 25 (3): 653–667.

Myrdal, G. 1957. *Economic Theory and Underdeveloped Regions*. London: Gerald Duckworth.

Nobles, J. 2011. "Parenting from Abroad: Migration, Nonresident Father Involvement, and Children's Education in Mexico." *Journal of Marriage and Family* 73(4): 729–746.

Northam, R. M. 1975. *Urban Geography*. New York: Wiley.

Ogburn, W. F. 1938. "The Changing Family." *The Family* 19(5): 139–143.

Olson, D. H. 2000. "Circumplex Model of Marital and Family Systems." *Journal of Family Therapy* 22(2): 144–167.

Olwig, K. F. 1999. "Narratives of the Children Left Behind: Home and Identity in Globalised Caribbean Families." *Journal of Ethnic and Migration Studies* 25 (2): 267–284.

Osborne, C., McLanahan, S. 2007. "Partnership Instability and Child Well-Being." *Journal of Marriage and Family* 69(4): 1065–1083.

Otto, H. A. 1975. *The Use of Family Strength Concepts and Methods in Family Life Education*. Holistic Press.

Parreñas, R. S. 2005. *Children of Global Migration: Transnational Families and Gendered Woes*. Stanford University Press.

Pearlin, L. I., Menaghan, E. G., Lieberman, M. A., et al. 1981. "The Stress Process." *Journal of Health and Social Behavior* 22(4): 337–356.

Perroux, F. 1950. "Economic Space: Theory and Applications." *The Quarterly Journal of Economics* 64(1): 89–104.

Popenoe, D. 1993. "American Family Decline, 1960–1990: A Review and Appraisal." *Journal of Marriage and the Family* 55(3): 527–542.

Portes, A., MacLeod, D. 1996. "Educational Progress of Children of

Immigrants: The Roles of Class, Ethnicity, and School Context. " *Sociology of Education* 69(4)255-275.

Potter, D. 2010. "Psychosocial Well-Being and the Relationship Between Divorce and Children's Academic Achievement. " *Journal of Marriage and Family* 72 (4): 933-946.

Qu, G. B. , Wu, W. , Wang, L. L. , et al. 2018. "Systematic Review and Meta-Analysis Found Higher Levels of Behavioural Problems in Male Left-Behind Children Aged 6-11 Years. " *Acta Paediatrica* 107(8): 1327-1334.

Ranis, G. , Fei, J. C. H. 1961. "A Theory of Economic Development. " *The American Economic Review* 51(4): 533-565.

Roeser, R. W. , Eccles, J. S. , Sameroff, A. J. 2000. "School as a Context of Early Adolescents' Academic and Social-Emotional Development: A Summary of Research Findings. " *The Elementary School Journal* 100(5): 443-471.

Ross, C. E. , Mirowsky, J. 1999. "Parental Divorce, Life-Course Disruption, and Adult Depression. " *Journal of Marriage and the Family* 61(4): 1034-1045.

Ruhs, M. , Anderson, B. 2010. "Semi-Compliance and Illegality in Migrant Labour Markets: An Analysis of Migrants, Employers and the State in the UK. " *Population, Space and Place* 16(3): 195-211.

Ryan, R. M. , Claessens, A. 2013. "Associations Between Family Structure Changes and Children's Behavior Problems: The Moderating Effects of Timing and Marital Birth. " *Developmental Psychology* 49(7): 1219.

Sandstrom, H. , Huerta, S. 2013. *The Negative Effects of Instability on Child Development: A Research Synthesis*. Washington, DC: Urban Institute.

Schwab, J. J. , Gray-Ice, H. , Prentice, F. R. 2006. *Family Functioning: The General Living Systems Research Model*. Springer Science & Business Media.

Selye, H. 1936. "A Syndrome Produced by Diverse Nocuous Agents. " *Nature* 138(32): 32.

Shonkoff, J. P. , Phillips, D. A. 2000. *From Neurons to Neighborhoods: The Science of Early Childhood Development*. National Academy Press.

Slinner, H. , Steinhauer, P. , Sitarenios, G. 2000. "Family Assessment Measure and Process Model of Family Functioning. ”*Journal of Family Therapy* 22(2): 190–210.

Smith, C. , Carlson, B. E. 1997. “Stress, Coping, and Resilience in Children and Youth. ”*Social Service Review* 71(2): 231–256.

Spallek, J. , Zeeb, H. , Razum, O. 2011. “What Do We Have to Know from Migrants' Past Exposures to Understand Their Health Status? A Life Course Approach. ”*Emerging Themes in Epidemiology* 8(1): 1–8.

Stark, O. , Levhari, D. 1982. “On Migration and Risk in LDCs. ” *Economic Development and Cultural Change* 31(1): 191–196.

Steele, H. , Steele, M. , Fonagy, P. 1996. “Associations Among Attachment Classifications of Mothers, Fathers, and Their Infants. ”*Child Development* 67(2): 541–555.

Sturge-Apple, M. L. , Davies, P. T. , Cummings, E. M. 2010. “Typologies of Family Functioning and Children's Adjustment During the Early School Years. ” *Child Development* 81(4): 1320–1335.

Suárez-Orozco, C. , Todorova, I. L. G, Louie, J. 2002. “Making Up for Lost Time: The Experience of Separation and Reunification Among Immigrant Families. ”*Family Process* 41(4): 625–643.

Takeuchi, D. T. , Zane, N. , Hong, S. , et al. 2007. “Immigration-Related Factors and Mental Disorders Among Asian Americans. ”*American Journal of Public Health* 97(1): 84–90.

Tamplin, A. , Gooyer, I. M. 2001. “Family Functioning in Adolescents at High and Low Risk for Major Depressive Disorder. ”*European Child & Adolescent Psychiatry* 10(3): 170–179.

Thoits, P. A. 1995. “Stress, Coping, and Social Support Processes: Where Are We? What Next? ” *Journal of Health and Social Behavior*, 53–79.

Thomas, W. I. , Znaniecki, F. 1996. *The Polish Peasant in Europe and America: A Classic Work in Immigration History*. University of Illinois Press.

Umami, R. , Turnip, S. S. 2019. “Emotional and Behavioral Problems Among Left-Behind Children in Indonesia. ”*Indian Journal of Psychological Medicine*

41(3):240-245.

Uphold-Carrier, H. , Utz, R. 2012. "Parental Divorce Among Young and Adult Children: A Long-Term Quantitative Analysis of Mental Health and Family Solidarity. "*Journal of Divorce & Remarriage* 53(4):247-266.

Vespa, J. , Lewis, J. M. , Kreider, R. M. 2013. "America's Families and Living Arrangements: 2012. "Current Population Reports 20.

Waldfogel, J. , Craigie, T. A. , Brooks-Gunn, J. 2010. "Fragile Families and Child Wellbeing. "*The Future of Children/Center for the Future of Children, the David and Lucile Packard Foundation* 20(2):87.

Wallerstein, J. S. , Lewis, J. M. 2004. "The Unexpected Legacy of Divorce: Report of a 25-Year Study. "*Psychoanalytic Psychology* 21(3):353.

Weinfield, N. S. , Whaley, G. J. L. , Egeland, B. 2004. " Continuity, Discontinuity, and Coherence in Attachment from Infancy to Late Adolescence: Sequelae of Organization and Disorganization. "*Attachment & Human Development* 6 (1): 73-97.

Wen, M. , Lin, D. 2012. "Child Development in Rural China: Children Left Behind by Their Migrant Parents and Children of Nonmigrant Families. " *Child Development* 83: 120-136.

Williamson, J. G. 1965. "Regional Inequality and the Process of National Development: A Description of the Patterns. " *Economic Development and Cultural Change* 13(4): 1-84.

World Health Organization. 2012. " Summary Report on the Regional Consultation on the Development of the Global Mental Health Action Plan. " Cairo, Egypt, 2-4 July.

Wu, L. L. , Thomson, E. 2001. "Race Differences in Family Experience and Early Sexual Initiation: Dynamic Models of Family Structure and Family Change. " *Journal of Marriage and Family* 63(3):682-696.

Ye, J. Z. , Lu, P. 2011. "Differentiated Childhoods: Impacts of Rural Labor Migration on Left-Behind Children in China. " *The Journal of Peasant Studies* 38 (2):355-377.

Zahn-Waxler, C. , Klimes-Dougan, B. , Slattery, M. J. 2000. "Internalizing Problems of Childhood and Adolescence: Prospects, Pitfalls, and Progress in Understanding the Development of Anxiety and Depression. " *Development and Psychopathology* 12(3): 443–466.

Zelinsky, W. 1971. " The Hypothesis of the Mobility Transition. " *Geographical Review* 61(2): 219–249.

Zentgraf, K. M. , Chinchilla, N. S. 2012. "Transnational Family Separation: A Framework for Analysis. "*Journal of Ethnic and Migration Studies* 38(2): 345–366.

Zhang, Q. , Luo, Y. , Chen, H. , et al. 2019. "Migrate with Parent (s) or Not? Developmental Outcomes Between Migrant and Left-Behind Children from Rural China. "*Child Indicators Research* 12(4): 1147–1166.

Zhao, X. , Chen, J. , Chen, M. C. , et al. 2014. "Left-Behind Children in Rural China Experience Higher Levels of Anxiety and Poorer Living Conditions. "*Acta Paediatrica* 103(6): 665–670.

Zill, N. , Morrison, D. R. , Coiro, M. J. 1993. "Long-Term Effects of Parental Divorce on Parent-Child Relationships, Adjustment, and Achievement in Young Adulthood. "*Journal of Family Psychology* 7(1): 91–103.

Zimmerman, C. C. , Frampton, M. E. 1935. *Family and Society: A Study of the Sociology of Reconstruction*. Boston: Van Nostrand.

西部地区儿童生存与发展追踪调查

2021 年度调查

陕西省汉中市宁强县中学问卷

被访人学号：　　　　　　　　　　　　　　□□□□□□

被访人学校　　　　　县　　　　乡/镇　　　　学校　　　　年级　　　　班级

亲爱的同学：

　　你好！

　　西部儿童生存与发展追踪调查是针对我国西部儿童群体展开的一项连续性的大型社会调查，目的是通过对西部儿童群体的成长环境信息、身心发育情况、学业表现状况等信息的连年追踪与搜集，建立起西部儿童成长档案，记录下中国社会变迁，为未来中国教育与家庭政策的改革与发展决策提供科学支撑。

　　"借儿童的眼睛观察世界，用孩子的发展记录社会"，在 21 世纪又一个全新的十年里，由西安交通大学新型城镇化与可持续发展课题组发起，联合陕西省汉中市宁强县各中学，开启西部儿童生存与发展追踪调查。2021 年，我们将对样本学校中的学生及其家长、班主任、任课老师、学校领导进行调查。经过科学抽样，你作为调查对象，你的选择将对未来中国教育与家庭政策的改革产生重要影响，请你根据自身情况如实作答！

　　收集的信息仅供科学研究所用，不记名、不公开，我们会对你填写的信息进行严格保密，不会泄露给任何人和机构。非常感谢你的配合！

新型城镇化与可持续发展课题组

2021 年 2 月

第一部分　个人信息

101. 性别：1. 男 2. 女　　　　　　　　　　　　　　　　　□

102. 民族：1. 汉 2. 少数民族（_____族）　　　　　　□

103. 出生年月：□□□□年□□月□□日

104. 你目前的户口类型：（农业户口就是农村户口，非农户口就是城镇户口；居民是部分地区发给所有居民的户籍，不区分农业和非农）

　　1. 农业户口　2. 非农业户口　3. 居民户口　4. 不清楚　　□

105. 你目前的户口登记地是：　　　　　　　　　　　　　　　□

　　1. 本县（宁强县）　　2. 陕西省_____县　3. 其他：_____

　　省_____市_____县（区）　4. 不清楚

106. 你的健康状况

106.1 你目前的身高是：　　　　　　　　　　　　　　□□□厘米

106.2 你目前的体重是：（注意单位是"斤"，不是"公斤"）　□□□斤

106.3 你现在的身体健康状况如何：

　　1. 很不好　2. 不太好　3. 一般　4. 比较好　5. 很好　　□

106.4 总的来说，从小到大你的身体健康状况如何：

　　1. 很不好　2. 不太好　3. 一般　4. 比较好　5. 很好　　□

106.5 在过去的七天内，你是否有以下感觉：

	从不	很少	有时	经常	总是
106.51 沮丧	1	2	3	4	5
106.52 消沉得不能集中精力做事	1	2	3	4	5
106.53 不快乐	1	2	3	4	5
106.54 生活没有意思	1	2	3	4	5
106.55 提不起劲儿来做事	1	2	3	4	5
106.56 悲伤、难过	1	2	3	4	5
106.57 紧张	1	2	3	4	5
106.58 担心过度	1	2	3	4	5
106.59 预感有不好的事情发生	1	2	3	4	5
106.510 精力过于旺盛，上课不专心	1	2	3	4	5

第二部分　家庭信息

201. 家庭资本状况

201.1 目前你家经济条件如何？

　　1. 非常困难　2. 比较困难　3. 中等　4. 比较富裕　5. 很富裕　　□

201.2 你家有电脑、网络吗？

　　1. 都没有　2. 有电脑但无网络　3. 有电脑有网络　　　　　　　□

201.3 你家里的课外书总共有几本？（不包括学校的课本，没有填0）

　　　　　　　　　　　　　　　　　　　　　　　　　　　□□□

201.4 你平均每周花费多少生活费？（吃饭、零用钱等日常花销）

　　　　　　　　　　　　　　　　　　　　□百□十□元

202. 家庭居住安排

202.1 近半年里/这个学期，你的居住安排是怎样的？（选一项最符合的）

　　1. 学校宿舍　2. 农村家里　3. 县城家里　4. 城市家里（包含亲戚家、租房等）　5. 其他

202.1A 周一～周五：　　　　　　　　　　　　　　　　　　　　□

202.1B 周六～周天：　　　　　　　　　　　　　　　　　　　　□

202.1C 主要由谁照料你： □

    1. 爸爸　2. 妈妈　3. 爷爷/奶奶　4. 外公/外婆　5. 兄弟/姐妹

    6. 其他亲戚（姑嫂叔伯等）　7. 无人　8. 其他_____

202.2 近半年里/这个学期，父亲是否住在你们家里？（选一项最符合的）

202.2A　1. 是（跳至202.3）　2. 否（跳至202.2B） □

202.2B 未住在家里的原因：

    1. 外出务工　2. 离婚　3. 分居　4. 去世　5. 失踪/离家出走

    6. 其他_____ □

202.3 近半年里/这个学期，母亲是否住在你们家里？（选一项最符合的）

202.3A　1. 是（跳至202.4）　2. 否（跳至202.3B） □

202.3B 未住在家里的原因：

    1. 外出务工　2. 离婚　3. 分居　4. 去世　5. 失踪/离家出走

    6. 其他_____ □

202.4 近半年里/这个学期，一起住在你家里的其他亲属是谁？（多选）

    1. 爷爷/奶奶　2. 外公/外婆　3. 兄弟/姐妹　4. 其他亲戚（姑嫂叔伯等）　5. 其他_____ □□□

203. 父母基本信息（把最符合实际的选项序号，分别填到右侧父亲、母亲下面的方格内）

题项	选项	父亲	母亲
203.1 父母状态	1. 初婚　2. 离婚未再婚　3. 离婚已再婚　4. 分居　5. 去世　6. 失踪/离家出走	□	□
203.2 受教育程度	1. 没受过任何教育　2. 小学　3. 初中　4. 中专/技校　5. 职业高中　6. 高中　7. 大学专科　8. 大学本科　9. 硕士　10. 博士及以上	□	□
203.3 职业类型	1. 国家机关事业单位领导与工作人员　2. 企业/公司中高级管理人员　3. 教师、工程师、医生、律师　4. 技术工人（包括司机）　5. 生产与制造业一般职工　6. 商业与服务业一般职工　7. 个体户　8. 农民　9. 无业、失业、下岗　10. 其他_____	□	□

续表

题项	选项	父亲	母亲
203.4 工作地点	1. 陕西省　2. 其他省 1. 农村地区　2. 乡/镇地区　3. 县城　4. 市区内 5. 其他＿＿＿＿＿	□□	□□
203.5 见面频率（一次） （亲子之间）	1. 每天　2. 一周　3. 半个月至一个月　4. 一个多月至 半年　5. 半年至一年　6. 一年及以上	□	□
203.6 爸爸妈妈 感情好吗？	1. 十分不好　2. 比较不好　3. 一般　4. 比较好 5. 十分好	□	

204. 同胞（同父/同母的兄弟姐妹）状况

204.1 你是独生子女吗？

　　　1. 是（跳至205）　　2. 否（包括你有几个□）　　　　　　　□

204.2 请按照家中排行写出你兄弟姐妹的基本情况：

你的兄弟姐妹	他/她是你的： 1. 哥哥　2. 姐姐 3. 弟弟　4. 妹妹	他/她的出生年份	请评价你和他/她的关系 1. 十分不好　2. 不太好　3. 一般 4. 比较好　5. 十分好
204.2A 同胞 1	□	□年	□
204.2B 同胞 2	□	□年	□
204.2C 同胞 3	□	□年	□
204.2D 同胞 4	□	□年	□
204.2E 同胞 5	□	□年	□

205. 家庭流动经历

205.1 你几岁时来到本县（宁强县）？（如果自出生起一直在这里请填00）

　　　　　　　　　　　　　　　　　　　　　　　　　　　　　　□□

205.2 你的每个年龄段（周岁）你和父/母大部分时间（半年以上）分别

　　　在哪里工作/生活/学习？

　　　1. 宁强县农村/镇　　　　　　2. 宁强县县城

　　　3. 汉中市　　　　　　　　　　4. 本省其他县的农村/镇

5. 本省其他县的县城　　6. 本省其他市区

7. 其他省的农村/镇　　8. 其他省的县城

9. 其他省的市区　　10. 去世/失踪

11. 不清楚

你的年龄	1	2	3	4	5	6	7	8	9	10	11	12	13	14	15	16	17	18	19
205. 21 你在哪	□	□	□	□	□	□	□	□	□	□	□	□	□	□	□	□	□	□	□
205. 22 父亲在哪	□	□	□	□	□	□	□	□	□	□	□	□	□	□	□	□	□	□	□
205. 23 母亲在哪	□	□	□	□	□	□	□	□	□	□	□	□	□	□	□	□	□	□	□

205.3 上一题中，父母与你不住在一起时，总体而言，你主要由谁照料？

　　1. 爷爷/奶奶　　2. 外公/外婆　　3. 兄弟/姐妹　　4. 其他亲戚（姑嫂

　　叔伯等）　　5. 无人　　6. 其他_____　　　　　　　□

206. 亲子亲合：

题项	父亲	母亲
206.1 你爱父/母吗？ 1. 一点也不　2. 不太爱　3. 一般　4. 比较爱　5. 十分爱	□	□
206.2 你与父/母亲密吗？ 1. 十分不亲密　2. 不太亲密　3. 一般　4. 比较亲密　5. 十分亲密	□	□
206.3 你父/母关心你吗？ 1. 十分不关心　2. 不太关心　3. 一般　4. 比较关心　5. 十分关心	□	□
206.4 你与父/母关系好吗？ 1. 十分不好　2. 不太好　3. 一般　4. 比较好　5. 十分好	□	□
206.5 你与父/母聊天沟通频率？ 1. 非常低　2. 较低　3. 一般　4. 较高　5. 非常高	□	□

207. 亲子互动：

互动	父亲/母亲	从未做过	每年一次	每半年一次	每月一次	每周一次	每周一次以上
吃晚饭	父亲	1	2	3	4	5	6
	母亲	1	2	3	4	5	6
读　书	父亲	1	2	3	4	5	6
	母亲	1	2	3	4	5	6
看电视	父亲	1	2	3	4	5	6
	母亲	1	2	3	4	5	6
做运动	父亲	1	2	3	4	5	6
	母亲	1	2	3	4	5	6
参观博物馆、动物园、科技馆等	父亲	1	2	3	4	5	6
	母亲	1	2	3	4	5	6
外出看电影、演出、体育比赛等	父亲	1	2	3	4	5	6
	母亲	1	2	3	4	5	6

208. 父母教养

208.1 父母教养方式量表

208.2 学业卷入：

学业卷入	父亲/母亲	从未	一天到两天	三天到四天	几乎每天
检查你的作业	父亲	1	2	3	4
	母亲	1	2	3	4
指导你的功课	父亲	1	2	3	4
	母亲	1	2	3	4

第三部分　　在校信息

301. 学习经历

301.1 你有没有上过幼儿园/学前班：

　　1. 有，从□岁进入幼儿园　2. 没　　　　　　　　　　　□

301.2 你有没有上过小学：

　　1. 有，从□岁开始上小学　　2. 没　　　　　　　　　　□

301.3 上学经历：

你从小学一年级到现在一共发生过几次	次数	分别发生在哪一年级											
跳级	□次	1	2	3	4	5	6	7	8	9	10	11	12
留级	□次	1	2	3	4	5	6	7	8	9	10	11	12
休学	□次	1	2	3	4	5	6	7	8	9	10	11	12
转校	□次	1	2	3	4	5	6	7	8	9	10	11	12

注：①表格中的数字代表年级；②休学指的是至少有一个月没来上学。

302. 学业状况

302.1 你喜欢学习吗：

　　1. 非常不喜欢　　2. 不太喜欢　　3. 说不清　　4. 比较喜欢

　　5. 非常喜欢　　　　　　　　　　　　　　　　　　　　　□

302.2 你觉得自己的学习努力程度可以评多少分（100 分为满分），0 分表示毫无投入，100 分表示最高的学业努力程度　　　　　　　□□

302.3 你觉得学习是件困难事儿吗：

　　1. 非常难　　2. 比较难　　3. 既不难也不容易　　4. 比较容易

　　5. 非常容易　　　　　　　　　　　　　　　　　　　　　□

302.4 你觉得学习对你有必要吗：

　　1. 一点也不必要　　2. 不太有必要　　3. 说不清　　4. 比较有必要

　　5. 非常有必要　　　　　　　　　　　　　　　　　　　　□

302.5 你觉得每天的作业量大吗：

　　1. 一点也不　　2. 比较小　　3. 既不多也不少　　4. 比较大

　　5. 非常大　　　　　　　　　　　　　　　　　　　　　　□

302.6 你偏科严重吗：

　　1. 一点也不偏科　　2. 不太严重　　3. 一般　　4. 比较严重　　5. 非常严重　□

302.7 关于学习课程，你是否同意下列说法？

题项	完全不同意	比较不同意	一般	比较同意	完全同意
数学对我的未来很有帮助	1	2	3	4	5
语文对我的未来很有帮助	1	2	3	4	5
英语对我的未来很有帮助	1	2	3	4	5
理科对我的未来很有帮助	1	2	3	4	5
文科对我的未来很有帮助	1	2	3	4	5
职业技术对我的未来很有帮助	1	2	3	4	5

303. 在校生活：

题项	完全不同意	比较不同意	比较同意	完全同意
我经常迟到	1	2	3	4
我经常逃课	1	2	3	4
我的父母经常收到老师对我的批评	1	2	3	4
班主任老师经常批评我	1	2	3	4
班里大多数同学对我很友好	1	2	3	4
我认为自己很容易与人相处	1	2	3	4
我所在的班级班风良好	1	2	3	4
我经常参加学校或班级组织的活动	1	2	3	4
我对这个学校的人感到亲近	1	2	3	4
我在这个学校里感到很无聊	1	2	3	4
我希望能去另外一个学校	1	2	3	4

304. 影子教育：你是否参加以下兴趣班/课外辅导班

题项	奥数	普通数学	语文	英语	绘画	书法	音乐/乐器	舞蹈	棋类	体育	其他
参加情况： 1. 未参加 2. 参加过 3. 参加中											

续表

题项	奥数	普通数学	语文	英语	绘画	书法	音乐/乐器	舞蹈	棋类	体育	其他
何时开始： 1. 幼儿园 2. 小学 3. 初中 4. 高中											
参加多久： 1. 半年以下 2. 半年到一年 3. 一年到两年 4. 两年以上											

305. 同伴情况

305.1 请在下表第一列中如实写出你最好的五个朋友的名字，并在空格里填上符合他/她情况的数字。（可不足 5 人）

你最好的五个朋友的名字	性别 1. 男　2. 女	户籍 1. 本县（区） 2. 外县（区）	是否与你同校 1. 是　2. 否	是否与你同班 1. 是　2. 否
1. □□□□□	□	□	□	□
2. □□□□□	□	□	□	□
3. □□□□□	□	□	□	□
4. □□□□□	□	□	□	□
5. □□□□□	□	□	□	□

305.2 上面提到的几个好朋友有没有以下情况：

题项	没有这样的	一到两个这样的	很多这样的
学习成绩优良	□	□	□
学习努力刻苦	□	□	□
想上大学	□	□	□

续表

题项	没有这样的	一到两个这样的	很多这样的
逃课、旷课、逃学	☐	☐	☐
违反校纪被批评、处分	☐	☐	☐
打架	☐	☐	☐
抽烟、喝酒	☐	☐	☐
经常上网吧、游戏厅等	☐	☐	☐
谈恋爱	☐	☐	☐
退学	☐	☐	☐

306. 自我期望

306.1 你希望自己读到什么程度：

    1. 现在就不要念了　2. 初中毕业　3. 中专/技校　4. 职业高中

    5. 普通高中　6. 大学专科　7. 大学本科　8. 硕士　9. 博士

    10. 无所谓　　　　　　　　　　　　　　　　　　　　　　☐

306.2 你希望将来干什么：

    1. 国家机关事业单位工作人员　2. 企业/公司管理人员　3. 科学家、工程师　4. 教师、医生、律师　5. 设计师　6. 艺术表演类人员

    7. 专业运动员　8. 技术工人（包括司机）　9. 其他（请注明_____）

    10. 无所谓　11. 不知道　　　　　　　　　　　　　　　　☐

306.3 你希望以后在什么地方工作和生活：

    1. 农村　2. 中小城市　3. 类似北京、上海、广州这样的大城市

    4. 国外　5. 无所谓　6. 不知道　　　　　　　　　　　　☐

306.4 你对你的未来有信心吗：

    1. 根本没有信心　2. 不太有信心　3. 比较有信心　4. 很有信心　☐

第四部分　非认知能力测试

401. 你对以下方面满意吗？

情况描述	非常不满意	比较不满意	一般	比较满意	非常满意
家庭氛围	1	2	3	4	5
亲戚朋友	1	2	3	4	5
邻里关系	1	2	3	4	5
师生关系	1	2	3	4	5
同学关系	1	2	3	4	5
教学质量	1	2	3	4	5
学校管理	1	2	3	4	5
总体生活	1	2	3	4	5

402. 希望感测试量表

情况描述	从不	偶尔	有时	不少	通常	总是
我认为我做得很不错	1	2	3	4	5	6
我能想出很多办法来应对生活中对我非常重要的事情	1	2	3	4	5	6
我和同龄的孩子们做得一样棒	1	2	3	4	5	6
当遇到困境，我能够通过很多方式解决	1	2	3	4	5	6
我认为我过去做过的事情对我的未来有帮助	1	2	3	4	5	6
就算别人放弃，我也知道自己可以找到解决问题的办法	1	2	3	4	5	6

403. 请根据你过去一周里的实际情况，选择最符合的选项画圈

情况描述	少于1天	1~2天	3~4天	5~7天
我被一些通常并不困扰我的事困扰	1	2	3	4
我不想吃东西，我胃口不好	1	2	3	4

续表

情况描述	少于1天	1~2天	3~4天	5~7天
我觉得即便有亲人和朋友帮助也无法摆脱这种苦恼	1	2	3	4
我感觉同别人一样好	1	2	3	4
我很难集中精力做事	1	2	3	4
我感到压抑	1	2	3	4
我感到做什么事都很吃力	1	2	3	4
我觉得未来有希望	1	2	3	4
我认为我的生活一无是处	1	2	3	4
我感到恐惧	1	2	3	4
我睡觉不解乏	1	2	3	4
我很幸福	1	2	3	4
我比平时话少了	1	2	3	4
我感到孤独	1	2	3	4
人们对我不友好	1	2	3	4
我生活快乐	1	2	3	4
我曾经放声痛哭	1	2	3	4
我感到忧愁	1	2	3	4
我觉得别人厌恶我	1	2	3	4
我觉得我无法继续我的学习与生活	1	2	3	4

404. 是否同意下列对自己的描述？

情况描述	完全不同意	不太同意	比较同意	完全同意
就算身体有点不舒服，或者有其他理由可以留在家里，我仍然会尽量去上学	1	2	3	4
就算是我不喜欢的功课，我也会尽力去做	1	2	3	4
就算功课需要花好长时间才能做完，我仍然会尽力去做	1	2	3	4

续表

情况描述	完全不同意	不太同意	比较同意	完全同意
我能够很清楚地表述自己的意见	1	2	3	4
我的反应很迅速	1	2	3	4
我能够很快学会新知识	1	2	3	4
我对新鲜事物很好奇	1	2	3	4

405. 创新行为量表

情况描述	完全不符合	比较不符合	说不清	比较符合	完全符合
我会寻找机会改善现有的学习方式、方法	1	2	3	4	5
我会关注学习、生活中不常出现的问题	1	2	3	4	5
我会产生解决问题的新想法或方案	1	2	3	4	5
为了更深入地了解问题，我会多角度分析问题	1	2	3	4	5
我会反思新想法或方案，以解决之前未被解决的问题	1	2	3	4	5
我会评估新想法的优缺点	1	2	3	4	5
我会尝试说服他人了解新想法或方案的重要性	1	2	3	4	5
我会推进新想法，使其有机会被实施	1	2	3	4	5
我会冒险支持新想法	1	2	3	4	5
我会尝试可能对学习有益的改变	1	2	3	4	5
我会在运用新想法的过程中找出其缺点	1	2	3	4	5
我会尝试将新方法运用到日常学习和生活中	1	2	3	4	5
学习中，我会尝试运用新的技巧或方法	1	2	3	4	5
我会产生一些新的主意或想法	1	2	3	4	5
我会与他人沟通自己的想法并力争获得支持与认可	1	2	3	4	5
我会争取所需的资源以实现自己的新想法	1	2	3	4	5
我会制定适合的计划与日程以落实新想法	1	2	3	4	5
我具备创新意识	1	2	3	4	5
在课堂上，我有提供新的、建设性想法的强烈动机	1	2	3	4	5
我愿意在课堂上运用和练习我的创造力	1	2	3	4	5

406. 时事政治

情况描述	完全不同意	不太同意	一般	比较同意	完全同意
我对时事政治非常感兴趣	1	2	3	4	5
我经常关注时事政治（国家和社会大事）	1	2	3	4	5
通过时事政治可以了解社会发展形势	1	2	3	4	5
关注时事政治可以开阔眼界、增长知识	1	2	3	4	5
关注时事政治能增强社会责任感	1	2	3	4	5
我经常和同学讨论时事热点问题	1	2	3	4	5
我能客观评价时事政治事件	1	2	3	4	5

407. 国家认同

407.1 当我国其他地区发生灾难时，你愿意帮助灾区吗？

　　1. 非常愿意　　2. 一般　　3. 不愿意　　　　　　　　　　　□

407.2 你对我国的了解和相关知识的获取，都是通过什么渠道获得的？（多选）

　　1. 学校里的相关课程（政史地语文等）

　　2. 网络（电脑手机）或电视新闻　　3. 课外书籍、影片

　　4. 家人朋友告诉的　　5. 社会上（比如所在社区）的宣传　　6. 无

407.21 第一渠道：□

407.22 第二渠道：□

407.23 第三渠道：□

407.3 你所就读的学校重视对你们的爱国主义教育吗？

　　1. 非常重视　　2. 比较重视　　3. 不是很重视　　4. 一点都不重视　　□

407.4 你会以自己是中国人而自豪吗？

　　1. 不会　　2. 不太会　　3. 无所谓　　4. 有些　　5. 会　　　　□

407.5 你知道"一带一路"等这一类时事名词的意思吗？

　　1. 清楚知道　　2. 只知道大概　　3. 只听说过这些词　　4. 不知道　　□

407.6 你对中国的依恋感怎么样？（1～5）打分　　　　　　　　　□

联系方式

我们希望能够通过这项追踪调查，持续关注你未来的成长和进步，为了能够与你保持联系，请留下你和你父母的联系方式

请留下你的联系方式：

你的 QQ 号：＿＿＿＿＿＿＿＿＿＿＿＿＿

你的微信号：＿＿＿＿＿＿＿＿＿＿＿＿＿

你的手机号码：＿＿＿＿＿＿＿＿＿＿＿＿

你父亲或母亲的联系方式：

手机号码：＿＿＿＿＿＿＿＿＿＿＿＿＿

问卷到此结束，谢谢你的参与和支持

图书在版编目(CIP)数据

儿童留守轨迹与心理健康：西部县域研究视角 / 张若晨，杜海峰著. -- 北京：社会科学文献出版社，2024.6

（新型城镇化与可持续发展）

ISBN 978-7-5228-3137-4

Ⅰ.①儿…　Ⅱ.①张…②杜…　Ⅲ.①农村-少年儿童-心理健康-健康教育-研究-西北地区②农村-少年儿童-心理健康-健康教育-研究-西南地区　Ⅳ.①G444

中国国家版本馆 CIP 数据核字(2024)第 024633 号

新型城镇化与可持续发展
儿童留守轨迹与心理健康
—— 西部县域研究视角

著　　者 / 张若晨　杜海峰

出 版 人 / 冀祥德
组稿编辑 / 周　丽
责任编辑 / 王玉山
文稿编辑 / 赵亚汝
责任印制 / 王京美

出　　版 / 社会科学文献出版社·生态文明分社(010)59367143
　　　　　　地址：北京市北三环中路甲 29 号院华龙大厦　邮编：100029
　　　　　　网址：www.ssap.com.cn
发　　行 / 社会科学文献出版社(010)59367028
印　　装 / 三河市东方印刷有限公司

规　　格 / 开　本：787mm×1092mm　1/16
　　　　　　印　张：19　字　数：300 千字
版　　次 / 2024 年 6 月第 1 版　2024 年 6 月第 1 次印刷
书　　号 / ISBN 978-7-5228-3137-4
定　　价 / 128.00 元

读者服务电话：4008918866